우리
고전
캐릭터의
모든것

3

고전 캐릭터가

펼쳐 보이는 사랑과 인생

우리
고전
캐릭터의
모든것

고전 캐릭터가
펼쳐 보이는 사랑과 인생

3
———
서대석 엮음

휴머니스트

■ **일러두기**

- 이 시리즈는 담촌 서대석 교수(서울대학교 국어국문학과) 정년퇴임 기념 저작으로, 한국 고전 문학계의 대표적인 연구자 85명이 참여하였다.
- 인용문은 출처의 쪽수까지 밝히는 것을 원칙으로 하였으나, 해당 글의 필자가 직접 원문을 옮긴 경우에는 쪽수를 밝히지 않았다.
- 한 편의 글에 두 번 이상 인용된 작품의 경우, 지은이와 옮긴이, 각편이 실린 본 저작을 생략하고 출처를 밝히는 것을 원칙으로 하였다.

머리말

고전과 캐릭터

1

 문학의 가장 기본적이고 궁극적인 탐구 대상은 '인간'이다. 인간에 의한 인간에 대한 서술이 문학이라 할 수 있다.
 인간에 대하여 서술하는 것은 문학만이 아니다. 철학이나 과학도 인간에 대하여 탐구하고 서술한다. 하지만 문학 속의 인간은 철학이나 과학 속의 인간과 다르다. 문학의 인간은 추상적 지식으로 설명되는 존재가 아니라 구체적으로 살아 움직이는 존재이다. 실제의 인간과 똑같이 느끼고 생각하고 행동한다. 맑은 눈빛, 은은한 체취, 깊은 한숨, 분노의 포효―문학 속의 인간은 그렇게 생생히 다가와 우리 마음을 흔든다. 천 리나 만 리, 백 년이나 천 년 같은 간극도 장애가 되지 않는다.

문학, 특히 서사문학 속에 형상화된 개성적 인물을 캐릭터(character)라고 한다. 지식의 차원에서 해부하여 정리한 인간이 아니라 저만의 성격을 가지고 살아 움직이는, 형상(形象)으로서의 인간이다. 그들은 상상을 매개로 창조된 가상의 존재이지만, 실제의 인간을 넘어서는 힘을 발휘하기도 한다. 사람을 웃기고 울리며 인생에 변화를 가져다준다. 때로 사람들이 문학 속의 캐릭터를 깊이 사랑하여 가슴에 품고 삶의 힘을 얻는 것은 드문 일이 아니다.

캐릭터의 창조는 서사문학의 성패를 좌우한다. 독자의 가슴속에 깊이 각인될 만한 생생한 캐릭터를 만들어 냈다면 그 작품은 그것만으로도 성공한 것이라 할 수 있다. 반면 캐릭터를 제대로 살려 내지 못했다면, 인생에 대한 진지하고 유익한 성찰을 가득 담고 있더라도 그 작품은 성공한 것이라 하기 어렵다.

이렇듯 캐릭터가 중요한 위치를 차지하고 있음에도 근래 문학에 대한 논의에서 그것을 소홀히 다루지 않았나 반성해 본다. 구조와 형식, 작가와 독자, 사회와 현실 등에 관해서는 많은 논의가 있었던 데 비해 캐릭터에 대해서는 상대적으로 한산했다. 서사문학을 다루다 보면 당연히 '인물'을 살피게 마련인데, 그것을 살아 있는 개성적 인간(캐릭터)으로 다루었는지 의문이다. 돌이켜 생각해 보니 구조나 현실과의 연관 속에서 추상적으로 개념화한 측면이 컸던 것 같다.

우리네 가슴속에 생생히 살아 있는 캐릭터에 대한 새로운 발견, 그것이 현 단계 문학에 대한 논의에서 중요한 과업이라는 데 많은 연구자들이 동의하고 공감해 주었다. 이것이 이 책의 출발점이다.

2

 최근 들어 고전의 가치를 새롭게 인식하고 있지만, 아직도 고전을 어렵고 고루하며 따분한 것으로 보는 시선이 많다. 고전은 왠지 봉건적이고 경직된 것이어서 현대적 감성과는 잘 맞지 않을 것이라고 예단하고는 한다.
 고전에 등장하는 인물들에 대해서도 그와 비슷한 선입견이 있다. 많은 사람들이 고전소설의 주인공에 대하여 상투적인 인물 묘사, 비현실적인 외모와 능력, 평면적으로 유형화된 성격 등을 연상하고는 한다. 고전 속의 인물들은 틀에 박힌 존재라서 인간적 매력을 느끼기 어렵다는 반응이다. 학교에서 오랫동안 그렇게 가르친 결과 이것이 하나의 고정관념이 되었다.
 고전 서사문학의 주인공 가운데는 평면적 인물이 많은 것이 사실이다. 홍부나 심청은 시종일관 선량한 인물이고, 놀부나 뺑덕어미는 소유에 대한 집착이 남달리 강한 인물이다. 유충렬은 언제라도 충성스런 마음을 놓지 않으며, 정한담은 일관되게 간신배로서 행동한다. 배비장은 속마음과 달리 체면치레를 중시하는 인물로, 애랑은 남성을 골탕 먹이고 이익을 챙기는 인물로 유형화되어 있다.
 인물의 평면성은 고전문학의 가치를 낮춰 보는 주요한 근거가 되어 왔다. 하지만 이는 합당한 것이라 하기 어렵다. 평면적 인물이라도 얼마든지 개성이 강한 매력적인 캐릭터가 될 수 있다. 홍부나 심청, 유충렬, 배비장 등은 특유의 일관된 성격으로 편안하고도 선명하게 다가와 독자의 기대를 충족시킨다. 평면적 인물이 큰 매력을 발산하는 사례는 세계적으로도 매우 많다. 《삼국지》의 장비는 성질 급한 싸움꾼이면서 불의를 못 참는 정의의 사나이이고, 유비는 저보다 다른 사람을 먼저 생각하며 인의와 덕을 중시하는 인물이다. 햄릿은 매사에 의심이 많아 행동으로 실행하는 데 주저하는 인물이며, 돈 키호테는 추호의 의심 없이 자기 판단을 확신하고 과감하게 행동하는 인물이다. 이러한 일관된 성격은 이들을 최고의 개성과 생명력을 지닌 캐릭터로 올려놓았다.

우리 고전 속에 평면적 인물이 많긴 하지만, 대개가 그런 식이라고 보는 것은 잘못이다. 언뜻 평면적 인물로 보이지만 실제로는 주어진 상황 속에서 심각하게 고뇌하고 결단하여 행동하는 인물들이 많다. 예컨대 춘향을 열녀로 규정하여 평면적 인물의 전형으로 삼는 시각이 있으나, 학계의 연구 결과는 그것을 지지하지 않는다. 춘향은 봉건적인 열(烈) 관념에 구속된 인물이 아니라 제 삶을 주체적으로 살아간 인물이며, 옥중에서 시련을 거치면서 이타적 사랑과 인간 해방의 화신으로 거듭나는 존재라는 것이 작품의 실상이다. 이본에 따라서는 흥부 같은 인물도 극한 상황 속에서 폭력적 면모를 보이다가 고비를 벗어난다는 식으로 성격이 입체화된 사례가 있다. 세심하게 작품을 살펴보면, 고전문학의 수많은 주인공들에게서 입체적 인물로서의 인간적 체취와 매력을 느낄 수가 있다.

3

우리 고전문학 작품에는 여러 유형의 수많은 캐릭터들이 있다. 당대는 물론 현대에도 호소력 있게 다가올 만한 가지각색의 인물이 살아서 숨 쉬고 있다. 그 캐릭터들은 우리들에게 인간의 삶과 관련한 가지각색의 화두와 의미를 전해 준다.

이 책에는 고전 캐릭터들이 펼쳐 보이는 흥미롭고 감동적인 인생사의 단면들이 담겨 있다. 놀라운 기지와 타오르는 열정으로, 또는 굳은 기개와 결연한 도전으로 인생을 유달리 짙고 강렬하게 풀어낸 캐릭터들과 만날 수 있다. 온몸으로 세상과 부딪친 고독한 영웅이나 가슴속 뜨거운 열정으로 사랑의 불꽃을 태운 인물, 그 밖에 또 다른 삶의 역정을 펼쳐 낸 인물들과 만나는 것은 즐겁고도 귀한 일이 될 것이다.

책 첫머리에 나오는 민옹은 참 특이하고도 재미있는 인물이다. 그는 어디에도 걸림이 없는 자유인의 표상이다. 그 자유로운 기개는 세상의 모순을 폭로하는 단서가 되는 한편, 세상의 부조리에 짓눌려 우울증에 빠져 있던 당대 지식인의 마음을 치유하는 힘이 되기도 했다. 사람들은 그를 괴팍한 노인으로 비웃었으나, 그는 실상 최고의 철학자이자 예술가이며 정신 치료사였다. 그를 통해 우리는 시대를 앞서 살았던, 시대를 초탈하여 살았던 한 인간의 초상을 볼 수 있다.

양이목사와 김방경, 퀘네깃또 등은 강하고도 치열한 삶을 펼쳐 낸 영웅적 캐릭터들이다. 변방의 섬사람들을 대신하여 자신의 목을 아낌없이 칼날에 바치고서 온몸으로 불의를 꾸짖는 양이목사와 만나는 것은 경이로운 경험이다. 그는 이 세상 누구와 견주어도 강렬함이 뒤지지 않을 민중적, 남성적 영웅이다. 세상 거칠 것 없이 오만한, 가히 그럴 만한 기상과 능력을 갖춘 김방경이나 퀘네깃또와 같은 인물을 만나는 것 또한 꽤나 흥미롭고 기꺼운 일이다. 그리고 최하층의 비천한 존재로서 위세 당당한 양반을 속절없이 무릎 꿇게 만든 백정 박씨 같은 인물이 전해 주는 감명은 또 얼마나 큰가. 비록 악한의 자리에 섰으되 그 속에 인간의 기개를 담지하고 있는 수명장자와 같은 캐릭터가 전해 주는 의미 또한 만만치 않다.

남다른 삶을 펼쳐 내는 데 어찌 남성뿐일까. 제 힘으로 우뚝 서서 세상의 당당한 주인공이 된 수많은 여성 캐릭터들이 전하는 감동도 남다르다. '내 인생은 나의 것'임을 당당히 밝힘으로써 스스로 제 삶의 주인이 된 '집 나간 셋째 딸'이 그 하나의 원형이 되며, 모함과 시련을 한몸으로 감당하여 가문의 중심으로 화려하게 귀환한 여사(女士) 사정옥도 새로운 각도에서 주목할 인물이다. 세상의 금기를 보란 듯 파괴하면서 자신이 하잘것없는 존재가 아님을 온몸으로 현시한 미얄할미와 해산모도, 놀라운 일념으로 자기 초월의 길에 이른 욱면비도 우리로 하여금 인간과 삶을 새롭게 돌아보게 하는 캐릭터들이다.

역시 놓칠 수 없는 것은 뜨거운 사랑의 화신에 해당하는 인물들이다. 인간성을 넘어서 신성(神聖)으로까지 나아간 호랑이 처녀의 고귀한 사랑은 언제나 우리의 마음을 흔든다. 기생 두향이 보여 주는 정신적으로 승화된 고귀한 사랑 또한 우리를 감복시킨다. 김려의 시 속에 등장하는 연희는 또 어떠한가. 슬픈 운명에 의해 멀어진 채로 아스라한 추억 속에 되새겨지고 있는 그 가녀리고 순수한 사랑의 여인은 우리 문학사를 통해 창조된 가장 사랑스런 연인이라고 해도 과언이 아닐 것이다. 어찌 곱고 아름다운 사랑뿐일까. 가슴에서 솟아나는 애욕을 가누지 못해 슬피 무너지고 만 이생원네 맏딸애기가 있고, 이웃집 도령을 납치해 제 딸과 결연하게 만든 아버지(김영감)도 있다. 그리고 이름도 특이한 노일제대귀일의 딸이 있다. 그녀가 누군가 하면 선량한 한 사내와 그 자식들을 차례로 욕망에 눈멀게 만든, 그 동선(動線)을 따라가다 보면 어느 새 전율을 느끼게 하는 민간신화 속의 팜므파탈이다. 그 밖에 〈이언〉 속의 남녀와 오유란 등을 포함하여 우리 고전이 그려내 보이고 있는 사랑과 욕망의 캐릭터는 그 형상이 참으로 다채롭고도 생생하다.

4

고전 서사문학 속의 캐릭터들은 당대 사회의 산물인 한편, 시대를 뛰어넘는 원형적 보편성을 함축하고 있다. 세월의 검증을 거치며 살아남은 캐릭터가 지니는 문학적 생명력이란 만만한 것이 아니다. 수백년의 간극을 훌쩍 뛰어넘어 사람들의 마음을 흔들 만한 힘이 그 속에 담겨 있다.

 고전 캐릭터들은 우리에게 인간 존재에 대한 새로운 발견의 기쁨을 전해 주는 한편, 폭넓은 '문화적 영감'을 불러일으킨다. 최근 세계의 문화 산업계에서 고전적이고 원형적인 캐릭터를 발굴하는 일에 다투어 나서고 있는 현상을 예사로이 볼 일이 아니다. 그들이 지닌 원형적 힘을 깨달은 데 따른 필연적 현상이다. 고전 캐릭터의 재발견은 이미 시대의 문화적 과제가 되었다. 수많은 매력적인 캐릭터를 보유하고 있는 우리 고전도 예외일 수는 없다. 그것이 지니는 문화 자원으로서의 가능성이 그야말로 무궁무진하다.

 요즘 스토리나 캐릭터가 황금알을 낳는 존재로 다루어지는 것을 보고는 한다. 멋진 캐릭터를 잘 살려 내면 엄청난 부가가치가 생겨난다고 한다. 고전 캐릭터가 그러한 자원이 될 수 있다는 것은 무척 반가운 일이다. 하지만 캐릭터에 대한 우리의 관심은 그것을 황금의 수단으로 삼는 데 있지 않다. 사람들에게 영혼의 울림을 전해 줄 수 있는, 삶의 표상이 될 수 있는 살아 있는 인간들과 제대로 대면해 보자는 것이 우리의 관심사이다. 그를 통해 우리의 정신을 더욱 아름답고 풍요롭게 하자는 것이다. 그렇게 '인간의 길'을 열어 나가는 것이 곧 인문학의 본령이라고 우리는 믿는다.

그렇게 찾아낸 '살아 있는 인간'들이 오늘날의 대중문화 속에 보란 듯이 당당하게 되살아난다면 더욱 좋을 것이다. 대장금이나 뮬란을 뛰어넘는 놀라운 성과들이 속속 이어진다면 금상첨화이겠다. 그 몫은 이 책의 독자들이 담당해 주면 좋겠다는 것이 우리의 희망 사항이다. 특히 21세기 문화의 주역이 될 젊은 독자들이 폭넓은 문화적 영감을 얻어서 놀라운 일들을 해낼 수 있기를 기대한다. 이 책이 그를 위한 좋은 출발점이 되어 준다면 더 바랄 것이 없겠다.

이 책은 수많은 사람들의 정성이 모여 이루어졌다. 고전 캐릭터를 제대로 살려 내 보자는 취지에 많은 연구자들이 성원을 보내고 자발적으로 작업에 참여했으며, 기획 방향에 맞추기 위한 번거로운 원고 수정 작업을 흔쾌히 감수해 주었다. 고전에 대한 진정한 사랑이 있었기에 가능한 일이었다. 그 많은 연구자의 노력으로 85명의 고전 캐릭터들이 21세기의 초입에 새로운 생명을 부여받게 되었으니 참으로 놀랍고도 고마운 일이다. 그 고귀하고 갸륵한 뜻에 깊은 감사의 마음을 전한다. 불민한 스승을 도와 책의 기획과 진행을 돕고 좋은 원고를 써 준 여러 문하생들에 대한 고마움 또한 빼놓을 수 없다. 아울러 책의 출판을 기꺼이 맡아서 까다롭고 번다한 편집 과정을 일일이 챙김으로써 널리 자랑할 만한 좋은 책을 만들어 준 휴머니스트 출판사의 여러분께도 진심으로 감사드린다.

2008년 3월

서대석

차 례

우리 고전 캐릭터의 모든 것 3 / 고전 캐릭터가 펼쳐 보이는 사랑과 인생

| | 머리말 | 5 |

1 민옹
   탁월한 이야기 심리 치료사 | 이민희   18

2 양이목사
   '외부'의 부당한 억압이 만들어 낸 비극적 남성 영웅 | 조현설   36

3 김방경
   오만한 기상을 지닌 거인의 초상 | 박성지   50

4 수명장자
   인간 내면의 다중성 | 박종성   62

5 사정옥
   치밀한 여성 가문 경영자 | 김종철   80

6 〈내 복에 산다〉의 막내딸
   아버지의 집을 벗어나 홀로 세상에 나선 막내딸 | 김영희   100

7 미얄할미
   톡톡 튀는 화법에 섹시한 배꼽저고리 | 박경신   118

8 해산모
   출산을 축제의 마당으로 끌어낸 여인 | 허용호   134

9 궤내깃또
   아버지도 무서워한 영웅 | 이종석   150

10 호랑이 처녀
   사람이 아니지만, 가장 사람다운 호랑이 | 류준경   164

11	욱면비	
	빛나는 초월 속에 깃든 민중의 소망	김헌선	176
12	연희	
	유배 죄인을 사랑한 기생	강혜선	192
13	두향	
	기생이기를 거부한 이황의 그녀	홍태한	204
14	백정 박씨	
	어사 박문수도 막지 못한 인간 해방의 몸짓	신동흔	218
15	이현영	
	여성의 자아 찾기, 그 험난한 여정의 주인공	이지하	236
16	이생원네 맏딸애기	
	도도한 여인의 사생 결연	최현재	250
17	역관 김영감	
	양반 자제를 보쌈한 중인 역관	조성진	266
18	양씨 부인	
	여성 학습권을 실현한 조선 여성	서정민	286
19	〈이언〉의 여성	
	이제는 변해야 할 착한 여자	김경희	300
20	오유란	
	남자를 잘 아는 요부	김준범	318
21	노일제대귀일의 딸	
	팜므 파탈의 거부할 수 없는 유혹	장유정	334
	참고문헌	348

우리 고전 캐릭터의 모든 것 1 고전 캐릭터, 그 수천수만의 얼굴	1	채봉 너는 내 운명! 채봉과 장필성 / 서인석
	2	석숭 거부가 들려주는 돈의 철학 / 박명숙
	3	강남홍 조선의 로망, 21세기의 로망 / 서대석
	4	유리 신화적 영웅의 아버지 찾기 / 임재해
	5	최치원 출세하고 싶다는, 그 헛된 욕망의 신기루 / 류준필
	6	범천총 범천총이 호랑이 눈동자를 가린 뜻은 / 정진희
	7	관음보살 여인이 된 관음보살, 사랑과 성불을 돕다 / 이강옥
	8	여우 누이 우리 곁에 있는 달콤한 공포 / 김성룡
	9	경문대왕 엽기적인 개혁 군주의 슬픈 초상 / 심민호
	10	광대 달문 광막한 천지에 부는 바람 같은 사내 / 사진실
	11	방학중 기막힌 꾀로 무장한 진정한 트릭스터 / 나수호
	12	중며느리 먹맹이 굴레를 벗어던진 겁 없는 여자 / 서영숙
	13	초옥 한 상민 여성의 슬픈 착각 / 김대숙
	14	유씨 부인 조선 명문가 여인의 자살, 비밀과 희망의 문 / 김동준
	15	양소유 다정다감한 꽃미남 / 정길수
	16	하옥주 조선 여성이 꿈꾼 커리어 우먼 / 임치균
	17	옥소선 사랑과 성공, 그 모두를 이룬 여인 / 김준형
	18	허홍 꿈을 이루기 위한 불굴의 의지 / 안순태
	19	비형 도깨비 왕이 된 건축가 화랑 / 신재홍
	20	오늘이 친절하고 따뜻한 그녀 / 정숙영
	21	장사 홍대권 이쯤 돼야 대장부라 할 만하지 / 김종군
우리 고전 캐릭터의 모든 것 2 우리가 몰랐던 고전 캐릭터의 참모습	1	옹녀 어느 하층 여성의 기구한 인생 역정 / 정출헌
	2	바리공주 소외된 민중의 희망 / 황루시
	3	강감찬 천 년 여우에게서 난 문곡성 / 조태영
	4	웅녀 '사람'이 된다는 일 / 정운채
	5	유화 드넓은 생명력의 동국 성모 / 이종주
	6	손병사 어머니 나는 소신파다, 귀신도 물렀거라 / 강진옥
	7	최랑 A형 남자를 향한 O형 여자의 당찬 사랑 / 이인경
	8	박문수 아이들의 친구, 백성의 벗 / 김경섭
	9	한음의 처 오성 대감은 나의 밥 / 강성숙
	10	장시중 형제 희대의 재담꾼 / 한길연
	11	나교란과 여섬요 기생첩의 육체적 탐닉과 정실 차지 욕망 / 조광국

12	홍계월 남자가 되고팠던 알파걸 / 장시광
13	강임 이승 차사인가, 저승 차사인가 / 최원오
14	호랑이 잔인함 뒤에 숨겨진 또 다른 얼굴 / 김미영
15	달래강 오라비 슬픈 오라비의 초상 / 심우장
16	윤여옥 함께 있으면 즐거운, 쾌활하고 솔직한 다정남 / 이지영
17	이몽룡 사랑하지 않을 수 없는 남자 / 이유진
18	도깨비 병 주고 약 주는 존재 / 김종대
19	마고할미 여성 거인의 서글픈 창조의 몸짓 / 권태효
20	탈춤의 노장 노장 스님, 인간 세상에 왜 내려오셨던고 / 손태도
21	정욱 재치 있거나 건방지거나 / 류수열
22	장끼 참 대책 없는 이 친구, 하지만…… / 정충권

우리 고전 캐릭터의 모든 것 4

대중 문화와 눈부시게 만난 고전 캐릭터

1	황진이 그리움과 자존심 / 조세형
2	장화와 홍련 착한 아이 콤플렉스의 함정 / 이승복
3	목화 따는 노과부 그녀만의 작업의 정석 / 박상란
4	선덕 탁월한 문제 해결 능력을 갖춘 준비된 왕 / 신선희
5	평강공주 순수남을 영웅으로 만든 자주녀 / 이동근
6	당금애기 온실의 꽃에서 사막의 숲으로 / 이경하
7	수로부인 신물이 탐하는 매력적인 여사제 / 이창식
8	옥영 어질고 지혜로운 이 땅의 아내, 그리고 어머니 / 이상구
9	춘풍 처 김씨 억척 아줌마의 남편 길들이기 / 최혜진
10	선녀 지상의 남자보다 천상의 고향을 사랑한 여인 / 이지영
11	두두리 도깨비 변화를 꿈꾸는 한국인의 연금술사 / 강은해
12	삼족구 구미호에게는 내가 천적 / 이홍우
13	홍동지 발가벗고 설치는 천하장사 / 박진태
14	전우치 나는야 조선의 뤼팽! / 김탁환
15	최생 여기가 용궁? 나 최생이야 최생 / 황재문
16	이여송 기분 나쁘면 힘세겨라 / 정재민
17	오누이 장사 되살아오는 누이 장사의 혼 / 김승필
18	갖은 병신 노처녀 그녀의 우습고도 희한한 혼인담 / 김현식
19	독수공방의 여인 주고받지 못하는 사랑에 대하여 / 박이정
20	덴동어미 불행하지만 누구보다 삶을 사랑한 억척 여인 / 임주탁
21	방귀쟁이 며느리 내숭 따윈 필요 없어 / 조선영

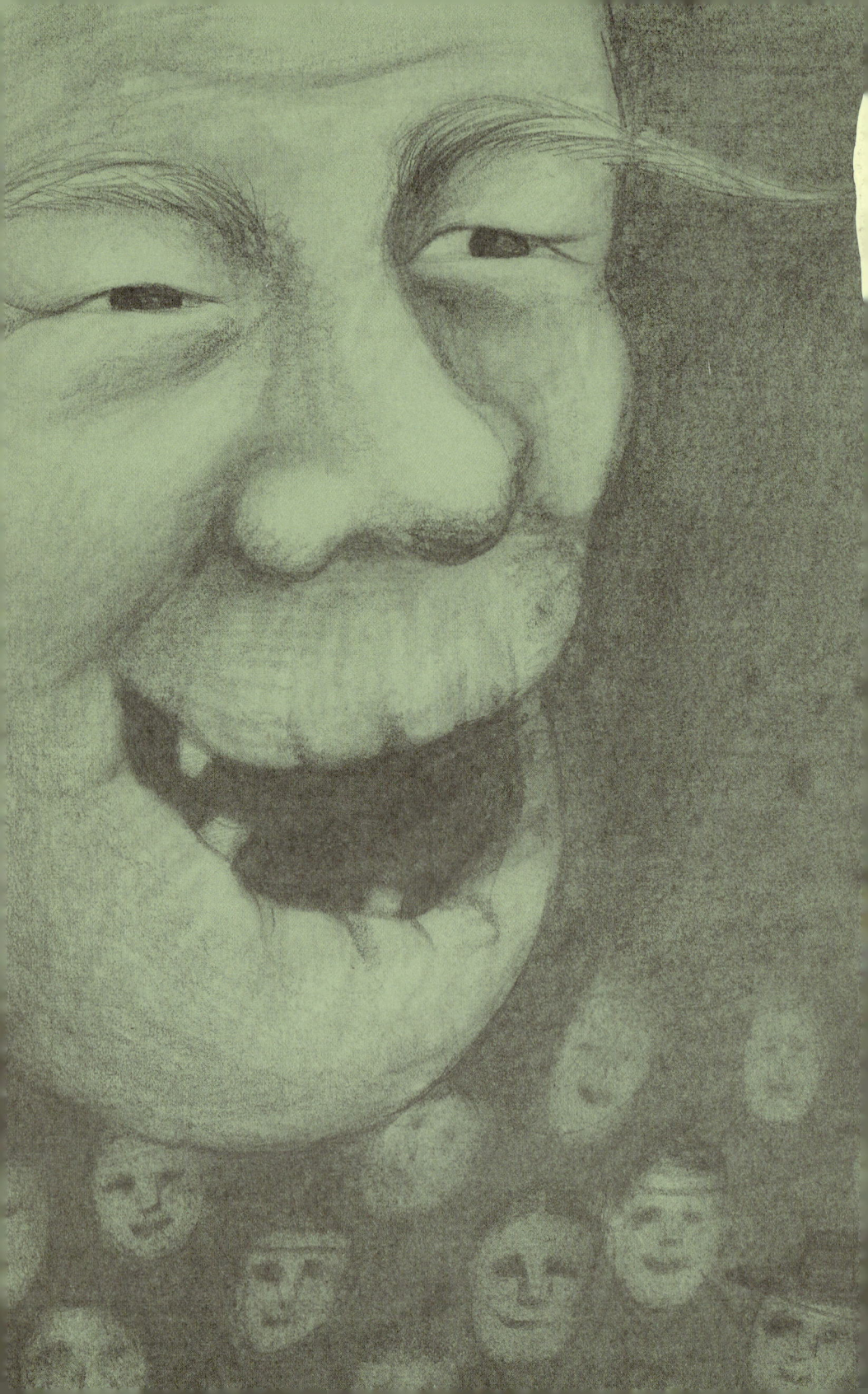

1

탁월한 이야기 심리 치료사

이민희

민옹

영달하지 못했으나 은어와 기담을 자유롭게 구사하던 18세기 최고의 이야기꾼이자 심리 치료사. 우울증에 시달리던 연암을 치료하면서 그의 글에 소개된다. 깐깐하고 소신 있는 비판 의식과 풍자 의식의 소유자로 좌중을 웃기고 울리는 이야기꾼이다.

〈민옹전(閔翁傳)〉은 연암 박지원이 21세 되던 1757년(영조 33)에 지은 것으로, 《연암별집(燕巖別集)》, 《방경각외전(放璚閣外傳)》 편에 실려 있다. 실존 인물인 민옹(閔有信)이 죽은 뒤, 그가 남긴 몇 가지 일화와 작자 스스로 민유신을 만나 겪었던 일들을 소개하고 뇌(誄 : 죽은 사람의 생전의 공덕을 기리는 글)를 붙여 놓았다. 박지원은 스스로 이 작품의 창작 경위에 대해 "금년 가을에 나의 병이 도졌으나 이제는 더 이상 민옹을 볼 수 없게 되었다. 이에 나와 함께 주고받은 은어(隱語)와 우스갯소리, 담론(談論)과 풍자 등을 기록하여 〈민옹전〉을 짓는다.", "민옹이 골계에 의탁하여 풍자한 것이 세상을 비웃는 불공(不恭)이 있으나 경구(警句)를 써서 분발한 것은 게으른 자들을 경계할 수 있으므로 이에 〈민옹전〉을 썼다."라고 밝힌 바 있다.

옹은 매우 작은 키에 하얀 눈썹이 눈을 내리덮고 있었다. 그는 자신의 이름은 유신(有信)이며 나이는 73세라고 소개하고는 이내 나에게 물었다.

"그대는 무슨 병인가? 머리가 아픈가?"

"아닙니다."

"배가 아픈가?"

"아닙니다."

"그렇다면 병이 든 게 아니구먼."

그러고는 드디어 문을 열고 들창을 걷어올리니, 바람이 솔솔 들어와 마음속이 차츰차츰 후련해지면서 예전과 아주 달라졌다. 그래서 옹에게 말하기를, "저는 단지 밥을 잘 먹지 못하고 밤에 잠을 잘 못 자는 것이 병입니다." 했더니, 옹이 일어나서 나에게 축하를 하는 것이다. 나는 놀라며, "옹은 어찌하여 저에게 축하를 하는 것입니까?" 하니, 옹이 말하기를, "그대는 집이 가난한데 다행히 밥을 잘 먹지 못하고 있으니 재산이 남아돌 게고, 잠을 못 잔다면 밤까지 겸해 사는 것이니 남보다 갑절 사는 턱이 아닌가. 재산이 남아돌고 남보다 갑절 살면 오복(五福) 중에 수(壽)와 부(富) 두 가지는 이미 갖춘 셈이지." 하였다.

— 박지원 지음, 신호열 외 옮김, 《연암집》(하), 167쪽

연암 박지원과 〈민옹전〉

조선 후기의 대문장가 연암(燕巖) 박지원(朴趾源)! 연암이 〈민옹전(閔翁傳)〉을 지은 것은 정축년(丁丑年) 가을. 그러니까 연암의 나이 20대 초반의 일이다. 〈민옹전〉은 연암이 젊은 시절에 가졌던 심회와 자유분방한 글쓰기가 잘 드러나는 작품으로, 재치 있는 입담으로 당대에

달변가(辯士)로 통하던 민옹(閔翁)이 주인공으로 등장한다. 〈민옹전〉
이 실려 있는 《방경각외전(放璚閣外傳)》에는 총 9편의 전(傳) 작품들
이 있는데, 이들 작품에는 젊은 연암이 혼탁한 정치 현실과 부조리한
양반 사회에 대해 갖고 있던 비판 의식과 날카로운 풍자 의식, 그리고
과거 시험을 통한 출세라는 제도적 문제에 대한 정신적 갈등이 잘 녹
아 있다. 김명호(2001), 《박지원 문학 연구》, 184~185쪽

그런데 유독 〈민옹전〉에서만큼은 다른 작품들에서 찾기 어려운 연
암의 자화상과 내면 심리가 미화 없이 선명하게 묘사되어 있다. 연암
의 분신으로서의 '나'란 존재가 민옹이라는 이야기꾼을 만나 불안감
을 떨쳐 버리고 적극적인 삶의 태도를 갖게 되는 과정이 예리하게 포
착되어 있다. 물론 이것은 기본적으로 연암의 허구적 서사 장치가 교
묘히 결합한 형태로 나타난 것이라 하겠으나, 민옹이 연암에게 준 충
격 또는 영향력은 실제 연암의 경험에 기초한 것이기에 그 나름대로
진실성을 담보하고 있다고 할 수 있다.

〈민옹전〉에서 민옹과 '나'의 관계는 특별하다. 작품 곳곳에서 민옹
과 '나'의 관계를 특별하게 인식하게 만드는 서사 장치들이 고도의 기
법을 통해 구체화되어 있다. 그것은 여타 작품과 달리, 심한 우울증에
시달리던 청년 연암에 대해 치료의 특명을 받고 연암을 찾아온 민옹
의 심리 치료사적 면모가 소상히 나타나 있는 데서 찾아볼 수 있다.
그들의 만남과 대화는 마치 한 편의 심리 치료 보고서를 방불케 하는
서사 장치로 채워져 있다. 필자가 민옹을 단순히 말 잘하는 이야기꾼
이 아니라, 고도의 심리 전술로 상대방의 기분을 전환시키고 상대의
심리 상태에 맞게 처방을 내릴 줄 아는 일종의 심리 치료사였다는 사
실에 초점을 맞춰 그를 소개하고자 하는 이유도 바로 그 때문이다.

연암 박지원의 조상화

우울증 환자 연암과 심리 치료사 민옹과의 만남

〈민옹전〉의 주인공 민옹의 본명은 민유신(閔有信)이다. 이인좌의 난 때 반란 진압에 기여한 공으로 첨사(僉使) 벼슬을 받은 적이 있지만, 그 후로는 전혀 벼슬을 하지 못했다. 민옹은 남양(南陽) 출신의 무관으로 어려서부터 책을 많이 읽고 학문에 능했으며, 포부가 큰 위인이었다. 그러나 신분적 제약으로 말미암아 자신의 꿈을 성취하지 못하고 불우하게 살았다. 민옹은 노래와 구연 재능이 있었고, 적극적인 성격에다 상황에 대한 적응력이 뛰어났으며, 날카로운 비판 의식에서 나오는 풍자와 골계를 구사할 줄 아는 이야기꾼 중의 이야기꾼이었다.

민옹은 바로 그 탁월한 이야기 솜씨 덕분에 연암과 각별한 인연을 맺을 수 있었다. 우울증에 시달리던 연암이 자신의 심회를 달래 줄 손님으로 민옹을 초대했기 때문이다. 민옹을 만나기 전 연암은 심신이 고단하고 의욕도 없으며 무기력한 상태였다.

> 계유(1753), 갑술년(1754) 간, 내 나이 17, 8세 즈음 오랜 병으로 몸이 지쳐 있을 때 집에 있으면서 노래나 서화, 옛 칼, 거문고, 이기(彝器, 골동품)와 여러 잡물들에 취미를 붙이고, 더욱더 손님을 불러들여 우스갯소리나 옛이야기로 마음을 가라앉히려고 백방으로 노력해 보았으나 그 답답함을 풀지 못하였다.
>
> —《연암집》(하), 166쪽

세상에 두려울 것이 없고 꿈과 패기로 가득 차 있을 법한 이팔청춘의 나이에, 연암은 심한 우울증을 앓고 있었다. 우울증의 원인이 무엇이었는지 소개되어 있지는 않지만, 스스로 지나가는 손님들을 모아 놓고 익살스럽거나 우스운 옛이야기를 들으며 마음을 달래 보아도 자신의 내면 깊숙이 스며든 우울증을 어쩔 수가 없다고 술회할 정도로, 그의 심신은 병약했다. 삶에 대한 의욕이나 일상생활에 대한 흥미를 잃고 있었던 것이 분명하다. 이러한 사실은 《과정록(過庭錄)》에서도 확인된다. 연암의 처남인 지계공(芝溪公) 이재성(李在誠)은 연암의 아들 박종채에게 젊은 시절의 연암을 회고하며 이렇게 말한다.

> 네 아버지는 스무 살 남짓해서 불면증으로 시달린 적이 있으셨다. 밤낮 한숨도 주무시지 못하는 날이 혹 사나흘씩이나 계속된 적도 있는

데, 보는 사람들이 몹시 걱정했었다. 아홉 편의 전(傳)을 지으신 게 아마 그때였을 텐데, 무료함을 잊고 병을 이기기 위해서였을 게다.

— 박종채 지음, 박희병 옮김, 《나의 아버지 박지원》, 24쪽

연암은 어렸을 때부터 몸이 허약하여 학문에 일찍 입문하지 못했다. 그래서 연암이 정작 학문을 배우기 시작한 것은 혼인을 치른 열여섯 살 때부터다. 장인 이보천(李輔天)과 처삼촌인 이양천(李亮天)에게서 비로소 제대로 된 학문과 《사기(史記)》 등을 배우게 되었다. 그러나 불행히도 그의 학문과 삶에 상당한 영향을 끼친 이양천은 얼마 안 있어 죽고 만다. 1755년, 연암의 나이 열아홉 살 때다. 그리고 연암이 민옹을 만난 것은 그 다음 해인 1756년의 일이다. 체질적으로 병약한 심신에다 이양천의 죽음은 가뜩이나 가라앉아 있던 연암의 기분을 더욱 가라앉게 하기에 충분했다. 게다가 과거 제도에 대한 시큰둥한 태도나 양반 세계에서 지켜야 할 기본적 의례와 규범에 대한 무시, 타협할 줄 모르고 어떤 것에 집착하지 않는 깐깐한 성격 역시 그의 심기를 불편하게 만든 이유라고 할 수 있을 것이다. 실제 연암의 글에서 풍자나 해학, 농담과 우스갯소리들이 진하게 묻어나는 것도 바로 이런 그의 기질과 비판 의식과 무관하지 않을 것이다.

사실 기분이란 비교적 오랫동안 어떤 정서 상태가 지속되는 것을 말한다. 그리고 대부분의 정서란 순간적이고, 외부 사건이나 내적인 사고에 대해 반응함으로써 나타난다. 그렇기 때문에 우울증을 정의하기 어렵지만, 흔히 기분장애(mood disorder)의 일종으로 분류하는 것도 바로 그러한 이유 때문이다. 루이스 월퍼트 (2000), 《우울증에 관한 희망의 보고서》, 31쪽 젊은 연암에게서 사회의 모순과 부조리는 그의 날카로운 인식

망에 쉽게 포착되었으나, 그것을 개혁하고자 하는 젊고 순수한 열정과 욕망이 충족되기에는 현실이 너무나 견고했다. 이런 상태에 있던 연암을 당대의 최고 이야기꾼 민옹이 찾아온 것이었다.

> 어떤 이가 나에게 민옹을 소개하면서, 그는 기이한 선비로서 노래를 잘하며 담론도 잘하는데 거침없고 기묘하여 듣는 사람마다 후련해하지 않는 사람이 없다 하기에, 나는 그 말을 듣고 너무나 반가워 함께 와 달라고 청하였다.
>
> ─《연암집》(하), 166쪽

연암에게 민옹을 소개해 준 지인이 주목한 것은 민옹의 기이한 면모와 이야기꾼으로서의 그의 재주이다. 당대에 민옹은 주위 사람들에게 달변가요 이야기꾼으로 정평이 나 있었던 모양이다. 그러하기에 지인은 민옹과 이야기를 해 본 많은 이들이 마음이 상쾌해지는 효과를 보았다는 사실까지 거론하며 민옹을 보증하려 했던 것이리라. 게다가 민옹을 소개받은 연암 역시 민옹이 자신의 문제를 해결해 줄 적임자임을 감지하기라도 한 듯 기꺼이 집으로 놀러 오라는 부탁을 한다. 이미 연암은 민옹을 알게 된 것만으로도 그동안 쌓였던 체증이 일시에 확 가시는 듯한 상쾌한 기분을 느끼고 있었는지도 모른다.

민옹의 심리 치료

우리의 주인공 민옹은 탁월한 심리 치료사였다. 일반적으로 심리 치료학에서 우울증을 치료하는 심리 치료사(therapist)는 능동적으로 환자와 대화를 시도함으로써 문제를 풀어 나가게 되는데,레이몬드 코시니 외(2000), 《현대 심리치료》, 15쪽 민옹은 이러한 심리 치료사인 양 연암과 첫 대면하는 순간부터 독특한 대화로 상대방의 심리에 신선한 자극을 가하고 있다.

> 민옹은 인사도 하지 아니하고 물끄러미 피리 부는 자를 보고 있더니 별안간 그의 따귀를 갈기며 크게 꾸짖기를, "주인은 즐거워하는데 너는 왜 성을 내느냐?" 하였다. (중략) 나는 크게 웃고 말았다. 옹이 말하기를, (중략) "온 좌중은 입을 다문 채 크게 두려워하는 듯이 앉아 있고, 하인들은 마음대로 웃고 떠들지도 못하고 있으니, 이러고서야 음악이 즐거울 리 없지." 하였다.
>
> —《연암집》(하), 166~167쪽

초대 받아 들어간 방에서 주인(연암)에게 인사도 하지 않고 그 안에서 악기를 연주하던 악공을 물끄러미 쳐다보다가 다짜고짜 뺨을 후려치는 민옹을 그 누가 정상적이라고 볼 것인가? 무례하기 짝이 없는 불손한 행동에 모두들 놀라지 않을 수 없었다. 그러나 놀라 그 까닭을 묻는 주인에게 민옹은 자신의 행동을 조리 있게 설명해 나간다. 연유를 알게 된 주인은 웃음을 크게 터뜨리고, 어느새 분위기는 전환된다. 이로 인해 자칫 어색하기 쉬운 첫 만남을 자연스럽게 성사시킬 수 있었으며, 민옹에 대한 첫인상 또한 강렬하게 심어질 수 있었으리라. 이것이 바로 민옹이 만들어 내는 심리 치료의 한 방법이었다. 이후로 민옹은 주인('나')과 대화를 나누면서 환자인 '나'의 심리를 파악하고 그 문제에 대한 소견과 해결책을 곧바로 들려준다. 도대체 둘 사이에 어떤 대화가 오갔으며, 민옹과의 대화가 '나'에게 어떤 기능을 한 것일까?

이 글의 서두에서 인용한 대목은 '나'가 악공과 손님들을 다 돌려보낸 후, 민옹과 단둘이서 대화를 나누는 장면이다. 백발이 성성한 민옹은 먼저 자신의 이름과 나이를 소개한 후, '나'의 건강 상태를 묻는다. 이는 자신이 '나'를 찾아온 목적을 분명히 인식하고 치료자 측면에서 환자의 상태를 파악하고자 한 것이라 할 수 있다. 그렇게 몇 가지 질문을 한 민옹은 '나'의 병이 육체(머리나 배 등)적인 것이 아니라 정신적인 데 있음을 확인한다. 그렇기에 곧바로 처방을 내린다. 바로 창문을 열어 바람이 들어오게 해 방 안 공기를 바꿔 놓는 것이다. 결국 '나'는 환기된 공기를 들이마심으로써 시원함을 느끼게 된다. 즉, 민옹은 환자의 마음을 편하게 만들고, 그럼으로써 환자 스스로 자신이 생각하는 병이 무엇인지 털어놓을 수 있는 환경과 분위기를 자연스레 만들어 놓은 것이다.

민옹의 심리 치료사적 모습은 여기에 그치지 않는다. 밥을 잘 먹지 못하고 밤에 잠을 잘 못 자는 '나'에게 치료사다운 적절한 처방을 그 자리에서 내리는 것이 아닌가!

옹에게 말하기를, "저는 단지 밥을 잘 먹지 못하고 밤에 잠을 잘 못 자는 것이 병입니다." 했더니, 옹이 일어나서 나에게 축하를 하는 것이었다. 나는 놀라며, "옹은 어찌하여 저에게 축하를 하는 것입니까?" 하니, 옹이 말하기를, "그대는 집이 가난한데 다행히 밥을 잘 먹지 못하고 있으니 재산이 남아돌 게고, 잠을 못 잔다면 밤까지 겸해 사는 것이니 남보다 갑절 사는 턱이 아닌가. 재산이 남아돌고 남보다 갑절 살면 오복(五福) 중에 수(壽)와 부(富) 두 가지는 이미 갖춘 셈이지." 하였다.

잠시 후 밥상을 들여왔다. 내가 신음소리를 내며 인상을 찌푸리고 음식을 들지 못한 채 이것저것 집어서 냄새만 맡고 있었더니, 옹이 갑자기 크게 화를 내며 일어나 가려고 하였다. (중략) 내가 사과를 하고는 옹을 주저앉히고 빨리 식사를 차려 오게 하였더니 옹은 조금도 사양하지 않고 팔뚝을 걷어올린 다음 수저를 시원스레 놀려 먹어대는데 나도 모르게 입에서 군침이 돌고 막혔던 가슴과 코가 트이면서 예전과 같이 밥을 먹게 되었다.

─《연암집》(하), 167~168쪽

가난한 이가 먹기를 싫어하는 것이야말로 살림살이에 도움이 되는 일이요, 잠을 못 자는 것이야말로 장수를 누리는 것이라는 논리를 펴 매사에 긍정적 사고를 갖도록 유도하고 있다. 어디 그뿐인가? 민옹의 심리 치료사다운 면모는 다음 대목에서도 유감없이 발휘되고 있다.

나는 꽤나 무료하였다. 이렇게 한참이 지나자 옹이 갑자기 일어나서 촛불을 돋우면서 하는 말이, (중략) "그대와 약속하여 평소에 못 보던 글을 두세 번 눈으로 읽어 보고 나서 외우기로 하세. 만약 한 자라도 틀리게 되면 약속대로 벌을 받기로 하세나." (중략) 조금 지나자 옹이 "나는 벌써 다 외웠네." 하고 외쳤다. 그때 나는 한 번도 다 내리읽지 못한 상태였으므로 놀라서 옹에게 잠시만 기다리라고 하였더니, 옹이 자꾸만 말을 걸고 방해를 하여 나는 더욱 외울 수가 없었다. 그러는 사이에 잠이 와서 그만 잠이 들고 말았다. 다음날 날이 밝자 옹에게 묻기를, "어젯밤에 외운 것을 기억할 수 있겠습니까?" 하니, 옹이 웃으며, "나는 처음부터 아예 외우지를 않았다네." 하였다.

— 《연암집》(하), 168~169쪽

음식을 맛있게 먹는 모습을 자신이 솔선수범해 보여 줌으로써 환자로 하여금 음식을 먹고 싶은 마음이 들도록 유도하고, 먼저 책 외우기 내기를 제안해 놓고는 정작 자신은 외우지도 않고 능청을 떨면서 초조해진 '나'가 잠이 들게 만들어 불면증에 시달리던 '나'가 자연스럽게 휴식을 취하게 하고, 또한 민옹이 '나'를 일부러 속인 사실을 깨닫게 함으로써 한바탕 웃음을 자아내고 있는 것이다.

이처럼 민옹은 상대방의 문제점을 즉시 파악하고는 즉석에서 치료에 필요한 처방을 내리거나 구체적 행위로 곧바로 치료를 해 주어 상대방의 웃음을 유발해 내거나 긍정적 사고를 갖게 하는 등 탁월한 심리 치료사로서의 모습을 유감없이 보여 주고 있다. 우울증에 시달리던 '나'가 한바탕 웃을 수 있고 잠을 푹 잘 수 있도록 이야기로, 대화로, 적절한 유머와 재치 있는 표현으로 이끌고 있는 민옹, 그야말로 상대방의 심리를 간파하는 통찰력과 상황에 따라 임기응변할 줄 아는 재치와 수많은 이야기를 갖추고 있었던 전문적 이야기꾼이자 심리 치료사로서 손색이 없다. 민옹은 환자와 대면해 함께 있는 동안, 환자 주변에서 일어나는 일상생활의 모습에서 문제점을 찾아 내고 이를 응용해 환자의 우울한 심사를 치료하기 위해 순간적 기지를 발휘해 처방을 내릴 줄 아는 재치까지 겸비한 치료사였던 것이다.

그러나 민옹이 환자를 돕겠다고 해서 환자의 정신까지 간섭하며 재구성하려 든 것은 아니었다. 오히려 환자로부터 정보와 신뢰를 얻는 데 더 많은 노력을 기울임으로써 환자 자신이 생각하고 있던 것을 스스로 고치도록 도와 주었을 뿐이다. 게다가 심리 치료사답게 민옹은 일방적으로 환자의 이야기를 듣는 것에 그치는 것이 아니라 자신의 경험담과 자신에 관한 이야기를 적절하게 털어놓기도 한다. 마치 오늘날 적극적으로 자신의 경험담을 들려주어 환자를 치료하는 게슈탈트 치료 이론(Gestalt theory)에 입각한 심리 치료사처럼 말이다.

> "그러나 불사약은 영감님도 결코 못 보았겠죠?" 민옹이 웃으면서 말하였다. "이거야말로 내가 아침저녁으로 늘 먹는 것인데, 어찌 모르겠소? (중략) 쌀로 밥을 지어먹고는 죽기를 면했다오. 불사약치고 밥보다 나은 게 없는 셈이지. 그래서 나는 아침에 한 그릇, 저녁에 또 한 그릇 먹고, 이제 벌써 일흔이 넘었다오."
> "그럼 영감님도 역시 두려운 게 있소?" 하고 물었다. 민옹이 잠자코 있다가 별안간 목소리를 높여서 말하였다. "나 자신보다 더 두려운 건 없소. 내 오른쪽 눈은 용이고, 왼쪽 눈은 범이거든. 혀 밑에는 도끼를 간직했고, 굽은 팔은 활처럼 생겼지요. 내 마음을 잘 가지면 어린아이처럼 착해지지만, 까딱 잘못하면 오랑캐도 될 수 있다오. 삼가지 못하면 장차 제 스스로 물고 뜯고, 끊고 망칠 수도 있는 거지요."
> ―《연암집》(하), 225~226쪽

하도 말을 잘하는 민옹인지라 한번은 자리를 함께한 손님들이 민옹을 골탕 먹이기로 작정하고 연거푸 대답하기 어렵다 싶은 질문을 쏟아 냈다. 하지만 그럴수록 민옹의 진가는 더욱 빛을 발할 뿐이었다. 얼굴색 하나 변하지 않고 막힘없이, 그것도 그럴듯하게 논리적으로 되받아치는 민옹의 답변이 거침없이 나오는 것이 아닌가? 민옹의 이러한 답변은 좌중 손님들의 탄성을 이끌어 냈을 뿐 아니라 '나'의 신뢰감을 끌어내기에 충분했다. 여기서 민옹이 주로 사용한 것이 삶의 지혜가 담긴 경험담이었으며, 민옹과의 대화의 장은 바로 상대방의 마음을 사로잡는 치료의 현장이 되었던 것이다. 현실에서 발견할 수 있는 진리를 가져와 사회를 비판하고 풍자하는 민옹의 발언은 함께 동석한 손님들뿐만 아니라 우울해하던 환자 '나'의 가슴을 시원하게 만들고도 남음이 있었다.

민옹이 당대에 뛰어난 심리 치료사였다는 사실은 그에게 치료를 받고 변화해 가는 환자의 모습에서도 찾아볼 수 있다. 민옹의 심리 치료 환자였던 '나'가 어느새 누가 시키지도 않았는데, 자발적으로 기지를 발휘해 은밀한 말[隱語 : 일종의 파자破字 놀이]로 오히려 치료사인 민옹을 시험해 이야기판의 주체로 뛰어들고 있는 것이 그 좋은 예이다.

> 하루는 옹이 오고 있기에, 나는 멀찍이 바라보다가 은어(隱語)로 '춘첩자방제(春帖子尨啼)'라는 글귀를 써서 보였더니, 옹이 웃으며 "춘첩자(春帖子)란 문(門)에 붙이는 글월[文]이니 바로 내 성인 민(閔)이요, 방(尨)은 늙은 개를 지칭하니 바로 나를 욕하는 것이구먼. 그 개가 울면 듣기가 싫은데, 이 또한 나의 이가 다 빠져 말소리가 분명치 않은 것을 비꼰 것이로군. 아무리 그렇다 해도, 그대가 늙은 개를 무서워한다면 개 견(犬) 변을 떼어 버리면 될 것이고, 또 우는 소리가 싫으면 그 입 구(口) 변을 막아 버리면 그만이지. 무릇 제(帝)란 조화를 뜻하고 방(尨)은 큰 물건을 가리키니, 제(帝) 자에 방(尨) 자를 붙이면 조화를 일으켜 큰 것이 되니 바로 용(龐)이라네. 그렇다면 이는 그대가 나를 욕한 것

이 아니라, 그만 나를 좋게 칭송한 것이 되어 버렸구먼." 하였다.

— 《연암집》(하), 174쪽

'나'가 어느 날 민옹을 만났는데, 그때 불쑥 먼저 '춘첩자방제(春帖子尨嚔)'라는 글귀를 내보이며 이가 빠지고 목소리가 특이한 민옹을 기롱하는 듯 말장난을 친다. 그러고는 민옹의 반응을 엿본다. 물론 환자인 '나'는 황당한 말장난 정도의 것을 가지고 민옹이 당황하기를 기대하지는 않았을 것이다. 오히려 민옹이 자신의 숨은 뜻을 알아내어 재치 있는 대답을 들려주기를 바랐을 것이다. 아니나 다를까? 민옹은 이러한 '나'의 기대 심리를 저버리지 않고, '춘첩자(春帖子)는 방문지문(榜門之文)이니 민(閔)이고, 방제(尨嚔)는 내 목소리가 싫어 한 욕인데 개가 무서우면 방(尨) 자에서 견(犬)을 버리고, 짖는 게 싫으면 제(嚔) 자에서 구(口) 변을 막으면 제(帝)가 되니 이는 욕이 아니라 칭찬한 것'이라고 되받아치는 게 아닌가? '나'의 발화 내용이 무엇을 의미하는지 숨은 의도를 단박에 알아차린 민옹이 뛰어난 기지와 언변을 발휘해 자신을 놀리는 말을 자신을 칭찬하는 말로 바꾸어 설명한 것이다. 어쩌면 분위기가 경색될 수도 있는 상황에서 민옹의 이러한 재치 있는 답변은 '나'의 기대 심리를 충족시켜 만족감을 느끼게 하고 신뢰감마저 갖게 해 주기에 충분하다. 아울러 일종의 파자(破字) 놀이를 먼저 시도하는 '나'의 모습에서 어느새 더 이상 우울증 환자로서가 아니라 삶과 현실에 애착을 갖고 적극적이고 진취적인 자세로 살아가려는 청년의 모습까지 감지하게 된다.

이야기 심리 치료사 민옹, 그가 그립다

비록 문화에 따라 우울증은 정상적인 감정일 수도, 병의 증상이자 질병일 수도 있다. 하지만 우울증의 원인과 표현이 문화적 요소에 의해 큰 영향을 받는다 하더라도, 슬픔과 같은 정서는 매우 일반적이기 때문에 모든 문화권에서 우울증에 대한 생물학적 기저는 공통적으로 존재한다고 할 수 있다. 루이스 월퍼트(2000), 《우울증에 관한 희망의 보고서》, 61쪽 그런 점에서 동서양을 막론해 문학작품에 등장하는 주인공의 우울증은 일반적인 소재일 뿐만 아니라, 우울증을 통해 작가가 드러내고자 하는 미학적 의미 역시 보편성을 띤다고 할 수 있다. 그리고 우울증에 시달리는 주인공의 심리야말로 당대 사회적, 시대적 이념과 가치관을 대변하며, 그럴 수밖에 없는, 비영웅적이며 평범한 인간의 고뇌를 사실적으로 보여 주는 데 적합할 수 있다.

민옹은 단순히 전문적 이야기꾼이 아니라, 이야기로 상대방의 심리적 문제를 해결하고 치유해 주는 심리 치료사라는 점에서 독특하고 매력적인 인물이다. 비록 한편으로 뛰어난 학식과 능력이 있었는데도 세상에 나가 자신의 뜻을 펼치지 못했기 때문에 불행한 사람이라고 말할 수 있을지 몰라도, 사실 그는 누구보다도 행복한 사람이었다. 사회를 바라보는 열린 안목과 청중을 쥐락펴락하는 언변술과 재기 발랄한 이야기로 그를 기억하는 이들의 입가에 웃음과 미소를 띠게 할 수 있었기 때문이다.

오늘날 현대인이 심리적 위안을 얻을 수 있는 수단은 문학만이 아니다. 풍자 코미디 프로그램이나 인터넷 속의 수많은 패러디 글들과 이미지들이 우리에게 말을 걸고 공감을 얻어 내려 하고 있다. 최근 코미디언이 방송가의 전문 진행자의 표준이 되고, 그들의 몸값이 치솟는 것도 우울해진 현대 사회의 대리 충족 욕구를 반영하고 있는 것은 아닐까? 현대 사회의 우울증은 훨씬 더 다양하고 복잡한 양상으로 나타나게 되었고, 치료의 방법 역시 다양해지고 전문적인 것을 요구하고 있다.

민웅의 심리 치료 방법은 일방적인 처방을 통한 치료가 아니라 상황에 맞게 치료자와 환자가 장(場)을 통해 교감하고 동질감을 나누는 것이었다. 복잡하고 다양한 요인들이 개인의 심리를 옭아매고 훨씬 더 끔찍한 형태의 정신 병리 현상이 나타나고 있는 현대일수록 민웅처럼 사회적 조건과 현실의 요구를 충족시켜 줄 수 있는 맞춤형 이야기 심리 치료사가 필요한지도 모른다. 과거에 이야기꾼으로서 이름을 날린 이업복이나 오물음, 재담의 거재 박춘재나 신불출, 탑골공원에서 수백 명의 청중을 휘어잡았던 금자탑 노인(본명 김한유) 등도 민웅처럼 인간의 곪아 터진 내면의 상처를 치료하고 어루만져 주던 당대 최고의 이야기꾼이자 심리 치료사들이었다.

오늘날 코미디언의 재담을 들으며, 잠시나마 시름을 잊고 유쾌함과 통쾌함을 맛보며 편한 마음을 누릴 수 있는 것도 같은 이유에서일까?

이민희 아주대학교 교양학부 강의교수. 역사영웅 서사문학 연구로 박사학위를 받았으며, 지금까지 문학사 및 구비문학, 일본·중국·유럽과의 비교문학, 고소설 유통 및 독자 문제에 관심을 갖고 연구하고 있다. 저서로 《16~19세기 서적중개상과 소설. 서적 유통 관계 연구》, 《조선의 베스트셀러-조선후기 세책업의 발달과 소설의 유행》 등이 있다.

2

'외부'의 부당한 억압이 만들어 낸 비극적 남성 영웅

조현설

양이목사

중앙 정부의 과도한 공납 요구에 맞서는 제주도의 관리, 탐라국의 목사. 그 역시 처음에는 백성을 속이며 탐심을 드러내지만, 점차 백성들의 처지를 정확히 파악하는 목민관으로서의 면모를 드러낸다. 또한 죽음에 굴하지 않는 용맹성과 뛰어난 무예를 갖추기도 하였다.

양이목사는 제주도 굿에서 구연되는 〈양이목사본풀이〉의 주인공이다. 제주도 굿에서 구연되는 본풀이에는 일반신과 당신, 조상신 본풀이가 있는데, 〈양이목사본풀이〉는 탐라 양씨 명월파의 조상신 본풀이다.

금부도사도 억수같이 눈물을 흘리면서 은창검을 한 번 휘두르니 양이목사의 한 몸이 두동강 나 버립디다. 배 밑으로 떨어지는 양목사의 몸이 용왕국 물결 속에 떨어지자 어느새 청룡, 황룡, 백룡으로 변하여 깊은 물 속 용궁으로 들어갑디다.

피투성이가 된 양이목사의 머리를 끌어안고 피를 닦아 흰 보자기로 덮어 이물에 가져다 놓았더니 육신이 떨어져 나간 양이목사의 머리가 고 사공에게 말합디다.

"고향에 들어가거든 고, 양, 부 세 성 가운데 탐라 양씨가 자손만대까지 대대로 손을 이어 음악을 울리며 나의 역사를 풀어 주면 우리 자손들을 만대까지 유전시켜 주마."

육신 없는 머리로 입을 열어 말씀을 한 후 고 사공을 이별하고 상시관에게 올라갑디다.

— 안사인 구연, 〈양이목사본풀이〉, 《제주도 무가》, 439쪽

외부, 양이목사를 만나는 키워드

'외부'는 제주도 신화를 푸는 키워드 가운데 하나이다. 제주도의 고대 국가인 탐라국의 건국 신화를 보라. 땅속 구멍에서 출현한 고·양·부 세 시조들의 배필은 외부에서 도래(渡來)한다. 벽랑국의 세 공주가 바다를 건너 곡물의 종자를 지참하고 제주로 들어와 세 시조와 혼인하지 않는가! 무속 신화 〈송당본풀이〉에 나오는 제주 출신 사냥꾼 소천국의 짝 역시 바다를 건너 들어온다. 강남국 흰 모래밭에서 솟아난 백주또가 농경문화와 더불어 도래하는 것이다.

이 신화들은 제주도가 외부 문화와 맺는 관계를 상징하고 있다. 또한 이 신화들은 신격들의 결혼 형식을 통해 토착 문화와 외래 문화가 제주도에서 어떻게 충돌하고 조정되는지를 보여 준다. 삼성(三姓) 시

삼성혈. 과거 제주도에서 무속제의가 행해지던 곳이다

조 신화 또는 탐라국 건국 신화처럼 두 문화가 통합되어 하나의 문화를 이루기도 하고, 무속 신화처럼 결혼과 이혼 과정을 거쳐 서로 다른 마을에 정착하는 방식으로 문화적 갈등이 조정되기도 한다. 이는 섬인 제주가 '외부'에 대응하는 자연스러운 과정이라 할 만하다.

그런데 이런 대응과 조절 과정에 권력이 개입하면 어떻게 될까? 더구나 그 권력이 내부에서 발생한 것이 아니라 외부에서 도래한 것이라면, 나아가 그 권력이 제주도민을 고통에 빠뜨리는 부당한 국가 권력이라면 그 권력에 대해 설화는 어떤 말을 할까? 이제 우리가 만나게 될 〈양이목사본풀이〉는 바로 이런 외래적 권력의 부당한 횡포에 맞서는 양이목사[梁牧使]라는 신화적 영웅에 관한 짤막한 이야기다.

그러나 양이목사는 신화적 영웅이라는 이름으로 다 설명할 수 있는 존재가 아니다. 신화의 남성 영웅들은 자신들의 소임을 영웅적으로 성취한다. 동부여 출신 주몽이 시련을 넘어 나라를 세우고, 제주 출신의 궤내깃또가 강남천자국에서 엄청난 전공(戰功)을 세운 뒤 돌아오듯이. 하지만 양이목사는 국가 권력의 상징인 금부도사와의 대결에서 목이 잘린다. 대결에서 졌으니 실패한 영웅인 셈이다. 그러나 그의 희생 때문에 제주도가 백마(白馬) 진상을 면했으니 실패한 것만은 아니다. 양이목사는 남성 영웅이지만 행위의 결과만 보면 바리데기처럼 희생을 통해 성화(聖化)된 여성 영웅의 계보에 가깝다.

양이목사는 어떤 캐릭터인가? 이제 죽어 신이 된 이 특이한 목민관의 행적을 따라가 보자.

양이목사, 변화·발전하는 새로운 영웅상

탐라국 시절 양이목사는 서울에서 목사 벼슬을 받는다. 당시에는 한 해 한 차례씩 백마 백 필을 조정에 진상(進上)하는 법이 있었다. 양이목사는 백마 백 필에 탐심(貪心)이 생겨 자신이 대신 진상해 주겠다고 제주 백성들과 약속하고는 말을 싣고 한양에 올라가 진상은 하지 않고 말을 팔아 큰 재물을 챙긴다. 이러한 진상(眞相)을 파악한 한양의 상시관이 금부도사와 자객을 보내 양이목사의 목을 베어 오라고 명한다. 이를 눈치 챈 양이목사는 제주에서 가장 빠른 고동지 영감의 배를 타고 울돌목에서 금부도사와 맞닥뜨린다. 첫 대결에서 자객의 목이 떨어지고 금부도사가 무릎을 꿇지만, 백마 진상이 가혹해 백마를 팔아 제주 백성을 도왔다고 말하는 사이 금부도사의 기습을 받아 양이목사의 상투가 돛대 줄에 묶여 매달리고 만다. 금부도사가 양이목사의 목을 베자 몸은 바다에 떨어져 청룡·황룡·백룡으로 변해 용왕국으로 들어가고, 머리는 남아 고동지에게 소원을 말한다. 탐라 양씨가 굿을 통해 자손 대대로 자신의 역사를 풀어 주면 탐라 양씨를 영원토록 이어지게 해 주겠다고 말이다. 모든 사실을 보고 받은 상시관은 제주의 백마 진상 의무를 면제해 준다.

이것이 현재까지 채록된 유일본이라고 할 수 있는 〈양이목사본풀이〉(안사인 구연)의 줄거리다. 그런데 이 이야기에는 난해한 대목이 몇 군데 있다. 우선 양이목사가 백마 백 필에 탐심이 생겨 대신 진상해 주겠다고 했다는 대목이 그렇다. 이 대목은 양이목사를 '영웅'으로 보려고 하는 우리의 통념에 도전장을 던진다. 영웅이 백성을 속이다니! 게다가 이 진술은 불쌍한 제주 백성들을 돕기 위해 진상품을 팔아 필요한 물품을 샀다는 후반부 양이목사의 구술과 충돌한다. 백성들의 진상품을 가로채려는 양이목사와 백성들을 도와 주려는 양이목사, 어느 쪽이 양이목사의 진정한 모습인가?

또 다른 난해한 지점은 양이목사가 조정에서 파견된 금부도사와 맞닥뜨리는 대목이다. 양이목사는 제주에서 가장 **빠른** 고동지 영감의 배를 타고 울돌목, 즉 진도 쪽 명량해협으로 향하는데, 이것의 목적이 도망에 있는지 대결에 있는지가 모호하다. 문맥으로 보면 양이목사는 금부도사와 싸우려고 위풍당당하게 울돌목으로 달려가는 게 아니다. 금부도사의 물음에 고동지가 "제주 양이목사 유람하는 배요."라고 '잘못' 대답하지 않았다면 둘은 대결할 가능성이 없는 것처럼 진술되고 있다. 문맥대로라면 도망치다 남의 실수로 싸움판에 들어서는 꼴이다. 무슨 영웅이 이런가? 의문이 꼬리를 물고 일어난다.

이런 난감한 대목 때문에, 예컨대 양이목사가 탐심이 생겼다는 말은 잘못된 진술이라는 해석도 제출되어 있지만 유일본이기 때문에 비교할 다른 판본이 없어 난감하기만 하다. 이 난감함을 돌파하는 길은 양이목사를 신화적 영웅과 달리 보는 것이다. 양이목사가 순결한 도덕성을 갖추었거나 고귀한 품성을 타고난 영웅이 아니라고 보면 문제는 해결된다. 양이목사는 추호의 탐심도 없었던 게 아니다. 양이목사는 금부도사를 꿇려 놓고 이렇게 말한다.

> 임금이 먹는 백마 백 필 진상 나도 한번 먹어 보려고 입을 벌려 먹었더니 백마 백 필 삼키지도 못하고, 제주 불쌍하고 굶는 백성 생각하니 산 짐승이 목에 걸려 목 아래로 내려가질 않더라.
>
> — 인사인 구연, 〈양이목사본풀이〉, 437쪽

가렴(苛斂)을 일삼는 임금에 대한 풍자의 비수가 양이목사의 말투에 녹아 있다는 것은 누구나 짐작할 수 있는 바이지만, 양이목사가 금부도사에게 하는 이 호령은 본풀이 첫머리의 탐심과 연결된다. '나도 한번 먹어 보려고 입을 벌려 먹었다.'는 말은 '탐심'이 근거 없이 잘못 발화된 게 아니라는 증거다. 탐심이 있었던 것도 숨길 수 없는 사실이지만 제주 백성에 대한 애휼(愛恤)의 마음이 탐심을 이겼다는 뜻이 양이목사의 이 매서운 발화 속에 녹아 있다. 양이목사는 타고난 영웅이 아니라 만들어진 영웅인 셈이다.

양이목사의 '유람'도 같은 맥락에서 해석할 수 있다. 그는 애초에 맞서 싸우려고 위풍당당하게 배에 올랐던 것이 아니다. 그는 제주도에서 가장 빠른 배를 타고 유람을 떠난다며 울돌목 쪽으로 간다. 그렇다면 유람은 위장인가? 그것도 아니었다는 것이 고동지의 '말실수'에서 드러난다. 사전에 협의된 위장 전술이었다면 고동지가 "제주 양이목사가 유람 가는 배요."라고 대답했을 리 만무하다. 유람의 함의(含意)를 전후 문맥을 통해서 파악하기는 어렵지만, 그것이 당당한 출전(出戰)과는 거리가 있다는 것만은 분명하다. 그러나 정체가 드러난 이후의 양이목사는 당당하다. 자신이 양이목사라고 당당하게 나서서 자객, 금부도사와 맞서는 것이다. 여기서도 양이목사가 타고난 영웅이 아니라 만들어진 영웅, 변화·발전하는 영웅이라는 사실이 잘 드러난다.

양이목사, 제주 섬이 만든 영웅

만들어진 영웅, 성장하는 양이목사의 영웅적 특성이 극점에 이르는 대목은 역시 무릎 꿇은 금부도사를 향해 호령하는 부분이다.

> 금부도사 들어라. 우리나라 상시관이 굶주리는 백성들에게 좋은 세상 만들어 잘 살리겠다며 다스리고, 백성들은 임금을 모시며 한마음 한뜻 한집안 한가족같이 살아 보려고 하는데, 모든 백성 중에 특히나 불쌍한 제주 백성은 일 년에 한 번 백마 백 필씩을 진상하라 하니, 임금의 배가 얼마나 큰 배이길래 일 년에 백마 백 필씩을 먹어치워 버리느냐?
>
> — 인사인 구연,〈양이목사본풀이〉, 437쪽

호령의 과녁은 너무 가혹한 진상품을 요구하는 임금에 맞춰져 있다. 양이목사는 임금, 곧 국가 권력과 맞서는 것이다. 우리 기록문학사에서 국가 권력에 맞서는 영웅은 적지 않지만 양이목사의 경우 두 가지 점에서 특징적이다. 하나는 그가 민중 영웅이 아니라 목사라는 고위직 벼슬아치라는 점이고, 다른 하나는 제주 사람으로 제주를 대표해서 한양의 임금과 대결하고 있다는 점이다.

임금으로 표상되는 부당한 국가 권력에 맞서는 인물은 대개 민중 영웅들이다. 실패한 영웅이지만 아기장수로 대표되는 민중 영웅이 그렇고, 홍길동 같은 소설의 주인공 또한 그러하다. 그런데 양이목사는 국가에서 임명한 관리인데도 임명자인 임금과 맞선다. 진상품을 임금에게 바쳐야 할 책임을 진 관리가 이미 임금의 물건인 진상품을 팔아 백성을 구휼한다는 극단적 설정이 이채롭다. 하지만 이 이채로움은 양이목사가 탐라 양씨의 조상으로 제주 사람이라는 설정과 마주쳐야 제대로 빛을 발할 수 있다.

제주는 한반도의 국가들에 복속된 이래 복잡한 감정적 관계를 맺어 왔다고 할 수 있다. 설화들이 그것을 잘 보여 주는데 예컨대 〈감목관(監牧官) 김댁(金宅)〉이라는 전설을 보면, 제주의 경주 김씨 집안은 감목관으로 유명한데 조상 묏자리를 잘 써서 그렇게 되었다고 한다. 옛날 김씨 집에서 상을 당하자 당시 풍수지리에 능한 제주목사가 묏자리를 봐주었는데 금기를 어겨 당대 발복(發福)은 못 하고 백 년 후에 후손이 복을 받아 저절로 불어난 말을 잘 키워 말 오백 필을 나라에 바친 덕분에 헌마공신(獻馬功臣)이라는 이름과 감목관 벼슬을 얻었다는 이야기다. 이는 양이목사 이야기의 반대편에 있는 이야기로, 제주의 조선 조정에 대한 충성을 잘 보여 준다. 이는 〈궤네깃당본풀이〉가 잘 보여 주듯이 외부의 힘에 대한 제주의 두려움과도 무관하지 않은 것으로 보인다.

그러나 힘의 열세에서 오는 굴복과 충성, 두려움도 있지만 동시에 한반도 조정에 대한 적대감도 없지 않았던 것으로 보인다. 제주도는 조선 시대에 유배지였고, 제주민들 가운데는 이들의 후손이 적지 않다. 〈금상님본풀이〉가 그것을 상징적으로 보여 주고 있는데, 이 무속 신화의 주인공 금상은 서울 남산에서 태어난 영웅으로 역적의 누명을 쓰고 제주도에 입도한다. 금상은 물론 타고난 영웅적 능력으로 임금과 맞설 수도 임금을 이길 수도 있었지만, 스스로 물러나 배필을 찾아 제주로 들어가 백주님과 결혼하여 함께 제사를 받는다. 물론 그 과정에서 식성(食性)으로 상징되는 문화적, 집단적 갈등이 있었지만 조정의 과정을 거쳐 같은 신당의 부부 당신(堂神)이 된다. 〈금상님본풀이〉에는 반역의 땅 제주라는 이미지가 짙게 배어 있다. 백주님이 한라산 산신이자 할아버지인 천자또에게 고기를 못 먹어 죽을 지경이 된 금상을 살리기 위해 "소녀 하나로 하여 천하 명장을 죽일 수야 있습니까?"라고 반문하는 대목에 그런 이미지가 선명하다. 역적이 되어 제주로 피난 온 금상을 천하 명장이라고 인식하고 있지 않은가!

　〈금상님본풀이〉가 보여 주는 이 같은, 임금에 대한 적대감이라는 맥락에서 보아야 양이목사의 캐릭터가 분명해진다. 양이목사는 조정에서 임명된 제주의 목사이기는 하지만 상시관에 맞서는 한 천하 명장 금상과 다를 바 없다. 둘 다 역적이다. 그러나 금상이 서울 남산 출신이라면 양이목사는 제주 출신이라는 점에서 다르고, 금상이 태어날 때부터 '역적이 될 만한 천하 명장'으로 임금이 아무리 없애려고 해도 없앨 수 없는 영웅이었다면 양이목사는 변화·발전해 가는 영웅이고 금부도사의 은창검에 목이 잘린 실패한 영웅이라는 점에서 다르다. 금상이 구좌읍 세화리 본향당의 당신으로 좌정(坐定)했다면 양이목사는 탐라 양씨 명월파의 조상신으로 좌정했다는 점도 차이라면 차이다.

　같은 제주 출신이라도 〈나주기민창조상본풀이〉의 안씨 선주와 비교해 보면 양이목사의 캐릭터가 좀 더 선명해진다. 제주의 큰 부자인 안씨 선주는 제주목사의 명에 따라 흉년으로 죽을 지경에 빠진 제주 백성을 살리기 위해 전 재산을 털어 배에 돈을 가득 싣고 팔도를 돌아다니다가 나주 기민창(饑民倉)의 삼 년 묵은 곡식을 사와 백성을 구휼한다. 안씨 선주나 양이목사나, 제주 백성을 위해 자신이 가진 것을 모두 바쳤다는 점에서 유사하지만, 안씨 선주가 목사의 명에 따라 백성을 구휼했다면 양이목사는 임금의 명을 거역하고 제주 백성의 처지를 목숨을 바쳐 변호함으로써 백성을 구휼했다는 점에서 크게 다르다. 우리는 여기서도 양이목사라는 인물의 특성을 재삼 확인할 수 있다.

양이목사, 이재수, 그리고 남성 영웅의 희생

양이목사는 한 집안의 조상신이기는 하지만 국가 권력에 대한 제주 민중의 저항적 태도를 대변하는 캐릭터라고 해도 좋을 것이다. 사실 제주도민들은 역사적 경험 때문에 한반도의 지배 권력에 대해 상당한 피해 의식을 내면화하고 있다. 제주도는 일찍이 삼국 시대에 신라에 복속된 이후 지속적인 지배와 수탈의 대상이었다. 특히 여몽 연합군의 삼별초 토벌 과정에서 생긴 피해 의식, 조선 시대에 유배지가 되면서 형성된 중앙에 대한 피해 의식, 제주 4·3 사건을 겪으면서 생긴 피해 의식 등 제주도 민중의 피해 의식은 점점 심화되었다고 할 수 있을 것이다. 이런 피해 의식은 외부 세력에 대한 배타적이거나 소극적인 태도를 내면화하게 하였다. 제주의 신화나 전설 속에 외부의 힘과 맞서 싸우는 이야기가 거의 없는 이유도 여기에 있지 않을까? 양이목사라는 캐릭터는 그래서 더욱 빛이 난다. 양이목사를 제외하고는 제주의 설화 속에서 제주 민중의 안녕을 위해 국가 권력과 맞선 인물, 자신의 목숨을 바쳐 제주 민중을 구한 인물을 만나기 어렵기 때문이다.

현기영의 소설《변방에 우짖는 새》를 바탕으로 만들어진〈이재수의 난〉(박광수 감독, 1999)이라는 영화가 있다. 이는 역사적 사건이 소설과 영화로 재창조된 경우라고 할 수 있는데, 이 사건과 이야기 속의 주인공 이재수의 캐릭터가 양이목사와 닮았다. 물론 영화에는 신분상 양이목사와 비슷한 대정군 군수 채구석이 등장하여 프랑스와 천주교로 표상되는 외세와 대결하지만 그는 조정의 녹을 먹는 관리의 위상을 넘어서지는 못한다. 오히려 채구석의 통인(通引)인 이재수가 그 역할을 대신한다. 그는 한양 조정의 조세 수탈, 천주교인의 횡포로 대변되는 외세에 맞서 민란의 장두(狀頭)가 되어 조정으로부터 세제와 폐단을 시정하겠다는 약속을 받아 낸 후 동대문에서 효수(梟首)당한다. 양이목사가 이재수라는 역사적 인물로, 소설과 영화 속의 허구적 인물로 되살아난 것이다.

인류 공동체의 진보를 위해 역사는 늘 희생이라는 제물을 요구하는 것 같다. 이즈음은 할리우드 블록버스터〈트랜스포머〉(2007)의 외계 로봇(오토봇)조차도 지구인을 위한 희생을 이야기한다. 그런데 우리 신화 서사의 경우, 공동체를 위한 희생은 주로 여성(여신)들의 전유물처럼 표현된다. 바리데기를 필두로 자청비, 당금애기, 원강암이, 황우 양씨 부인(성주 부인)에 이르기까지 정도의 차이는 있지만 모두 희생을 통해 신성을 획득한다. 그런데〈양이목사본풀이〉는 남성 영웅의 희생을 이야기한다. 보통 신화의 남성 영웅은 희생보다는 영웅적 능력을 통해 지상의 과업을 성취하는데, 양이목사는 그런 능력도 보이지만 죽음으로써 과업을 성취한다. 그래서 드물게 비극적이지만 그만큼 소중한 신화 서사라고 할 수 있다. 공동체를 위해 희생하는 남성 영웅이 필요할 때마다, 필요한 자리마다 양이목사라는 캐릭터는 제주의 한 조상신의 지위를 넘어 보편적인 언어로 되살아날 수 있을 것이다.

조현설 서울대학교 국어국문학과 교수. 동아시아 신화를 주로 연구해 왔으며 최근에는 동아시아 서사문학 전반으로 관심을 넓히고 있다. 학술 저작으로 《동아시아 건국신화의 역사와 논리》, 《문신의 역사》, 《우리 신화의 수수께끼》, 《고전문학사의 라이벌》(공저), 《고전문학과 여성주의적 시각》(공저) 등이 있고, 고전을 풀어 쓴 책으로 《사랑 사랑 내 사랑아》(춘향전), 《손가락에 잘못 떨어진 먹물 한 방울》(운영전), 《유충렬전》, 《장화홍련전》, 《심청전》 등이 있다.

3

오만한 기상을 지닌 거인의 초상

박성지

김방경

고려 시대 원 간섭기, 시대의 혼돈을 온몸으로 겪은 장군. 충직한 원칙주의자로 오만할 정도의 대담함으로 불안과 두려움을 던져 버리고 소신 있는 모습을 보이는 거인이다.

〈김방경전(金方慶傳)〉은 《고려사》 열전에 수록되어 있다. 김방경(1212~1300)은 1229년(고종 16)에 음서로 산원 겸 식목녹사에 임명됨으로써 관직 생활을 시작했다. 충직하고 직언을 잘해 몇 번이나 좌천당하기도 했지만, 대내외의 여러 난국을 타개함으로써 빛을 발하였다. 대몽항전 중에 벌어진 임연의 반란을 진압하고 원종을 복위시켰고, 이장용의 천거를 받아 원나라로 건너가 대원 관계를 진척시키는 데 이바지했다. 삼별초를 토벌하고 탐라를 평정했으며, 이 공로로 시중이 되었다. 홍다구의 모함으로 모진 고문을 겪고 유배되었지만, 무죄가 입증되어 다시 수상의 직임을 다할 수 있었다. 1283년 삼중대광 첨의중찬 판전리사사 세자사로 치사(致仕)하였으며, 이어서 첨의령이 가직되고 상락군 개국공 식읍 일천호 식실봉 삼백호에 봉해졌다. 시호는 충렬(忠烈)이다.

원종 4년, 지어사대사가 되었다. 이때 좌승선 유천우가 오래도록 정권을 쥐었다. 사대부들이 모두 좇아 붙지 않는 이가 없었다. 방경이 길에서 만나 말 위에서 읍을 하니 천우가 말하기를 "내가 조삼(皂衫)으로 명을 받았는데 삼품 이하가 모두 피하거늘, 그대가 어찌 이렇게 구는가?" 하니, 방경이 말하기를 "그대와 내가 모두 삼품으로 조삼봉명(皂衫奉命)이라, 나는 예를 행하고자 할 뿐이다."라고 하였다. 두 사람이 오랫동안 서로 따지다가 방경이 말하기를 "날이 많이 갔구만!" 하고 마침내 가 버렸다.

— 사회과학원 고전연구실 엮음, 〈김방경〉, 《고려사》 열전17, 205쪽

한 시대의 거인상

어느 시대든지 그 시대의 구성원 모두를 사로잡는 감성과 미감이 있다. 그 아름다움에 대한 인식은 그들의 삶과 동떨어지지 않는다. 그것은 오히려 쾌감이며 활력이다. 두고두고 바라보고 마음에 새기면서 삶의 엔진으로 삼는 것, 이런 의미에서 참됨과 선함과 아름다움은 분리되지 않는다. 우리는 선조들의 진·선·미의 이상(理想)을 전(傳)에서 찾아볼 수 있다. 전에는 당시 사람들의 이상적인 인물형이 뚜렷하게 조형되어 있다. 이를 들여다보고 있으면 기록한 자가 어떤 시각을 가지고 있으며, 그의 렌즈를 통해 굴절된 상(像)은 무엇인지, 그 상은 무엇을 배면으로 하면서 도드라진 것인지 조감하게 된다. 그 겹겹의 시선을 찬찬히 쫓아가다 보면, 마침내 잘 조각된 하나의 인물상을 발견하고 그 거대한 형상에 압도되고 만다. 그 숭고한 아름다움은 어떤 것일까. 이는 무엇을 배경으로 하며, 어떤 이상으로 떠오르는 것일까.

김방경이라는 거인상을 살펴보도록 하자. 그는 대몽 항쟁기를 거쳐 원 간섭기로 접어드는 시기, 고려의 대내외적 혼란을 온몸으로 겪었다. 〈김방경전〉은 《고려사》 열전 중에서 가장 많은 분량을 차지하고 있다. 이는 그 삶의 기록이 시대를 증언하는 좋은 귀감이자 난세를 꿋꿋이 견지했던 거인의 조감도이기 때문일 것이다. 그의 어떤 점이 그 시대 사람들을 매료시켰는가.

오만함과 두려움

여기 두 사람이 서로 싸우고 있다. 노려보면서 한 마디씩 뱉는 말투가 심상치 않다. 한 사람은 원종 초 지극한 권세를 누리고 있는 좌승선 유천우이고, 다른 한 사람은 김방경이다. 도대체 무엇 때문인가?
당시 좌승선이었던 유천우는 왕의 측근에서 왕명을 출납하면서 막강한 권세를 휘둘렀다. 그가 권력의 핵심에 서 있었기에 이름난 사대부들이 몰려들었고, 삼품 이하 관료들은 모두 자리를 피했다. 그런데 말에서 내리지도 않은 채 읍(揖)만 하는 저 오만한 이는 누군가. 유천우는 도무지 뻣뻣하기만 한 김방경이 불쾌했다. 이유를 따졌지만, 돌아온 대답은 단순하고 명쾌하다. 우승선이나 지어사대사나 똑같은 삼품이며, 왕명으로 임명되었다. 예를 행하면 됐지 여기서 더 굽힐 것이 무언가? 말이 이치에서 벗어난 것은 아니지만, "날이 많이 갔구만!" 하고 한 마디 던지고, 획 등을 돌려 가 버리는 김방경의 뒷모습은 몹시 오만하다. 하지만 눈을 뗄 수 없는 매력이 있다.
어느 사회든 힘의 위계가 서면 거기에 맞춰 몸을 삼가야 한다. 이

것이 예(禮)다. 그러나 빛과 그늘이 함께 있듯이, 예라는 공적 질서가 있는 곳에 '실세'의 질서도 같이 생겨난다. 김방경 사건의 독특성은 이 두 가지가 정면충돌했다는 데 있다. 똑같은 삼품관에 조삼봉명이라는, 공적 질서로서의 예는 멀고, 실세는 가깝다. 그 '실세'는 노골적으로 자신에 대한 숭배를 요구한다. 숭배하는 자에게는 권력으로 인도하는 길을 열어 줄 것이며, 그렇지 않은 자에게는 권력으로 가는 길을 막을 뿐만 아니라 해를 입힐 것이다. 사람들은 실세에 대하여 다음과 같은 마음을 품고 있다. 실세를 가진 이와의 관계가 우호적이라면 그가 나의 이익을 옹호해 줄 것이며, 관계가 순조롭지 못할 때는 나를 공격할 것이다. 사람들의 마음은 서로를 반영하고, 이는 대세를 형성한다. 대세는 사람들의 행동을 만들어 낸다. 대세를 따르지 않으면 자기에게 어떤 불이익이 돌아올지 모른다. 벼슬길이 막히는 것도 그러한 불이익 가운데 하나이다. 그러니 두렵지 않겠는가. 나는 하나고 저들은 무리인데, 내가 저들을 감당할 수 있겠는가. 또는 대세를 따르는 것이야말로 난세에 몸을 지키는 한 방법이지 않겠는가. 나 혼자 깨끗하다고 하여 황하가 맑아지기를 기대할 수도 없지 않겠는가. 사관이 평했듯이, 유천우는 '눈을 한 번 흘긴 것과 같은 사소한 일도 반드시 앙갚음을 하고야 마는' 인물. 그러니 이 실세가 어찌 두렵지 않겠는가. 이왕 두려운 물결에 발을 담갔으니, 좀 더 들어가 보도록 하자.

나쁜 공기

김방경은 일본 정벌 당시 낭장 위득유가 자기 상관인 김선을 구하지 않았다는 죄목으로 그를 관직에서 파면시킨 적이 있었다. 또 낭장 노진의가 진도를 공격할 때 힘써 싸우지 않고 남의 재산을 약탈하기만 했다고 해서 그의 재산을 국가로 환수한 일도 있었다. 이 때문에 위득유와 노진의는 원한을 품고 원나라 장수에게 투서하였다. 김방경과 그의 아들 흔이 반란을 목적으로 무기를 감추어 두었다는 것이다. 문제는 여기서부터 발생한다. 홍다구가 이 사건을 이용했던 것이다. 그는 원래 고려 사람으로 원나라에서 주로 활동했는데, 조국에 대해 오랜 악감을 품고 고려에 화를 전가할 틈만 엿보고 있었다. 그러던 차에 김방경이 원 세조에게 깊은 신임을 받는다는 사실을 알고서 위득유의 투서를 이용해 원 황실과 김방경 사이의 관계를 끊어 놓고자 했던 것이다.

일찍이 이규보는 〈외부(畏賦)〉에서 자신의 두려움을 읊은 적이 있었다. 가장 두려운 것은 사람의 입이다. 어째서 그러한가? 사람의 입이 참소를 내고, 소문을 만들고, 그것이 흥망성쇠(興亡盛衰)와 영욕(榮辱)을 가르기 때문이다. 참소란 당사자끼리 정당하고 투명하게 대화하는 길이 막힐 때 생긴다. 그것은 은밀하게 소문을 퍼뜨려서 상대를 둘러싼 모든 관계를 끊어 놓는 여론 작동의 방법이라고 할 수 있다. 참소는 누가 한 말인지 모른다. 참소가 위선적인 이유는 은밀하게 익명의 입을 빌려 자신을 은폐하기 때문이며, 참소가 두려운 이유는 모든 사람이 적으로 상정될 수 있기 때문이다. 이보다 더 무서운 것은 참소를 낸 사람이나 당한 사람이나 모두 타(他)에 대한 두려움에 휩싸여 있다는 점이다. 즉, 사회 전체가 비방하고 비방 받을 것을 예감하는 악하고 독한 기운에 감염되는 것이다.

시대를 막론하고 참소가 있었다. 그러나 이 나쁜 기운이 고려 후기 사회를 갉아먹은 주범이며, 고려 사회가 참소에 흔들릴 정도로 감정적 지반이 취약했다는 점을 주목해야 할 것이다. 내가 언제든지 누가 던졌는지도 모르는 돌에 맞아 무너질 수 있고, 어이없게 당할지도 모른다는 두려움, 또는 상대방이 품고 있을 원한에 대한 두려움, 단 하나의 관계라도 어그러뜨려서는 안 된다는 두려움, 그러나 뜻대로 되지 않는 데서 오는 두려움. 이처럼 참소로 인해 유발되는 두려움이 고려 사회의 사람들을 두려움과 공포로 몰아넣은 주범이다.

이전에 김방경은 이름을 밝히지 않은 자의 투서 때문에 반역죄를 입어 심문 받은 적이 있었다. 당시 재상이었던 류경은 김방경 등의 무죄를 역설하면서 다음과 같이 말했다.

근년에 권력 있는 신하들이 나라의 명맥을 틀어잡고 만일 어떤 사람이 죄를 지었다고 고발하는 일이 생기면 그것의 사실 여부와 경중 여부를 물어보지도 않고 즉시 죽이는 것을 마치 풀베기라도 하는 듯이 쉽사리 해 버리기 때문에 사람들이 공포에 떨게 되었습니다. 다행히도 하늘이 도와서 이런 무리들을 모두 없애 치웠고 또 공주로 하여금 우리나라에 와서 다스리게 하였으므로 저희들은 다시는 이전과 같은 화단이 일어나지 않을 것이라고 생각하였습니다. 그런데 오늘 이러한 일이 생기게 되었습니다. 새로 얻었다는 그 무명의 투서에 대해서는 제가 시비를 가려 말씀드리겠습니다. 우리나라에서는 인물들이 그전처럼 똑똑하지를 못하고 관군(몽골군)이 사방에 주둔하고 있는데 누가 감히 달아나겠습니까? 또 이름도 밝히지 않은 글에 어찌 믿음이 있겠습니까? 만약 그것을 믿고 죄를 준다면 저희들 가운데 한두 사람도 내일에는 또 화를 면치 못할 것입니다. 그렇게 되면 누가 굳이 힘을 다하여 왕실을 돌보겠습니까?

— 사회과학원 고전연구실 엮음, 〈류경〉, 《고려사》 열전18, 283~284쪽

　류경이 눈물 콧물을 흘리면서 몹시 절절하게 말하니 부근에 있던 사람들 중에 눈물을 쏟지 않는 이가 없었다고 한다. 김방경이 당한 화도 그런 감정 구조 속에서 보았을 때 의미가 부각될 수 있지 않을까. 에누리 없이 강직하기만 한 조직 운영 방식은 아랫사람들의 원한을 샀고, 이것이 고리가 되어 홍다구의 원한을 끌어들였다고.

　그렇다면 어둠 속의 참소자보다 스스로 그러한 화를 자초한 김방경을 꾸짖어야 할까? 사회를 뒤덮은 나쁜 공기에 감염되어 버린 소심한 사람들은 그렇게 말할지도 모른다. 사람의 몸과 마음을 부식시키는 나쁜 기운을 끊어 버리기 위해서는 무엇이 필요한가? 《고려사》 기자(記者)가 세심하게 주의를 기울여 다듬은 대목은 바로 이 지점이다. 고백을 강요하는 홍다구와 충렬왕, 이를 매섭게 거부하는 김방경의 모습을 보여 주는 혹독한 고문 장면을 삽입하여 긴장을 고조시킨다.

> 왕(충렬왕)이 혼도, 홍다구와 함께 다시 김방경과 김흔을 문초하게 되었다. 홍다구는 쇠줄로 김방경의 목을 둘러 죄이고 못이라도 박을 듯이 하였으며 또 형장 가진 자를 꾸짖어 그의 머리를 치게 하였으며 종일토록 알몸뚱이로 세워 놓았다. 날씨는 극히 추워서 그의 피부는 얼어서 먹을 뿌려 놓은 듯하였다.
>
> — 〈김방경〉, 224쪽

　보다 못한 충렬왕이 문초를 다 끝냈는데 이렇게까지 할 필요가 있

느냐고 했지만 홍다구는 끝내 자신의 주장을 고집하면서 물러서지 않았다. 그리고 김방경도 끝끝내 고문에 굽히지 않았다. "나는 차라리 원통하게 죽을지언정 감히 무근거한 고발을 승인하지는 않겠다."

홍다구는 김방경을 자복(自服)시키려고 모진 고문을 다했다. 온전한 데라곤 찾을 수 없을 정도로 허물어진 몸뚱이, 죽었다가 살아나기를 여러 번〔茶丘必欲服之, 加以慘毒, 身無完肌, 絶而復蘇者屢〕. 추운 겨울에 심문하느라 지루하고 피로해진 왕은 김방경을 달래려 했다. 죄를 인정한다면, 황제가 사정을 밝히고 죽이지는 않을 터인데 어째서 그런 고통을 받느냐고 물었다. 그때도 김방경은 다음과 같이 대답하였다.

"왕은 어떻게 이런 말을 합니까. 저는 병사의 몸으로 출세하여 직위가 재상에까지 이르렀으니 저의 가과 골이 땅바닥에 구르게 된다 하더라도 나라의 은혜를 다 갚지 못하겠거늘 어찌 일신을 아껴서 근거 없는 죄명을 둘러쓰고 국가를 배반하겠습니까?"

그리고 다구를 돌아보며 다음과 같이 말했다. "나를 죽일 테면 죽여라! 나는 부당한 일을 가지고 굴복하지는 않겠다!"

도도하게 이어지는 이 긴 장면이 《고려사》 기자뿐만 아니라 당시 사람들의 마음속에 '거인의 상'을 새겼다면 아마 다음과 같은 이유에서였으리라. 그 거인은 한 시대를 사로잡은 두려움의 그물, 원한과 참소의 거미줄을 뚫고 솟아난 거인이기 때문이라고. 떳떳하지 못하게 은밀하게 뿜어 나오는 악의와 그것이 만들어 낸 부조리, 그 때문에 발생한 죽음의 위협에도 오히려 떳떳하게 자신을 주장하고 굴복하지 않았기 때문이라고. 그 오만한 기상이 사람들의 눈을 매혹시켰고, 사람들은 거기서 언뜻 신의 그림자를 보았다고.

서점 매대의 각종 경제경영서(자기개발서). 다양한 처세법을 알려주는 책들이 서점의 주요 매대를 차지하고 있다

매운 향기

사람들이 김방경을 바라보는 시각은 다양하다. 삼별초는 고려 자주정신의 발로라 한다. 김방경이 관군의 수장으로 삼별초를 토벌했다면 그는 반민족의 표상일까? 아니면 동벌(東征)을 지휘한 자로서 그를 항일의 선구자라 해야 할까? 원과 적극 교섭을 벌여서 고려를 지켜냈다는 점에서 병자호란 때 실리 위주의 외교 노선을 지향했던 주화파와 비견할 만한 인물인가? 그의 기개를 어떻게 바라보아야 할 것인가.

〈김방경전〉만 보았을 때는 그의 생에 어떤 '주의'가 발견될 것 같지는 않다. 〈김방경전〉을 일관되게 감싸는 것은 주의가 아니라 어떤 오만함이다. 그는 청탁을 들어주지 않았기 때문에 주변에서는 참소가 들끓었다. 하지만 상관이 꾸짖는다고 해도 굴하지 않고 어눌하고도 간단한 말투로 할 말을 하곤 했다. 지금의 시각으로 봐서는 너무나 익숙하고 당연한 덕목처럼 보일 것이다. 하지만 원한과 보복, 은밀한 참소, 불안과 두려움, 나약함과 어리석음 등 그 시대를 둘러싼 나쁜 공기를 감안할 때 그의 '오만함'은 사회를 정화시키는 매운 향기가 아니었을까. 이 오만함 덕분에 원나라의 사신 앞에서도 곧은 눈빛으로 할 말을 정확하게 할 수 있었고, 살점이 튀는 고문 앞에서도 굴하지 않고 충렬왕의 유약함을 꾸짖을 수 있었다. 그 오만함이란 하늘이 부여한 천성(天性)이며, 그만이 지닌 독특한 생명력이다.

대한민국, 회색 도시. 우리를 둘러싼 공기는 한없이 우울하다. 서점 가판대에서 베스트셀러로 진열된 처세, 경영술은 우리 사회가 무엇을 원하며, 어떻게 움직이는지 정확하게 보여 준다. 이들은 대체로 이기는 법, 승리하는 법을 유세한다. 실세를 어떻게 대할 것인지, 그에 대해 어떻게 자신을 보호할 것인지, 혹은 어떻게 그 실세를 손에 쥘 것인지를 말한다. 나아가 온갖 이해관계가 난무하는 속에서 상한 마음을 어떻게 다스려야 하는지를 가르쳐 주기도 한다. 그들에 따르면 절대로 속마음을 내보여서는 안 된다. 우울하고 기운 없어 보이는 것도 금물이다. 어떻게 보이는가가 관건일 뿐이다. 이제 점점 '진심'은 소통되지 않는다. 진심이 통한다고 믿는 건 순진하다는 뜻이며, 순진한 건 어느 정도 멍청하다는 것을 뜻한다. 그렇다면 말쑥하게 꾸며진 얼굴 뒤에는 무엇이 있단 말인가. '참소'를 두려워했던 고려 사회와 거리가 그리 멀지 않다. 이런 세상에서 자기 몸을 잘 가누고 '원칙'에 충실하기 위해서는 얼마나 당차고 매서운 기운이어야 할까. 고려인을 매혹시킨 오만한 기상과 매운 향기. 이것이 오늘날에도 그가 여전히 매력적인 이유다.

박성지 이화여자대학교 국어국문학과 강사. 고려시대와 고려시대 서사 일반을 중심으로 관심 범위를 넓혀 가고 있다. 논문 〈고려시대 기이담론〉으로 박사학위를 받았으며, 이 밖에도 여러 편의 논문을 발표하였다.

4

인간 내면의 다중성

박종성

수명장자

창세의 시절 인간 세상에서 부유한 장자(長者). 무도막심한 존재로서 천신에 도전하고 대항하는 인물로 인색하고 심술궂으며 자신의 처지를 믿고 자신감이 충만하다.

수명장자 이야기는 제주 지역 창세신화인 〈천지왕본풀이〉에 여러 편의 각편으로 전승된다. 〈천지왕본풀이〉는 제주 지역의 무속 의례 가운데 '초감제'라고 하는 큰 굿에서 심방(무당)에 의해 연행되는 것으로, 인간 세상의 창조와 질서의 확립 과정을 노래하는 서사무가, 곧 '본풀이'에 해당한다. 수명장자는 창세의 시절, 인간 세상에서 곡식을 많이 가진 부자로서 하늘에 대고 자신을 잡아갈 이가 아무도 없을 것이라고 호언장담하는 건방진 존재이다. 천지왕이 인간 세상에 내려와서 수명장자를 갖가지 방식으로 징치하는데, 각편에 따라서 수명장자가 징치를 당하여 패가망신하는 경우와 징치를 당하지 않고 버텨 내는 경우가 있다. 그리고 천지왕의 아들인 소별왕에게 징치를 당하는 경우도 있듯이 수명장자의 운명은 실로 다양하게 설정되어 있다.

인간이 수명장자가 사옵는대, 무도막심하되 말 아홉 쇠 아홉 계 아홉이 잇사서, 사나우니 인간 사람이 욕을 보아도, 엇절수 업사옵는대 수명장자가 하로는 천왕께 향하야 아뢰되 이 세상에 날 잡아 갈 자도 잇스리야 호담을 하니 천주왕의 심히 생각하야. 인간에 나려와서 수명장자 문박개 청버드낭 가지에 안잔 일만군사를 거나리고 승험을 주되 소가 집웅을 나가서 행악해 하고 솟과 푸느채를 문박기로 거러 당기게 하되 수명장자 조곰도 무서워 아니하니 천주왕의 머리에 쓴 상엄 수명장자 머리 위에 씨와노니 두통이 심하난 종놈을 불너서 내 머리가 너무 압푸니 돗치로 께라 하고 호언을 하니 천주왕이 어이업서, 참 지독한 놈이라 하고 승엄을 백겨 쓰고 도라오는 길에 백주 늙은할망 집이 드러서 오날 밤 여기 유숙하야 가갯노라 하니

인간 세상에 수명장자가 사는데 무도막심하되, (그 집에) 말 아홉, 소 아홉 개 아홉 마리가 있어서 사람이 욕을 보아도 어쩔 수 없는데, 수명장자가 하루는 천황을 향하여 아뢰되, "이 세상에 날 잡아갈 자가 있으리오." 하고 호언을 하니, 천지왕이 괘씸하게 생각하여 인간 세상에 내려와서 수명장자 집의 문밖에 있는 청버드나무 가지에 앉아서 일만 군사를 거느리고 흉험(凶險)을 주되, 소가 지붕을 올라가 행악(行惡)하고 솥과 푸느채(키 : 곡식 따위를 까불려 쭉정이 등을 걸러 내는 도구)를 문밖에 걸어 다니게 하되, 수명장자가 조금도 무서워 아니하니 천지왕이 머리에 쓰고 있는 상엄〔흉험을 주는 일종의 관(冠)〕을 수명장자 머리 위에 씌워 놓으니 두통이 심하여 종놈을 불러서 "내 머리가 너무 아프니 도끼로 깨라." 하고 호언을 하니 천지왕이 어이가 없어 "참 지독한 놈이라." 하고 숭엄(상엄)을 벗겨 쓰고 돌아오는 길에 백주늙은할망 집에 들러서 "오늘 밤 여기 유숙하고 가겠노라." 하니

— 박봉춘 구연, 〈천지왕본풀이〉,《朝鮮巫俗の硏究》上, 288쪽
* 아래 현대역은 심우성 옮김,《조선무속의 연구》에서 인용함

숨어 있는 수명장자

'천지만물이 어찌 생겨났을까?'라는 물음에 대한 신화적 답변은 이른 바 '창세신화'를 통해 마련되어 있다. 미륵과 석가, 천하궁 당칠성과 선문이·후문이 형제, 그리고 천지왕과 대별왕·소별왕 형제들이 엮어 나간 창세 시절의 저 오랜 이야기가 우리에게 이제는 낯설지 않게 되었다. 반면에 지금처럼 인간 세상을 살아가는 근본 질서가 정착되기까지 창세의 주역(主役) 노릇을 한 신(神)이 얼마간의 장벽을 만났던 사정에 대하여 우리는 잘 알지 못한다. '수명장자'라는 존재는 바로 그 속에 숨어 있다. 제주도의 창세신화에.

수명장자는 창세신인 천지왕과 한바탕 대결을 통해 소란을 피운 자이다. 천지왕이 천상에서 들으니 인간 세상에 무도막심한 수명장자라는 이가 있어 이를 징치하려고 하늘에서 내려왔다 한다. 인간 세상에 내려온 천지왕이 수명장자를 징치하기 이전에(또는 이후에) 박이왕, 서수암 등으로 설정된 인간 세상의 여인을 만나 결연한다. 이후의 서사 전개는 두 갈래로 나타난다. 천지왕의 수명장자 징치 성공담과 실패담이 그것이다. 수명장자가 천지왕의 징치에 일방적으로 패배하고 마는 경우와 천지왕의 징치에 끝까지 굴복하지 않고 버텨내는 경우가 있다. 또한 천지왕의 아들로서 인간 세상을 맡아 다스리게 되는 소별왕에 의해 수명장자가 징치되는 경우도 있어서 수명장자의 운명이 다양하게 설정되고 있음을 확인하게 된다.

천지왕이 수명장자를 징치하고 난 후, 또는 실패하고 나서 천상으로 다시 올라가면서 부인에게 각씨(박씨 정도로 보임)를 주고 떠난다. 이후에 쌍둥이 형제 대별왕과 소별왕이 태어나 친구들이 아비 없는 자식이라 놀리자 천지왕을 찾아가 각각 맡아 다스릴 곳을 명 받는다.

  그런데 천지왕이 막상 수명장자를 혼내려 하니 수명장자의 반항과 하소연이 만만치 않다. 그의 하소연은 이런 것이다. 천지왕이 설마 자기 집안을 풍비박산 내겠는가 하고 있다가 정작 징치를 당하게 되자 "진정 그럴까 생각하였더니 참말로 잿더미 되었구나. 억울하기가 짝이 없다."는 것이다. 다른 각편에서는 수명장자 징치에 실패한 천지왕의 탄식이 남아 전하기도 한다. 어떤 수단을 사용해도 징치가 여의치 않자 어이없어 하면서 "참 지독한 놈이라." 했다. 뒤바뀐 승패가 각기 분명하게 전승되니 수명장자의 행적을 좇아 정체를 확인할 필요가 생겼다. 창세의 주역신 노릇을 한 천지왕과 수명장자의 대립은 일방적 우열 관계로 확정되지 않으니 수명장자라는 존재를 그리 가벼이 볼 것도 아니다.

쇠철망을 덮어쓴 수명장자

수명장자가 어디서나 징치의 대상으로 등장하니 그 연유가 그의 행적에 있을 것임이 분명하다. 수명장자는 인색하기 그지없다. 다른 이들에게 인색한 것을 넘어 부모에게까지 인색하여 불효를 저지르는 존재이니 지탄을 받아 마땅하다. 그것뿐인가. 포악하고 호담하기까지 하니 손가락질 받을 모든 조건을 두루 갖추었다고 할 수 있다. 그러니 천지왕이 수명장자를 잡으러 인간 세상에 내려올 만하지 않은가.

  천지왕이 수명장자를 혼내려 한다. 수명장자 놈이 하도 고약하니 이러저러한 방법을 두루 써 보는데 바로 이런 식이다.

> 수명이는 진정 그리할까 생각하였더니 참말로 잿더미가 되었구나. 억울하기가 짝이 없고 (중략) 천지왕은 하늘에 오르시고 수명장자는 천지왕이 지시한 말을 실천하여 대부자가 되고.
>
> — 문창헌, 《풍속무음》, 253쪽

수명장자가 혼쭐이 난다. 천지왕은 득의양양하다. 이렇게 둘 사이의 관계는 정리되었다. 수명장자의 개과천선으로 흔히 말하는 해피엔드로 끝나는 것도 있기는 하지만, 천지왕의 준엄한 심판에 의해 벌레가 되는 각편도 있으니 이 경우는 일방적 패배를 당한 셈이다.

그런데 수명장자가 일방적으로 징치를 당한 것만은 아니다. 그도 그럴 것이 애써 모아 놓은 그 재물과 권력을 수명장자가 쉽게 포기할 리 만무하기 때문이다. 수명장자의 반격이 예사롭지 않다.

어찌 된 일인지 천지왕이 두 손을 들었다. 무소불위(無所不爲)의 천신이 수명장자 하나 못 다스리고 탄식까지 하니 이상한 일이다.

> 천지왕은 일만 군사를 시켜 수명장자에게 흉험(凶險)을 주어도 수명장자가 끄떡도 안 하니 이제는 쇠철망을 가져다가 수명장자 머리에 팍 씌우니 그제야 수명장자가 "아이구! 대가리야, 아이구! 대가리야, 큰아들아 도끼 가져와서 내 대가리를 찍어라. 대가리 아파 못 살겠다." 큰아들이 말을 하되, "아버지 대가리를 도끼로 어떻게 찍습니까? 난 못 하겠습니다." (중략) 종년은 차마 한집에 사는 주인의 대가리를 찍을 수 없어서 도끼를 들고 대가리를 찍는 것처럼 하다가 대문지방을 더락기(제주 방언으로 '세게', '힘차게'의 부사어) 찍으니, 천지왕은 수명장자 대가리에 씌운 철망이 부서지려 하자 철망을 확 걷어 내니 아픈

대가리는 금세 나아진다. 천지왕은 도저히 수명장자를 잡지 못하여

— 이무생 구연, 《제주도무가본풀이사전》, 231쪽

천지왕이 높은 동산에 올라서 수명이네 집을 시찰하니 행실이 괴악(怪惡)하여 그 수명이네 황소를 집 위에 올라가게 해서 지붕을 파개하고 불 때는 솥을 마당에 걸어 다니게 하고 (중략) 수명장자의 머리 위에 무쇠철망을 덮어씌우고 아무리 하여 보아도 회과자책(悔過自責)을 아니하니.

— 《풍속무음》, 250쪽

그랬다. 수명장자는 천지왕에 맞서 끝까지 대항함으로써 자신이 이루어 놓은 것들을 지켜 냈다. 이 무도막심한 존재가 밉다. 사필귀정이니 권선징악이니 하는 경구가 별무소용이 되었으니 인간사가 이런 식인가 낙담이 되기도 한다.

그런데 바로 이 지점에서 우리는 수명장자의 형상을 그려 볼 수 있다. 행실이 괴악(怪惡)하다 하고, 쌀을 꾸어 가려는 사람에게 모래가 섞인 쌀을 준다 하니 심술이 온 얼굴에 그득하고 늘 미간을 찌푸리고 다닐 법하다. 하늘에 대고 큰소리를 치는 걸 보면 배포도 어지간하겠고 거만하기 짝이 없는 표정으로 거들먹거리는 품새를 지녔겠다. 또한 수명장자는 부모를 봉양하지 않고 조상신을 모시지 않는 천하의 무도막심한 불효자라 하니, 마치 〈흥보가〉의 놀보가 수명장자의 유전자를 그대로 이어받은 후손이라 해도 아무도 이견을 달지 않을 듯싶다. 놀보를 보면 수명장자의 형상이 그런대로 그려질 만하지 않은가.

쇠철망이라 하는 것을 머리에 덮어씌우면 그럭저럭 고통을 줄 수

있으니 쇠철망이 수명장자에게는 제대로 듣는 약인 셈이다. 바로 이 것, '쇠로 만든 철망'이 수명장자에게 갖는 의미를 살피게 되면, 수명장자의 성격이 어느 정도 드러나리라 생각한다. 수명장자는 왜 쇠철망에 그렇게 고통스러워하는 것일까. 쇠철망을 움켜쥐고 고통을 호소하는 수명장자의 형상은 《서유기》에서 삼장법사의 말을 잘 듣지 않는 손오공이 '긴고주(緊箍咒)'에 걸려 머리를 부여잡고 팔짝팔짝 뛰는 모습을 떠올리게 한다.

온갖 흉험을 주어도 꿈적하지 않던 수명장자가 쇠철망 때문에 머리가 아파 견딜 수 없다 하였으니 '쇠'가 갖는 주술적 기능이 있음 직하다. 대체로 귀신을 쫓는 구실을 하던 전통적인 주술적 도구는 쇠로 만든 것이었다. 북방 유목 민족들 사이에는 황금, 곧 쇠(金)에 대한 신앙이 있다. 쇳소리가 나쁜 귀신을 쫓아 준다는 믿음이 있어 신앙 의식에 쇳소리가 따르기도 한다. 몽골 민담의 경우, 쇠로 징치하는 신적인 존재는 대부분이 뱀 또는 뱀신(蛇神)적 존재이다. 뱀을 징치하는 효과적인 수단이 쇠라고 하는 믿음이 설화에 용해되었던 것으로 이해할 수 있다. 우리나라의 경우도 이와 별반 다르지 않다. 백제 서동(무왕)과 후백제 견훤의 출생담으로 유명한 〈야래자설화〉 유형에서 뱀의 정체를 확인하고 살해하는 도구로 바늘과 도끼 등이 등장한다. 뱀에서 질적인 변화를 이루어 다른 신격으로 전환하는 경우에 대개 쇠와 불이 매개된다. 쇠와 불은 밀접한 관계가 있다. 쇠를 다룸에 있어 불이 필수적이기 때문에 이와 관련하여 대장장이의 신격화가 이루어지기도 한다.

우리 민속에서도 쇠와 밀접한 관련이 있는 동물은 뱀이다. 그 쇠로 만든 철망을 천지왕이 수명장자에게 씌우자 수명장자가 고통을 받는다. 그렇다면 수명장자는 뱀신의 특성을 지녔을 가능성이 있다. 이와 관련하여 제주도의 〈토산당 신놀림〉이라고 하는 무속 의례의 놀이굿 〈용놀이〉가 주목된다. 〈용놀이〉는 '천구아구 대맹(大蟒)이'라는 큰 뱀을 잡는 과정을 희화하여 연행하는 일종의 놀이굿으로, 제장(祭場)의 부정을 씻어 내는 정화의례의 성격을 띤다. 〈용놀이〉에는 청룡·황룡의 두 구렁이가 들어서 있다. 양쪽 당클에 긴 광목천을 바닥까지 늘어지게 드리워 놓는다. 당클을 하늘로, 바닥을 땅으로 보면, 구렁이의 머리는 하늘에, 꼬리는 땅에 드리워진 것으로 하늘과 땅을 맞댄 형상이다. 심방(제주도 무당)은 두 구렁이인 '천구아구 대맹이'에게 술을 먹여 잠들게 한 후, 신칼로 죽이고, 뱀의 골을 후벼 파서 〈뱀장사놀이〉를 한다. 〈뱀장사놀이〉에서 심방은 이곳저곳에서 뱀골 약을 팔지만 사는 이는 없다. 이어 심방이 '천구아구 대맹이'를 제장(祭場) 밖으로 치워 버리는 것으로 끝을 맺는다. 〈용놀이〉는 제주도민에게 깊숙이 자리 잡고 있는 뱀신(蛇神) 숭앙의 양가적 인식을 잘 드러낸다. 뱀신은 인간에게 두 가지 모습으로 나타난다. 인간이 잘 대접하면 언제나 인간을 수호하여 복을 주고 아이를 키워 주고 농사의 풍요를 주는 생업신이요 농경신이요 부(富)의 신으로 나타나지만, 대접이 소홀했을 때는 흉험과 재앙을 주는 복수의 신, 원령(怨靈)으로서의 모습을 드러낸다. '천구아구 대맹이'는 행실이 고약한 악신인 셈이다.

〈용놀이〉에서 나쁜 전상으로 인식되는 '천구아구 대맹이'는 명칭에서 보듯이 먹음〔食慾〕의 관념이 극대화된 뱀신이다. '아구'는 곧 '아귀(餓鬼)'이니 식욕이 극대화된 뱀의 이러한 성격은 우리네 뱀신 설화에서 분명하게 확인되기도 한다.

'천구아구 대맹이'가 제치(除治)의 대상이 되는 이유는 분명하지 않지만, 이 뱀신이 노는 길이 천지간의 험악한 장소, 불길한 장소여서 부정적인 신으로 인정됨은 분명하다. 인간이 제대로 대접하지 않아 악신이 되었다고 할 만한 근거도 없으니 '좋은 전상', 즉 생업신이나 농경신의 직능을 제대로 행하지 않아 '나쁜 전상'의 신으로 인정되었다고 보는 것이 타당하다. 그리고 '천구아구 대맹이'를 제치하는 방식이 머리를 신칼로 친 후 골을 후벼 파는 것이어서 주목된다. 일찍이 민속에서 뱀의 머리에는 여의주 같은 신보(神寶)가 들어 있다고 인식되는 만큼, 뱀의 머리를 칼로 치고 골을 파내는 행위는 뱀신 제치의 전형적 방식을 따르고 있다.

제주의 뱀신 신앙과 관련한 놀이굿에서 뱀신이 긍정과 부정의 양면성을 지니며, 부정적 뱀신이 지닌 구체적 모습은 흉험만 인간에게 주는 반(反)생업신·반(反)농경신임이 확인된다. 이를 수명장자 징치와 관련시키면 수명장자의 신적인 면모가 구체화될 수 있다. 〈천지왕〉에서 보여 주는 수명장자의 성격이 〈용놀이〉에서 제치의 대상이 되는 '천구아구 대맹이'와 유사한 점이 확인되는 것이다.

이렇게 보면, 수명장자는 '천구아구 대맹이'와 견주어 그 성격을 거듭 생각할 수 있을 것도 같다. 양자가 모두 '먹을 것(곡식)'에 인색하다는 설정은 둘 다 먹을 것에 집착하여 인간에게 인색하게 구는 존재임을 뜻하고, '쇠(칼·철망)' 따위에 의해 '머리'에 징치를 당한다고 하는 설정은 징치 방식이 동일하기 때문에 둘 사이의 근사한 성격을 추정할 수 있게 해 주는 요소가 된다.

여기에 덧붙여 '수명장자'라는 명칭에서 '수명'의 의미는 천지왕이 수명장자를 징치하기 위해 내려 보내는 '화덕진군 해명이'와 대조적이어서 관심을 끌기도 한다. 화덕진군 해명이는 천지왕의 명을 받아 수명장자의 집을 불태우는 존재로 등장한다. 설화에서 흔히 화성(火性)이 수성(水性)을 제압하는 양상이 적지 않게 나타나기 때문에 해명이가 징치하는 수명장자는 수성적 존재로 이해할 여지가 있다. 특히 화덕진군 해명이와 수명장자가 각각 '불'과 '물'에 상응하는 명칭상의 특별한 의미를 함축하고 있다고 한다면 수명장자가 수신적 존재일 개연성은 충분할 터이다.

악해도 비범한 신적인 존재, 수명장자

수명장자는 그저 악하기만 한 존재인데 정체 따위가 있을까 보냐마는 그를 둘러싼 주변의 정황과 행동에서 실마리 몇 개쯤은 찾을 수 있지 않을까 싶다.

천지왕이 하강하였을 때는 일월이 존재하지 않았거나 각각 둘씩이어서 사람이 제대로 살 수 없었을 때인데, 이즈음에 이미 많은 곡식과 재화를 가진 수명장자가 존재하고 있었다는 사실은 수명장자가 범상(凡常)한 인간적 존재가 아님을 말해 주는 것이며, 나아가 기존의 신격에 해당하는 존재임을 암시한다고 하겠다. 그러기에 천지왕의 수명장자 징치는 천지왕의 일방적 승리로 귀결되지 못하고 능력의 우위에도 불구하고 실패로 종결되는 것이다.

〈천지왕〉은 도덕적 원리나 수단의 정당성 이전에 승패의 결과를 중시한다는 점에서, 그리고 쌍둥이 아들에 의해서 위대한 아버지의 존재가 부정된다고 하는 점에서 고대적인 면모를 지닌 천신계 집단의 서사시이다.

수명장자 징치담에서 수명장자가 일방적으로 악인으로 규정된 사정, 그리고 악인이어서 징치를 당하거나 악인임에도 징치에서 벗어날 수 있었던 사정에 대한 의문점은 서사시를 뒤집어 읽어 보면 그 해답의 실마리를 찾을 수 있지 않을까. 서사시에서 수명장자의 성격을 규정짓는 요소에 상응하는 본래적 성격을 다소간 연역적으로 연계시켜 보면 수명장자에 감춰진 본래의 성격을 추정해 볼 수 있을 것이다.

수명장자는 '곡식을 많이 가진 존재'이다. 수명장자가 창세의 시절에 이미 인간 세상에서 곡식을 거의 독점하다시피 한 존재로 설정되어 있다는 점에서, 수명장자가 본래 곡물을 관장하는 신이거나 그 신을 섬기는 사제적 성격을 지닌 존재, 또는 그 신에 버금가는 존재임을 추정할 수 있다. 또한 수명장자는 이웃에 대단히 인색한 존재이다. 곡식을 많이 가지고 있으면서도 모래가 섞인 쌀을 꾸어 준다든지 하는 행위를 보면 긍정적 평가를 받기는 이미 글렀다고 할 수 있다. 그런데 수명장자가 곡물의 신 또는 그와 관련되는 존재라고 추정해 본다면 이웃에 인색한 행위 자체가 곡물신 또는 그 신의 사제로서 다산과 풍요의 원리를 널리 펴지 못하는 존재로도 이해할 여지가 있다. 지신을 섬기고 지신의 풍요 다산의 원리를 인간 세상에 널리 구현하지 못하는 사제적 성격의 수명장자가 인색하고, 포악할 수밖에 없는 존재로 설정된 것으로 볼 수 있을 터이다. 그런데 천지개벽 이후에 만물이 갖추어졌으나, 일월이 둘이어서 또는 일월이 없어서 인간들이 세상에 살기가 곤란할 때 많은 곡식을 차지하고 있다는 점은 수명장자가 범상한 인간 장자가 아니라 곡물의 신과 관련 있는 신적인 존재임을 암시한다고 하겠다. 다음으로 수명장자는 조상신을 제대로 모시지 않는 존재이다. 제주 지역에서 조상신은 〈조상신본풀이〉에서 그 내력을 풀어 낸다. 조상의 혼령이 심방(무당)의 몸에 접신(接神)하여 자신의 한풀이와 신명풀이를 동시에 하는 것이 예사인데, 수명장자가 이와 같은 조상신을 제대로 모시지 않는 것은 그가 불효막심한 존재이기도 하거니와 집안의 핵심적 신령인 조상신을 모시지 않음으로 해서 전통적인 신앙에서 일탈되어 있는 존재임을 추정해 볼 수 있는 근거가 된다. 마지막으로 수명장자는 자신의 머리에 씌워진 쇠철망으로 인해 가장 큰 고통을 받게 되는데 이는 제주 지역의 뱀신 신앙과 연계시켜 볼 때, 그가 수신 또는 뱀신적 성격을 지닌 존재라는 점을 추정해 볼 수 있게 한다.

천지왕이 지상에 탄강(誕降)하는 이유는 크게 두 가지이다. 해와 달을 하나로 조정해서 인간이 살도록 하는 것과 수명장자를 징치하여 인간이 제대로 살 수 있도록 하는 것이다. 일월이 둘이거나 없는 것은 혼란과 무차별적 상황을 의미한다고 했거니와 이를 조정하는 것이 혼란을 시정하여 질서를 잡는 것이라면, 수명장자의 징치 역시 동일한 의미선상에 있다. 천지가 확연히 구분되고 천상의 원리와 지상의 원리가 제대로 구현되어야 함에도 그리 되지 못한 상황을 시정하는 것이다.

재산이 많은 부자라는 장자의 캐릭터는 후대로 가면서 변모한 결과로 볼 수 있는데, 이는 종교적 권위의 상징이 세속적 권위의 상징으로 바뀐 것으로 이해하는 것이 자연스럽다. 종교적 권능이 세속적 권위의 상징인 경제적 부(富)로 변천한 과정을 고려할 필요가 있는 것이다. 논리적 비약을 감수하면, 수명장자는 무(巫)의 신당(神堂)을 섬기는 자이거나 무신(巫神)의 하나일 수도 있다. 신당의 주재자이거나 신격에 버금갈 존재여야 천지왕과의 대결이 가능하고, 일방적인 열세에서 벗어날 수 있기 때문이다.

　수명장자 징치의 과정에서 등장하는 짐승과 관련하여 수명장자의 성격을 짚어 볼 수도 있다. 천지왕은 수명장자를 징치하기 위하여 일차로 군사들을 보내지만 군사들은 수명장자 집을 지키는 개, 말, 소 등에 의하여 집 안으로 들어가 보지도 못한다. 이어 천지왕이 직접 수명장자 집에 내려가나 역시 집을 지키는 짐승들 때문에 들어가지 못한다. 천신인 천지왕이 인간 세상의 수명장자 집에 들어가지 못하는 상황은 납득하기 어려운 설정이다. 그렇다면 수명장자라는 존재는 보통의 인간이 아님이 분명하고, 수명장자의 집을 지키는 짐승 역시 단순한 가금(家禽)이 아니라 신적인 존재인 수명장자를 보좌하는 어떤 존재임을 알 수 있다. 그러기에 천지왕이나 그 군사들이 제어하지 못하는 것이다.

　다시 처음으로 돌아가 수명장자는 과연 누구인가를 생각해 보자. 수명장자는 천신인 천지왕에 맞서 호기를 부릴 정도로 대단한 위세를 지닌 존재로서 곡물과 밀접한 관련을 맺고 있으며 수많은 가축들이 집을 호위하고 있어 천지왕도 쉽게 접근하지 못할 정도이다. 천지왕이 수명장자를 그나마 징치하기 위해서는 머리에 쇠철망을 씌우는 방식을 택해야 하는 점으로 보아 '천구아구 대맹이'와 엇비슷한 뱀신으로서의 면모도 드러내고 있다.

　곡식이 많고 수신적 성격을 지녔다는 점으로 보아 수명장자는 농경신적 면모를 지닌 특별한 신격일 수도 있으며, 창세의 시절 오랫동안 인간 세상에서 장자 노릇을 했으니 토착적 신격일 가능성도 있다. 이 토착적 농경신이 천신인 천지왕과 대결을 벌이면서 패배하기도 하고 패배를 극복하여 천지왕의 권위를 훼손시키기도 했다.

수명장자는 천지왕과의 대결에서 일방적 패배를 당하기도 하지만 다른 한편으로는 천지왕이 뒷일을 걱정해야 할 정도로 예사롭지 않은 능력을 지닌 비범한 존재이기도 하다. 악행을 저지르는 전형적인 악인으로서 인간 세상의 지탄을 받아 마땅하나 일방적 패배를 당하지 않아 천지왕의 지난한 대결 과정에서 겪었을 법한 곡절들이 적지 않았을 것임을 짐작하게 한다. 천지왕이 승자의 관점에서 일방적으로 수명장자를 악한 존재로 규정해 놓았다 하더라도 수명장자가 지녔던 본래의 성격은 생명력을 지속시키면서 일방적 패배를 인정하지 않는 다채로운 결과를 만들어 내었다.

　혹여 수명장자는 여전히 억울하기 짝이 없는 누명을 쓰고 있는 것은 아닐까. 우리가 미처 알아듣지 못하지만, 그는 우리에게 끊임없이 자신의 신원(伸冤)을 하소연하면서 본래의 자기 형상과 성격을 드러내려 하는 것은 아닐까. "나는 토착신이고 농경신이고 물의 신이고 뱀신이다."라고.

우리 속에 존재하는 수명장자의 코드, 악인·패망·개과천선·신

　수명장자는 악인이어서 벌레로 화하여 패망하기도 하고 개과천선하여 새로운 삶을 살기도 했다. 천신의 징치를 극복하고 끝까지 저항하며 자신의 재산을 지켜 낸 비범한 신격의 행적도 보였다. 그야말로 수명장자의 형상과 성격은 그 누구에게서도 볼 수 없었던 다양한 스펙트럼을 보여 준다. 우리가 수명장자를 찾으려면 '악인·패망·개과천선·신'이라는 코드를 포괄해서 따라가야 한다. 오늘날 우리에게 수명장자의 캐릭터는 어떤 의미가 있는가.

무도막심한 악인의 형상을 끝내 벗어던지지 못하고 비참하게 파국을 맞이하는 인물이 있을 수 있다. 한편으로 그 악인이 개과천선하여 선하게 탈바꿈하는 인물이 있을 수 있다. 또 다른 한편으로 악인의 형상으로 끝내 생명력을 지속시키는 비범한 능력의 소유자가 있을 수 있다. 마지막으로 자신에게 부당하게 씌워진 악인의 누명을 덮어쓴 채 끝까지 자신의 비범한 능력을 발휘하는 예사롭지 않은 인물이 있을 수 있다.

그런데 이들은 각기 개별적인 인간 유형이기만 한 것일까. 물론 그럴 수 있다. 그러나 이들은 때와 장소에 따라 현명하게 또는 교묘하게 행적을 달리하는, 그야말로 우리 속에 엄연히 존재하는 다중성(多重性)의 또 다른 표현일 수도 있다. 수명장자의 복잡다단한 코드, 그것은 바로 우리 내면에 잠재해 있는 종잡을 수 없는 다중성의 다기(多岐)한 코드가 아니고 무엇이겠는가.

악마와 거래하고 영혼을 팔아넘긴 저 유명한 파우스트가 괴테의 사유 속에서 배태(胚胎)되었다면, 다기한 코드를 지닌 수명장자는 우리의 내면에 숨어 있는 다중성을 '본풀이'라고 하는 무속 서사시를 통해 오랜 세월 구비 전승한 결과물일 터이다. 스페인의 저 유명한 돈 후안이 주위의 어떤 인물들보다 사악하고 비양심적이지만 한편으로는 활동적이고 용기 있는 인물로 형상화된 사정이 수명장자의 비윤리적 행태와 견주어지면서 한편으로는 하늘에 호언장담하는 만용(蠻勇)을 한껏 부리는 모습과 겹쳐지기도 한다. 돈 후안이 사제의 교훈을 따르거나 회개함으로써 영원한 저주로부터 구원을 얻기도 하지만 돈 후안이 망쳐놓은 딸의 아버지가 석상으로 등장하여 자신을 죽이고 모욕한, 호기(豪氣)가 가득한 젊은이 돈 후안을 공격함으로써 구원의 명단에서 돈 후안을 제외하고 그에게 강력한 도덕적 논리를 부여한 사정이 천지왕과 수명장자가 주고받은 행적과 어쩌면 그리도 닮아 있는지 알 수 없는 노릇이다.

신화의 세계를 떠다니는 존재는 자신의 캐릭터를 스스로 창조해 나가지 못한다. 그 세계의 문을 열고 그 존재와 더불어 같은 길을 가 보는 현재의 내가 있어야 캐릭터가 창조된다. 신화 속의 존재는 스스로 자기 갱신을 거듭하지 않는다. 현재를 살아가는 나를 기다리고, 나로 하여금 자신의 캐릭터가 현재 진행형으로 거듭나기를 소망할 따름이다.

박종성 한국방송통신대학교 국어국문학과 교수. 한국 신화와 본풀이에서 출발하여 중국 내 소수민족, 그리고 몽골을 거쳐 현재는 중·동부 유럽 신화와 구비영웅서사시 비교연구에 빠져 있다. 저서에는 《한국창세서사시연구》, 《구비문학, 분석과 해석의 실제》, 《한국-동유럽 구비문학 비교연구》(공저) 등이 있고, 논문으로는 〈'해와 달이 된 오누이' 유형들의 견주어 읽기〉, 〈현대신화의 행방을 찾아서〉 등이 있다.

5
치밀한 여성 가문 경영자

김종철

사정옥

강직한 기풍을 지닌 사족(士族) 가문 출신으로, 자신을 가문의 주체와 수호자로 인식하고 그 인식을 철저히 실천하는 여성. 명분을 중히 여기며, 자긍심과 책임 의식이 강하다. 차분하면서 끈질기고 추진력이 있으며, 내면으로는 강한 가치 지향 의식을 지니고 있다.

사정옥은 서포 김만중(1637~1692)이 지은 《사씨남정기(謝氏南征記)》의 주인공이다. 김춘택(1670~1717)은 《사씨남정기》를 한문으로 번역하고서, 민간의 부녀자들이 익히 읽고 감동 받기를 바라며 서포가 이 소설을 지었다고 말했다. 원래 한글로 지었으나 한문으로 번역된 것도 많이 읽혔으며, 또 한문 번역본이 다시 국문으로 번역되어 널리 읽히기도 했다. 소설을 읽는 것을 마땅치 않게 여기던 조선 시대 양반 사회에서도 이 작품은 《창선감의록》과 더불어 읽어도 좋은 것으로 평가되었다. 서포는 문인이자 정치인으로 활약했는데, 그의 가문은 왕실과 깊은 인척 관계를 맺고 있었기 때문에 그 역시 당시 서인과 남인의 정치적 갈등 관계에 깊이 관여하지 않을 수 없었고, 결국 경상도 남해에 유배되었다가 세상을 떠났다. 《사씨남정기》 역시 이러한 정치적 맥락에서 의도적으로 창작된 것으로 보아 작품 속의 '사정옥 – 유연수 – 교채란'의 관계가 '인현왕후 – 숙종 – 희빈 장씨'의 관계를 빗댄 것으로 이해되기도 한다.

한림이 사씨에게 말했다.

"지금 내가 사지를 벗어났으나 돌아보건대 집안은 망하고 신세는 위태로운 데다 머무를 곳도 없는 형편이오. 그래서 무창으로 가서 선대로부터 내려온 가업을 수습하고 가도(家道)를 조금 이룬 뒤에 사당과 신주를 모셔 가서 조상님들의 신명에 사죄하려 하오. 다시 옛 성인의 책을 읽어 내 자신을 새롭게 하는 바탕으로 삼을까 하오. 부인께서 옛일을 덮어 주시고 나를 끝내 버리지 않으신다면 함께 가 주시기를 바라오."

사씨가 옷깃을 여미고 대답했다.

"상공께서 저를 버리시지 않으셨는데 첩이 어찌 감히 상공을 버리겠습니까? 첩이 여기 머무르는 것은 부득이해서입니다. 하물며 상공께서 지금 곤경에 처해 계시는데 첩이 어찌 도울 생각을 하지 않겠습니까? 그러하오나 애초에 첩이 집을 떠나오던 날 상공께서 일가친척들을 모아 놓고 (저를 쫓아낸다는 사실을) 사당에 고하셨습니다. 지금 (제가 집으로 돌아가는데) 역시 어찌 절차가 없을 수 있겠습니까? 첩이 감히 기왕지사를 다시 되새기자는 것은 아닙니다. 하오나 여자가 남을 따르는 일은 본래 중대한 일입니다. 집을 나왔다가 다시 들어가는 일은 또한 변례(變禮)에 해당합니다. 어찌 떳떳하게 절차를 밟지 않을 수 있겠습니까?"

한림이 사과하며 말했다.

"내가 그 점을 미처 생각하지 못했구려. 부인의 말씀이 참으로 옳습니다. 내가 마땅히 먼저 돌아가서 사당을 모셔 놓고 아울러 인아(麟兒)의 사생을 탐문하도록 하겠소. 그런 다음에 예(禮)를 갖추어 부인을 맞이하도록 하겠소."

— 김만중 지음, 이래종 옮김, 《사씨남정기(謝氏南征記)》, 142~173쪽

여자는 무엇으로 사는가?

'여자는 무엇으로 사는가?'라는 제목의 가요가 있다. 여기에서 여자

는 '사랑'으로 살아간다고 노래하였다. 또 '여자는 무엇으로 사는 가?'라는 제목의 번역서(원제는 'Money, a Memoir : Women, Emotions and Cash')도 있는데, 여기서 여자에게 그 '무엇'은 '돈' 또는 '경제적 자립'으로 보인다. '사랑'이나 '돈'이라는 답은 이 매력적인(?) 물음에 비해 진부하게 느껴지는데—물론 진부한 것이 가장 강력한 것이지만—그것은 '무엇을 위해 사는가?'가 아닌, '무엇으로 사는가?'라는 현실적이면서도 의외의 질문에 순진하게, 또는 직설적으로 답해서 그럴지 모른다.

'여자는 무엇으로 사는가?'라는 제목은 드라마나 연극 등에서도 거듭 쓰인 적이 있다. 다분히 여성들이 스스로에게 묻는 것 같은 이 물음은 '남자는 무엇으로 사는가?'라고 스스로 묻지 않는 남성들에게도 그 답이 무얼까 궁금하게 하는 무엇이 있기 때문이다. 남성들이 이 물음에 관심을 갖는 까닭은 어쩌면 부채 의식 때문일지도 모르나, 여성들이 이런 물음을 제기하는 것은 우리 사회 여성의 삶이 차별과 억압, 종속, 희생 등의 이미지로 점철되어 왔기 때문이기도 하다. 그렇다고 해서 이 물음의 답이 반드시 차별과 억압, 희생 등에 대한 저항이나 반대로 나오지는 않는다. 물음과 답, 그리고 삶의 실상은 어긋나기 일쑤이다.

그런데 만약 차별, 억압, 종속, 희생 등의 이미지가 오늘날보다 훨씬 강했던 중세의 여성들에게 이 물음을 똑같이 던진다면 어떤 답을 들을 수 있을까? 중세의 여성들은 남성들보다 훨씬 강하게 가족제도에 긴박되어 있었다고 알려져 있으니 그러한 조건에서 그들은 무엇으로 살았는가를 물어보는 것도 무의미하지는 않으리라고 본다. 단, 여기서는 '사랑'이란 답을 내놓을 만한 사람을 질문 대상으로 선정하지는 않는다. 그러한 답을 내놓을 중세의 여성은 오늘날 못지않게 많다. 그렇다고 자주 '사랑'과 기묘하게 짝을 이루는 '돈'을 답으로 내놓을 만한 사람도 질문을 던질 대상이 아니다. 여성의 경제 관념이나 경제적 자립을 명시적으로 내세우지는 않았으나 우리 고전소설의 악인형 여성들은 상당수가 금전욕을 함축한 욕망의 실천자들이었다. '사랑'과 '돈'이라는 다분히 본능적인 것들 외에 다른 무엇으로 살았던 여성은 없는가? 특히 '사랑'과 '돈' 또는 다른 여러 욕망들과 씨름하면서 중세의 가족제도와 관련한 의식의 차원에서 그 무엇을 내보였던 여성은 없는가? 이 질문의 대상자로 가장 적절한 인물이 바로 《사씨남정기》의 사정옥이라 생각한다.

가문은 욕망의 각축장

사정옥이 주인공인 《사씨남정기》는 그 갈등 구조가 선명하다. 정실부인 사정옥과 첩 교채란 사이의 갈등 속에 남편 유연수가 무게 중심을 잡지 못하고 헤매면서 집안의 갈등은 깊어지고, 급기야 집안이 해체되고 마는 데까지 이른다. 사정옥 쪽은 두씨 집안으로 시집을 간 유연수의 고모가 뒷받침을 하고, 교채란 쪽은 유연수의 기실(記室) 동청이 가담하여 사건이 확대되며, 유연수가 당시 권력자 엄숭과 정치적 대립 관계를 형성하면서 사건이 심화된다. 말하자면 이 작품은 정치 상황과 불가분의 관계에 있는 귀족 가문 내부의 갈등을 그린 것이다.

갈등이 본격화되는 것은 후사를 잇기 위해 맞아들인 교채란이 아

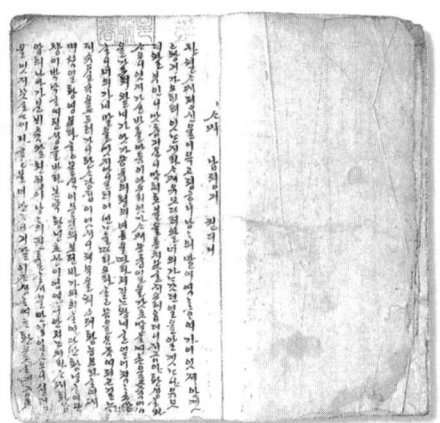

《사씨남정기》의 표지와 속지

들을 낳은 뒤 자식을 못 낳는다던 사정옥이 아들을 낳으면서부터이다. 자기가 낳은 아들이 집안의 주인이 되지 못하게 되자 교채란은 사씨를 몰아내고 적자를 제거하기 위해 수단과 방법을 가리지 않는다. 그 과정에서 교채란은 동청과 사통을 하고, 사씨에게 누명을 씌우기 위해 자기 아들을 죽이는 것을 묵인하며, 사씨를 몰아내고 정실부인이 된 뒤에는 유연수를 저버리고 집 안의 재물을 훔쳐 달아나 동청의 부인이 되고 만다. 멈출 줄 모르는 교채란의 욕망이 갈등의 한 축인 셈이다. 그런데 교채란의 욕망의 질주가 유연수 집안에서 벌어지게 된 것은 원래 사정옥 때문이었다. 그녀는 두부인의 만류를 뿌리치고, 그다지 긴급하다고 생각하지도 않는 유연수에게 첩을 권함으로써 교채란을 맞아들이도록 하였던 것이다. 결과로 보면 사정옥이 화를 자초한 셈이다. 다른 여자를 통해서라도 대를 이어야겠다는 사정옥의 욕망과 재상가의 첩으로라도 부귀를 누리겠다는 교채란의 욕망이 처음에는 충돌하지 않다가 자기 자식을 집안의 주인으로 삼겠다는 쪽으로 교채란의 욕망이 확대되면서 유연수의 집안은 갈등의 소용돌이에 휩싸이기 시작했던 것이다.

그렇다면 《사씨남정기》의 갈등의 진정한 원인은 무엇인가? 사정옥은 명예와 전통을 지닌 유씨 가문을 자기 대에 끊어지게 할 수 없다는 책임 의식에서 교채란과 갈등하고, 교채란은 특권층에 속한 유씨 가문의 첩으로 풍족하게 살고, 나아가 정실부인으로서 부귀를 누릴 뿐만 아니라 명문가의 대를 자기 자식으로 잇겠다는 욕망에서 사정옥과 갈등 관계를 이루는 것이다. 그러니 '가문과 관련한 욕망'이 진짜 갈등의 원인이라 할 수 있다. 더 엄밀히 말하면 사정옥은 '가문의 욕망'을 구현하고 있는 것이고, 교채란은 '(부귀한) 가문에 대한 욕망'을 구현하고 있는 것이다.

우리 소설사에서 가문이 이야기의 대상이 된 것은 17세기부터이다. 《금오신화》를 비롯한 그 이전의 소설들이 주로 남녀의 애정이나 개인의 의식 또는 기이한 사건을 주로 다룬 것에 비해 《사씨남정기》를 비롯하여 《창선감의록》, 《소현성록》, 《한씨삼대록》 등은 가문과 그 구성원의 갈등을 본격적인 이야깃거리로 삼기 시작했다. 이들 작품이 다루는 가문은 모두 명예를 중히 여기는 귀족 가문으로, 가장은 대대로 집안의 명성, 즉 '가성(家聲)'을 이어 나가는 것을 가장 큰 과업으로 삼고 있고, 자식(장남)이 그러한 과업을 이어 나가기를 희망한다. 그러나 자식이 그러한 기대에 부응하지 못하거나, 가족의 다른 구성원(주로 부인이나 첩)이 다른 욕망을 추구하면서 가문 내부에 문제가 발생하고, 여기에 정치적인 갈등이 결부되면서 그 문제는 심화되기도 하고, 또는 해결의 전기를 마련하기도 한다. 이 작품에서도 유연수는 15세에 문과에 급제했지만 그의 부친은 그를 전적으로 신뢰하지 못한다. 실제로 유연수는 교채란이 들어온 이후에 벌어지는 사태를 제대로 파악하지 못하여 집안을 파탄에 몰아넣고 만다. 그는 공부는 잘했으나 부부와 처첩 사이의 관계를 제대로 유지하고, 동청과 같은 부하를 거느리는 데는 무능했던 것이다. 반면 교채란이나 동청은 그들의 욕망을 실천하는 데는 철저했으니 유연수의 아버지가 계속 이어 가고자 한 가문의 욕망의 시각에서 보면 유연수는 완전히 무방비 상태에 놓여 있었던 셈이다. 상황이 이렇다면 유연수의 유일한 우군은 사정옥인데, 유연수는 오히려 사정옥을 의심하고 드디어는 축출하고 말았으니 오히려 가문의 파괴자가 된 셈이다.

사정옥이 축출된 것은 이 작품의 중간 부분에서 발생한 사건이다. 쫓겨난 여자가 어디로 갈 것인가? 정말 '이 여자는 무엇으로 살아갈 것인가?' 아마도 작가는 당시 여성 독자들로 하여금 이런 물음을 던지게 만들고 나름대로 그 답을 제시하고자 했던 것으로 보인다. 사정옥은 친정으로 가자는 동생의 권유를 뿌리치고 시부모의 묘가 있는 선영 아래로 간다. 몸은 유씨 가문에서 축출되었지만 마음은 그럴 수 없음을 그녀는 행동으로 보인다. 즉, 그녀는 죽어도 자신은 유씨 가문의 사람이라는 의식, 시아버지에게서 가문을 지키고 가성(家聲)을 유지할 것을 부탁 받았으므로 남편과의 관계는 끝났어도 시아버지와의 신뢰 관계는 끝나지 않았다는 의식으로 살아가는 것이다.

그녀의 이러한 생각을 간파한 교채란과 동청의 공격이 계속되자 사정옥은 시부모가 현몽(現夢)하여 지시한 대로 남쪽으로 피신한다. 작품의 제목을《사씨남정기(謝氏南征記)》라고 한 이유는 바로 쫓겨난 사정옥이 중국의 남쪽 장사(長沙) 지역, 다시 말해 열녀의 전범(典範) 아황과 여영이 피눈물을 뿌린 곳, 충신의 전범 굴원이 투신한 곳으로

가 고난을 겪고 구원을 입게 된 내력을 나타내기 위한 것이다. 이 고난의 과정에서 그녀는 자신의 정당성을 재확인하고, 또 가문을 회복하는 전기를 마련한다. 즉, 그녀는 회사정에서 굴원을 본받아 강물로 투신하려다 기절한 중에 황릉묘에 가서 아황, 여영과 더불어 선악에 대한 하늘의 태도를 토론하면서 자신의 정당성을 점검하고, 그 뒤 여승 묘희의 도움으로 안정하던 중에 교채란과 동청의 독수를 피해 도주하던 유연수를 구해 부부가 다시 재결합하는 전기를 마련하는 것이다. 유씨 가문의 재건은 권력자 엄승의 패망 이후 조정이 새롭게 재구성되는 것과 일맥상통하니 사대부 가문의 정상적인 유지는 국가의 올바른 경영과 직결되는 것이다.

　욕망을 기준으로 보면 사정옥과 교채란의 갈등은 표면적으로는 선익 대결로 보이나 실상은 욕망의 조절 또는 욕망의 한계 문제다. 교채란이 자기 욕망의 한계를 설정했거나 유연수가 가장으로서 잘 통제했더라면 누가 선하고 누가 악하고의 문제까지 나아가지 않았을 것이다. 그러나 이 가문은 그러지 못했다. 사실 갈등의 요인이 되는 욕망은 가족 구성원들에게 항상 존재하는 법이고, 그것이 어떤 방식으로 그 실현의 방법을 모색할지는 예측하기 힘들다. 다행히 그 욕망이 잘 조절된다면 문제가 되지 않겠지만 그렇지 않을 경우 어떻게 해야 하는가? 특히 유연수가 그렇듯이 가장이 흔들리고 판단을 제대로 하지 못할 경우 어떻게 할 것인가? 이러한 문제의식에서 작가는 부인의 역할에 주목한다. 가정은 부부로 구성되고, 가문은 부부를 통해 지속된다는 지극히 분명한 사실에서 가장이 현명한 대처를 하지 못할 때 부인만이 위기를 다스리고 극복할 수 있음을 이 작품은 말하고자 했던 것이다. 말하자면 '가문은 무엇으로 지속되는가?'에 대한 답을 내놓고자 했던 셈이다.

작가가 이러한 맥락에서 사정옥을 주인공으로 내세운 것은 당시 사대부가의 여성들이 국문소설의 주요 독자였던 점과도 관련이 있다. 가정과 가문이 생활공간이자 주 활동 무대였던 여성들에게 시집은 남편의 집이 아니고 바로 '나의 집'이라는 것, '나의 집'이므로 주체적으로 집안의 유지와 발전에 참여해야 하며, 때에 따라서는 남편을 대신해서 그 일을 해야 함을 말하고 싶었던 것으로 보인다.

가문의 경영자 사정옥

흔히 《사씨남정기》를 처첩 간의 갈등을 그린 소설로 본다. 이러한 시각은 교채란을 대상으로 했을 때에는 들어맞을 수 있으나 사정옥을 중심으로 보았을 때에는 전혀 맞지 않는다. 사정옥이 언제 한번이라도 교채란을 경쟁 대상으로 여긴 적이 있는가? 그녀는 '투기'라는 단어는 자기 사전에 없다고 확신하는 인물이다. 엄밀히 말하면 교채란의 몸을 빌려 가문의 대를 잇겠다는 사정옥의 욕망과 부귀를 점점 더 크게 추구하는 교채란의 욕망이 충돌했을 뿐 처첩 간의 쟁총(爭寵)은 이 작품의 갈등 양상이 아닌 것이다. 교채란이 절세미인이어서 두부인이 걱정하자 미인이어야 유연수가 좋아하고, 그래야 자식을 낳을 것 아니냐고 말할 정도로 사정옥은 투기는 안중에 없으며, 투기를 일삼는 여성의 수준은 넘어서 있다고 스스로 믿을 정도로 자긍심이 강한 인물이다.

그런가 하면 그녀는 교채란의 음모로 고난을 겪으면서도 교채란의 사람 됨됨이를 잘못 파악했다는 말만 할 뿐 그녀를 사랑의 경쟁자로 평가하지 않는다. 말하자면 사정옥은 교채란으로 인해 벌어진 가문의 파탄을 자신이 기획한 일의 실패로 보고 있는 것이다. 자신이 세운 계획하에 교채란을 영입했는데, 그녀가 그 계획을 벗어나 움직이고 예상치 못했던 문제를 거듭 일으키니 사람을 잘못 보았다는 말이 나올 수 있는 것이다. 이 점에서 사정옥은 가문의 경영자라 해도 무방하다.

사정옥이 가문의 경영자로서의 자질을 엿보이는 첫 대목은 그녀와 유연수의 혼담이 오가는 부분이다. 그녀는 매파가 와서 유연수 집안의 부귀를 자랑하며 혼인을 권하자 단호히 거부하면서 다음과 같은 비판력과 추리력을 발휘한다.

> 소녀가 들으니 유소사는 이 시대의 어진 재상이라고 하니 그 집안과 혼인을 맺음에 불가할 까닭이 없을 것입니다. 그러나 다만 주파의 말에 의심스러운 점이 있습니다. 소녀가 듣건대, 군자는 덕을 귀히 여기되 색을 천하게 여기며, 숙녀는 덕으로 결혼을 하되 색으로 지아비를 섬기지는 않는다고 합니다. 그런데 지금 주파가 먼저 소녀의 색을 칭찬하니 소녀는 그것을 몹시 수치스럽게 여깁니다. 또한 유씨 가문의 부귀함은 크게 자랑하면서도 우리 선급사의 성덕에 대해서는 아무런 칭송이 없었습니다. 혹시 주파의 사람됨이 보잘것없어서 유소사의 뜻을 제대로 전하지 못했던 것은 아닐까요? 그렇지 않다면 유소사가 어진 사람이라고 하는 말은 헛소문일 것입니다. 소녀는 그 집안에 들어가기를 원하지 않습니다.
>
> ―《사씨남정기》, 22~23쪽

매파의 잘못을 깨달은 유연수의 아버지 유소사가 사정옥의 아버지의 맑은 이름과 곧은 절개를 흠모하고, 사정옥이 유한(幽閑)하고 요조(窈窕)하며 여사(女士)의 기풍이 있어 자기 아들의 배필로 맞아들이고 싶다고 하자 사정옥은 그제야 동의를 한다. 이처럼 그녀는 자기 가문과 자신의 가치가 어떻게 평가되어야 하는가를 명확히 꿰뚫고 있으며, 그 가치가 온당하게 평가 받자 혼담에 응하는 결단을 내린 것이다.

사정옥의 가문 경영자로서의 면모가 보이는 두 번째 대목은 혼인하는 날 시아버지 유소사와 주고받았던 문답이다. 시아버지가 부부의 도리를 어떻게 실천할 것인가를 질문하자 그녀는 순종(順從)하되 맹종(盲從)하지는 않겠다는 답으로 시아버지의 전적인 신뢰를 얻는다. 아내는 남편에게 순종해야 한다는 명분은 충실히 지키면서도 부부의 역할 분담과 관련해서는 자기 몫이 있음을 분명히 밝히고 그것을 공인 받은 것이다. 특히 유소사가 임종할 때 아들에게는 모든 일을 사정옥과 상의하라고 당부하면서 사정옥에게는 특별히 부탁을 할 필요가 없다고 할 정도로 그녀는 시아버지의 신뢰를 받았다. 즉, 유연수의 아버지는 아들이 아닌 며느리에게 가문을 맡기고 세상을 떠난 셈이다. 사정옥이 이러한 시아버지를 끔찍이 생각함은 그녀가 축출되었을 때 시부모의 묘소 아래로 가서 거처하는 것이나, 투신해서 죽고자 할 때 남편은 언급도 하시 않으면서 시아버지 사당에 술잔을 들고 올라가고 싶다는 말을 하는 데서도 드러난다. 우리가 흔히 여성을 질곡에 빠뜨렸다는 가부장제 가족제도에서 아들보다 며느리를 더 신뢰하고 남편보다 시아버지를 더 생각하는, 시아버지와 며느리 사이의 이러한 특별한 관계는 참으로 흥미롭다. 어쨌든 사정옥은 결혼 전에는 자기 친정 가문과 자기 자신의 가치를 정당하게 평가 받도록 할 줄 알며, 결혼 후에는 자신의 위상을 당당하게 인정받고, 가문의 최고 책임자로부터 절대적인 신뢰를 얻는 능력을 발휘한다.

결혼한 뒤 사정옥은 가문을 제대로 유지하고, 또 지속해야 한다는 책임 의식을 실천하기 위해서 관리자의 역할과 기획자의 역할을 유감 없이 발휘한다.

먼저 기획자로서의 그녀의 면모를 잘 나타내는 것이 바로 첩을 들이는 일이다. 그녀는 대를 이어야 한다는 명분과 투기는 초탈했다는 자신감을 바탕으로 시고모의 만류를 뿌리치고 첩을 들이기로 한다. 게다가 첩을 물색하되 천인보다는 사족 출신으로, 또 남편의 애정을 받을 수 있도록 상당한 미모를 갖춘 인물로 해야 한다며 그 기준에 적합한 교채란을 선택한다. 우리 고전소설에서 흔히 보듯이 아이를 낳지 못하는 부부가 천지신명께 기도하는 것과는 달리 그녀는 현실적이고 능동적이다. 또 그녀는 도전 정신에 가득 찬 기획자라 할 수 있는데, 교채란을 첩으로 들여 집안이 풍비박산 나는 경험을 하고서도 자신이 낳은 아이(유인아)의 사생을 알지 못하여 대가 끊기게 되었다는 판단을 하자 다시 유연수를 설득하여 첩을 들인다. 자신이 남쪽을 떠돌 때 도움을 받은 임추영을 눈여겨보았다가 첩으로 천거하여 들이는데, 이번에는 그러한 기획이 성공하여 임추영과 함께 사생을 몰랐던 인아까지 돌아오는 경사가 벌어진다. 첫 번째 기획은 완전한 파산을 가져왔지만, 두 번째 기획은 소위 대박을 터뜨린 셈이다.

철저한 가문 관리자로서의 사정옥의 면모는 교채란과 동청, 남편과의 관계에서 잘 드러난다. 그녀는 교채란이 방탕한 내용의 노래와 연주를 하자 당장 불러다 훈계를 하고, 동청을 기실로 들이겠다고 하자 그에 대한 사람들의 평판을 들어 남편에게 재고하기를 권한다. 규방에 가만히 있는 것이 아니라 바깥세상의 정보도 듣고 있는 것이다. 무엇보다 관리자로서의 그녀의 면모가 잘 드러나는 대목은 유연수를 구출하고 난 뒤부터이다. 서두에 인용한 바와 같이 유연수는 사지(死地)를 벗어나 부인을 만나 기쁜 나머지 앞뒤 재지 않고 함께 다시 부부로 살자고 한다. 하지만 사정옥은 예(禮)를 갖추어 자신을 제대로 맞이하라고 정중하게 비판하고, 유연수에게 사당을 모시고 가족을 모으는 일은 미루어 두고, 잠시 동안 성명을 바꾸고 종적을 감추어 상황이 바뀌기를 기다리는 것이 좋겠다고 권유한다. 유연수는 이 말을 따르기로 한다. 또 사정옥의 예언대로 엄숭과 동청이 패망한 뒤 관직에 복귀한 유연수가 우연히 교채란이 기생이 되어 있는 것을 발견하고는 잡아 죽이려 하자 다음과 같이 말한다.

> 저 여자의 죄는 죽어 마땅합니다. 그러나 지금 이미 창기가 되어 한없는 욕을 당하고 있으니 하늘이 보복한 것으로 족합니다. 하물며 상공은 이 지역을 다스리시며 관리와 백성들의 숭앙을 받고 계십니다. 무엇 하자고 집안의 추악한 일을 남들이 알게 하려 하십니까?
>
> —《사씨남정기》, 167쪽

앞뒤를 재지 않고 교채란에게 복수하려는 유연수를 사리를 분별해 가며 관리하는 모습이다. 가문의 관리자로서의 사정옥의 면모는 유연수가 교채란을 서울로 유인하여 잡아다가 그 죄상을 낱낱이 따진 뒤 죽이려 할 때 가장 잘 드러난다.

교녀는 다시 사부인에게 목숨을 빌었다.

"첩은 실로 부인을 저버렸습니다만 부인께서 자비를 베풀어 저의 잔명을 살려주십시오."

부인이 대답했다.

"네가 나를 해치려 했던 것은 내가 지금 돌이켜 생각하지는 않겠다. 그러나 상공과 조종(祖宗)에게 지은 죄만큼은 나도 역시 어떻게 할 수가 없구나."

교녀는 슬피 울부짖어 마지않았다. 상서가 다시 좌우에 호령했다.

"교녀를 결박하라. 그리고 심장을 가르고 간을 꺼내라!"

부인이 말했다.

"교녀는 한때 상공의 부인이었으니 그 명위가 가볍지 않습니다. 비록 죽이더라도 그 신체만은 온전하게 해야 합니다."

—《사씨남정기》, 171쪽

　　사정옥은 교채란이 자신에게 저지른 죄는 용서해 주되 남편과 조상에게 지은 죄는 자신의 권한 밖이라며 용서를 하지 않는다. 반면에 배신감에 떨며 잔혹한 명령을 하는 유연수를 말리며, 경위야 어떻든 한때 부인이었던 여자를 그렇게 하는 것은 명분에 어긋남을 들어 처형의 방식을 바꾸도록 한다. 이처럼 사정옥은 어느 순간에도 명분과 사리를 따지고, 상황의 유·불리를 검토하여 유연수를 옆에서 관리한다. 따지고 보면 유연수는 사정옥의 말을 듣지 않아 가문이 파탄되는 지경에 이르렀고, 사정옥의 도움으로 사지를 벗어난 뒤에는 그녀의 조언에 따라 행동하여 다시 가문을 회복하게 된 것이다.

　　한편 사정옥은 냉정(冷靜)한 성품의 여성이다. 그녀는 축출당할 때

아들과 헤어지면서 아들의 운명이 위태롭게 되었음을 자각하면서도 비통함을 잘 통제한다. 또 투신자살할 결심을 하고는 회사정 기둥에 자신이 물에 몸을 던져 죽었음을 기록하기도 하는데, 그것은 자신이 무엇을 위해 어떻게 죽었음을 명백히 해서 후일의 평가에 대비하려는 것이다. 그런가 하면 자살하려다 묘희의 도움을 받아 절에 거처하게 되면서도 그녀는 자신이 유가(儒家)의 사람이라며 승복을 입지 않는다. 그녀가 법도와 원칙을 고수할 수 있었던 것은 상황에 크게 휘둘리지 않는 이러한 냉정한 성품 때문이다.

그러면서도 그녀는 내면적으로 자신이 옳다고 생각하는 가치에 대한 확신과 함께 그것이 실현되지 않는 것에 대한 깊은 고뇌를 하기도 한다. 그것이 극적으로 표출된 것이 두부인의 도움을 구하러 장사로 가다가 만나지 못하여 더 이상 나아갈 곳이 없는 막다른 상황에서 과거 충신과 열사, 그리고 열녀들이 죽거나 고초를 겪었던 옛 초나라 땅이 주는 이미지에 격동되어 죽음을 결심하는 대목이다. 그녀는 스스로 옳은 길을 걸어왔다고 자부해 왔지만 죽음 외에는 선택의 여지가 없게 되었다는 생각에 비분(悲憤)이 극에 이르고 결국 혼절하고 만다. 혼절 중에 그녀는 황릉묘에 인도되어 가서 아황과 여영을 비롯한 《열녀전》에 나오는 인물들을 만나고, 선인(善人)이 고난을 당하고 악인(惡人)이 득세하는데 하늘이 침묵하는 것에 대해 따진다. 이것은 사정옥이 내면적으로 강한 가치 지향 의식을 지니고 있음을 뜻한다. 이 점에서 사정옥은, 적서 차별의 문제를 파악했으면서도 그것을 자신의 욕망을 실현하는 데 걸림돌이 된다고만 생각했을 뿐 더 이상 인식의 진전을 보이지 않으며, 자신의 끝날 줄 모르는 욕망 그 자체에만 맹목적으로 충실하다 파멸에 이르는 교채란과는 선명히 대조가 된다.

가족의 새로운 탄생과 여성

유연수를 관리하다시피 하며 가문을 재건하는 사정옥은 어쩌면 우리의 기록문학에 자주 등장하는 슈퍼우먼의 변형일지 모른다. 《박씨전》의 박씨가 나라를 구하는 슈퍼우먼이라면 사정옥은 가문을 구한 슈퍼우먼이라 할 수 있다. 그런가 하면 버림받은 사정옥이 자신을 버린 남편을 구하고, 나아가 가문을 재건하도록 한 것은 버림받은 바리데기가 자기를 버린 아버지를 살려 내는 것이나 쫓겨난 평강공주가 온달을 잘 훈련시켜 자신을 쫓아낸 국왕에게 큰 공을 세우는 장수로 이끈 것과 상통한다. 이 점에서 사정옥의 이야기는 특이한 것이 아니다.

 현재 우리가 만날 수 있는 사정옥은 김만중이 창조한 인물을 김춘택이 그 특징을 조금 강화한 것이다. 주로 17세기 사대부 가문의 여성이 지켜야 할 규범을 강조하는 쪽으로의 변모로서, 예컨대 김만중의 원작에는 사정옥이 누구를 구할지도 모르고 배를 타고 가서 기다리는데, 김춘택은 묘희의 꿈속에 관음보살이 현신하여 유연수를 구하는 것임을 알려 주는 대목을 추가하여 사정옥의 처신에 문제가 없도록 하였다. 말하자면 현재 우리가 보는 사정옥은 상당 부분 이념화되어 있음에 틀림없다. 그렇지만 이것은 역으로 당대 사대부 집안에서 원하던 여성의 캐릭터가 무엇이었는지를 잘 보여 준다. 가문의 종속적 존재가 아닌 주체 의식과 책임감을 가진 여성을 바랐던 것이다. 이처럼 김만중과 김춘택 두 조손(祖孫)이 함께 만들어 낸 캐릭터 사정옥은 우리의 서사 전통에서 흔히 볼 수 있는 이야기 틀과 인물에 당시 사대부 집안의 이상적 여성상을 결합시킨 것이라 할 수 있다.

　이러한 캐릭터의 전승과 현대적 재창조에는 두 가지 방향이 있을 수 있다. 하나는 온갖 고난 속에서 가족주의를 실천하는 여성상이다. 시아버지 유소사의 믿음을 철저히 지킨 사정옥은 사실 그녀가 유씨 가문의 대를 이은 것이나 다름없음을 뜻한다. 즉, 사정옥과 유연수의 애정이나 신뢰보다 사정옥과 유소사의 신뢰가 더 강력한 것은, 사정옥이 유씨 가문의 일원이 된 것이 절대 바뀔 수 없는 성질의 일임을 뜻한다. 유연수가 일가친척 전체가 모인 자리에서 사당에 고하고 사정옥을 쫓아내었으나 그것이 그녀의 귀속 의식을 바꾸지 못했음이 이를 증명한다. 그러나 이 불변하는 귀속 의식이야말로 그 여성을 고난에 빠뜨리고, 그 고난에 힘입어 다른 가족 구성원들이 변화하거나 행복해지는 결말에 도달하니 결과적으로 시아버지와 며느리 사이의 특이한 신뢰 관계는 변함없는 가족주의의 변형에 불과할 수 있다. 그리고 이러한 가족주의는 조금씩 변형된 모습이지만 근대에 와서도 지속되어 왔다. TV 드라마 〈여로〉(1972)에서 바보 남편 영구를 건사하고 자신에게 적대적인 가족을 온갖 희생 끝에 단취(團聚)하게 한 '분이'도 그러한 가족주의를 실천하는 여성의 한 유형이다. 그러나 이러한 여성상은 수난의 이미지를 강화한 것이어서 김만중이 창조한 사정옥의 본래 캐릭터와는 거리가 멀다고 할 수 있다.

　다른 하나는 현대 가족의 이념을 제대로 추구하는 여성상이다. 이 여성상은 가족 차원에 머물지 않고 현대 한국 사회의 재편성에까지 영향을 줄 수 있는 존재여야 한다. 즉, 김만중이 여성들에게 익숙한 이야기로 새로운 여성상을 제시하여 당시 지배층을 구성한 사대부 가문 구성원의 상호 관계에 새로운 방향을 제시하려 했던 것을 염두에 둔 재창조의 방향이어야 하는 것이다. 이를 위해서는 근대 초기 이른바 여성들로 하여금 '인형의 집'을 탈출하기를 호소한 여성 운동의 흐름 속에서 중세의 가족 이념에 투철했던 사정옥에 비견할 인물을 찾아 내야 한다.

또 한편으로는 우리 고전 대하소설에서 자주 등장하는 바 부부(夫婦)를 지기(知己)로 보는 수준을 넘어서 남편의 후견인 또는 대리인 같은 역할을 한 사정옥의 캐릭터는 오늘날 서서히 확대되고 있는 남성 가장(家長)의 부재(不在) 현상 속에서 여성 배우자의 역할이 어떠해야 하는지를 숙고하는 데 유용한 참고가 될 수 있다.

김종철 서울대학교 국어교육학과 교수. 국문학 분야로는 고전소설과 판소리를 연구해왔으며, 국어교육 분야로는 문학교육과 작문론에 관심을 기울이고 있다. 저서로 《판소리사연구》와 《판소리의 정서와 미학》이 있다.

6

아버지의 집을 벗어나 홀로 세상에 나선 막내딸

김영희

〈내 복에 산다〉의 막내딸

아버지의 세계로부터 분리·독립하여 자기 세계를 구축한 여성. 부잣집 딸로 태어났으나 아버지의 딸임을 거부해 내쫓긴 뒤 스스로의 힘으로 사회적 지위와 부를 획득한다. 위기에 굴하지 않는 의연함과 관계에 의존하지 않는 독립심은 그녀만의 매력이다. 자존감 높은 여성으로 사회적인 성취 욕구가 강하며 예지력이 있다.

내 복에 사는 막내딸은 전국에서 구전되어 온 〈내 복에 산다〉 이야기의 주인공이다. 현재까지 60여 편에 달하는 이야기가 조사 보고된 바 있으며, 이와 연관된 〈복진 며느리〉 이야기 또한 30여편 가량 채록되어 전해오고 있다. 이 이야기의 서사적 전통은 불경 소재 선광공주 이야기와 중국의 부신(富神) 및 부엌신 이야기와 연결되며, 일본과 미얀마에도 유사한 이야기가 구전되고 있다. 〈내 복에 산다〉의 작가는 이야기 연행 판에 참여했던 연행 및 전승주체 모두라고 할 수 있는데, 특히 여성−현전하는 이야기 자료의 연행자 가운데 70% 정도−그 중에서도 래퍼토리가 풍부하고 연행 기술이 뛰어난 이들이 내 복에 사는 막내딸의 이야기를 즐겨 연행한다.

옛날에 딸 셋이 있었는데, 그랬는데 이제 그 아버지가 귀여워서 하루는 큰딸을 불러서 앉혀 놓고,

"애, 아무개야, 너는 누구 덕에 먹고 사느냐?"

"어머니, 아버지 덕에 입고 먹고 삽니다."

둘째 딸에게도 물어보니까 둘째 딸도 역시 그러더래요. 근데 그 셋째 딸을 불러 가지고 그러니까,

"아, 어머니 아버지 그게 제 덕에 먹고 살지, 뭐 어머니 아버지 덕에 먹고 사느냐?"고 그러거든.

— 간음전 구연, 〈내 덕에 먹고 산다〉, 《한국구비문학대계》 1-3, 294쪽

그녀들이 집을 나간 까닭은?

저 멀리 아담을 유혹한 이브의 이야기나 호기심을 참지 못한 판도라의 이야기까지 가지 않더라도, 남성의 죄를 대신하여 '원죄'를 짊어져야 했던 여성의 이야기는 이 땅에서도 쉽게 만날 수 있다. 이들 이야기의 주인공은 완전하고 초월적인 세계로 돌아가 불완전함을 극복하고자 한 인간의 욕망을 대리 실현하려다 좌절하는 반신반인적(半神半人的) 남성이다. 신화론적 관점에서 해석할 때 이들 남성은 초월 세계와 단절된 채 불완전한 존재로 살아가야 하는 인간 실존을 상징하는 존재며, 이들의 실패담은 완전한 조화와 통합의 세계인 신적·초월적 세계로부터 영원히 유리된 인간의 비극적 운명을 정초한 태초의 사건을 재현한 것으로 볼 수 있다.

문제는 서사적 문맥에서 이 비극적 사건이 '여성의 죄'에 기인하는 것으로 설정되어 있다는 사실이다. 이것은 이들 이야기의 주된 연행 주체가 남성들이며, 이야기 연행의 사회·기능적 의미가 '사회 입문'에 있다는 사실과 무관하지 않다. 신적이고 초월적인 세계와 완전히 분리된 계기가 바로 인간인 자신들의 과오에서 비롯되었다는 사실을 심적으로 감당하기 어려운 나머지, 죄를 대신할 희생양으로 여성을 소환한 것으로 볼 수 있기 때문이다.

　신화적인 성격이 강한 일부 비극적인 구전이야기에 등장하는 '죄 지은 여성'의 이미지는 우리 사회가 전통적으로 여성들에게 교육하고 훈육시켜 온 정체성의 내용이 무엇인지 짐작하게 한다. 서사적 맥락을 참고할 때, 이들 이야기가 여성들의 몸에 새겨 넣는 정체성의 시나리오는 결국 '원죄에 대한 자인(自認)과 반성', 그리고 '속죄를 향한 자기 희생적인 노력'으로 정리될 수 있다.

　여성으로 태어나는 순간 원죄를 안게 되기에 속죄를 향한 구원자의 길을 걸을 수밖에 없는 정체성의 시나리오 안에서, 여성들은 자신과 관계 맺는 타자와의 상상적 '합체'를 계속해 간다. '그녀'의 아버지, 어머니, 형제자매, 친구, 이웃, 연인, 남편, 아들딸, 손녀, 손자 등이 원하는 것이 '그녀'가 원하는 것이며, 그들이 느끼는 고통이 곧 '그녀' 자신의 고통이다. 그러므로 여성 주체의 관점에서 정체성을 새롭게 정립하고자 할 때 가장 먼저 대두되는 과제는 '분리'의 문제다.

　그런데 여기, 수많은 구전이야기 속 속죄와 구원의 여인들과 달리 당당하게 분리·독립을 선언하고 자신에게 주어진 제한된 세계를 박차고 나가, 드높은 자존감을 바탕으로 자기만의 세계를 구축한 여성의 이야기가 있다. '네 탓'이라고 추궁하기도 전에 스스로 '내 탓'이라 말하는 수많은 여성들 틈에서 "내 탓이 아니라 내 덕이고 내 복이다."라고 외치는 이 당돌한 여성은, 아버지에게 '나는 당신에게 종속된 존재가 아니라 나로서 존재할 뿐'이라고 당당히 선언하고 '그의 집'을 나와 '자신만의 집'을 세운다.

분리·독립을 선언하는 자존감 넘치는 막내딸

어느 날 아들 없이 딸만 둔 아버지가 자신이 사랑해 마지않는 딸들을 불러 놓고 묻는다.

"얘야 얘야, 너는 누구 덕에 사니?"

"누군 누구 덕이에요. 아비지 덕이죠."

기대했던 대로 딸들의 대답은 한결같다. 그런데 바로 그때…….

"누군 누구 덕이에요. 바로 내 복이지요. 사람은 저마다 타고난 제 복대로 살아요."

당연한 걸 왜 물어보냐는 듯, 천연덕스러운 막내딸의 대답에 한순간 그의 머릿속이 하얘진다.

막내딸의 대답을 아버지인 자신을 부정하는 발언으로 받아들인 그는 딸에 대한 가장 혹독한 처벌이 무엇일지 고민한다. 그리고 곧 딸의 삶을 가능하게 하고 딸의 행복을 보장하는 아버지의 보호와 보살핌이라는 성역의 바깥으로 딸을 내치는 것이야말로 은혜도 모르는 딸에게 아버지의 존재를 뼈저리게 각인시키는 좋은 복수의 길이 될 것이라고 결론짓는다.

그러나 아버지의 기대와 예감을 조롱하듯, 막내딸은 문밖 세계에 대한 불안이나 동요 없이 당당하게 성역의 문턱, 아버지가 그어 놓은 금을 넘어선다. 그녀는 제발 아버지의 사랑을 거두지 말아 달라고, 자신을 버리거나 내치지 말아 달라고 매달리지 않는다. 집을 벗어나지 않기 위해 잘못을 뉘우치며 아버지의 용서를 구하기는커녕 이미 예정된 일이라는 듯 담담하게 홀로 세상을 향해 나아간다.

칠흑 같은 어둠이 내린 산속에서 잘 곳 없이 방황하면서도 그녀는 전혀 흔들리지 않는다. 멀리 보이는 불빛을 향해 마치 운명에 이끌리듯 곧장 나아갈 뿐이다. 그곳에서 그녀는 숯을 굽는 총각 아들과 함께 사는 한 늙은 여인을 만난다. 산속의 누추한 오두막집에 쉴 곳을 정한 늦은 밤, 숯을 구워다 파는 노파의 아들이 돌아온다. 노파와 아들은 단칸방에서 다 함께 자야 하는 자신들의 누추한 현실과 보잘것없는 살림살이를 부끄러워하며 그녀와 함께하기를 주저하지만, 그녀는 조금도 머뭇거리지 않고 숯구이 모자와의 동거를 결심한다.

다음 날 숯구이 총각이 일을 하러 나간 사이 그의 늙은 홀어미가 아들의 점심을 준비해 숯 굽는 가마로 올라가려 하자 그녀가 대신 가겠다며 길을 나선다. 숯 굽는 가마에 도착한 그녀는 가마의 이맛돌이 모두 금덩어리임을 발견한다. 그녀는 숯구이 총각에게 당장 그 일을 그만두고 자신이 시키는 대로 이맛돌을 장터에 내다 팔라고 이른다. 숯구이 총각은 영문을 모른 채 당장 생계를 꾸려갈 일을 걱정하며 전전긍긍하지만, 알 수 없는 힘에 이끌리듯 일단 그녀의 말을 따르기로 한다.

이런 돌멩이 따위를 누가 사 가겠냐며 반신반의하면서, 남자는 마지못해 이맛돌을 짊어지고 장터로 나간다. 여자가 시킨 대로, 손님들을 불러 모으는 어떤 호객 행위도 하지 않고 그는 그냥 물건 임자가 나타나기만 기다린다. 장터를 오가는 사람들이 금 덩어리를 알아보지 못하고 돌멩이를 팔러 나왔다고 손가락질을 해도 그는 그저 묵묵히 장터를 지킨다. 마침내 해가 기울어 이슥해질 무렵 여자가 미리 일러 준 대로, 백발 노인이 찾아와 참 좋은 물건이 나왔다며 이맛돌을 사 간다. 금값을 후하게 받은 남자는 순식간에 부자가 된다.

부자가 된 남녀는 부부의 연을 맺고, 대처에 나가 큰 집을 짓는다. 여자는 새집을 지으면서, 문을 여닫을 때마다 자신의 이름을 부르는 소리가 들리는 특별한 대문을 만들어 달라고 주문한다. 친정집의 몰락을 예감한 여자는 집을 지은 후, 남편에게 석 달 열흘 동안 거지들을 불러 모아 배불리 먹이는 잔치를 베풀자고 제안한다.

여자는 꼬박 백일 동안 잔치에 참석한 거지들 틈에서 자신의 부모를 찾아 헤맨다. 드디어 백일 잔치의 마지막 날, 여자는 문 앞에서 통곡하는 부모를 만난다. 막내딸이 떠난 후 갑자스레 가세가 기울고 두 딸이 시집간 집안 역시 몰락하는 바람에 의지할 곳을 잃은 부부는 전국을 떠돌며 구걸을 다니다가 거지 잔치 소식을 듣고 막내딸의 집에 막 들어서려던 참이었다. 그런데 대문에서 막내딸의 이름을 부르는 소리가 들리자 그만 그 자리에 털썩 주저앉아 눈물을 흘리기 시작했던 것이다.

자신의 예상과 달리 부자가 되어 잘살고 있는 막내딸을 만난 아버지는 과거 딸이 한 말의 의미를 이제야 알겠다며 회한의 눈물을 흘린다. 그 후 막내딸은 자신의 집 근처에 친정 부모의 집을 하나 새로 지어 곁에서 모시며 행복하게 살았다고 한다. 이것이 더 이상 '아버지의 딸'이기를 거부하고 '나는 내 복에 산다.'고 당당히 외치면서 아버지의 집을 박차고 나와 문밖 세상에서 자기만의 집을 새로이 지었던 어느 막내딸의 이야기다.

집 나간 딸·여인들의 계보

아버지의 질서로 구현된 '집'을 벗어나고자 했던 독립적인 딸들의 '출가(出嫁)' 아닌 '출가(出家)' 프로젝트는 이미 오래전에 시작된 것이었다. 평강왕의 딸이나, 제주도 무속 신화 〈삼공본풀이〉의 주인공 감은장아기 등이 이 '집 나온 딸'들의 계보를 잇고 있다.

평강왕의 딸은 아버지의 의지와 명령 또는 사랑과 보호라는 이름으로 포장된 아버지의 지배를 거부하고 이에 순응하지 않음으로써 애초에 부권적 질서의 공간인 '아버지의 집'을 '자신의 집'으로 받아들이려 하지 않았다. 그녀는 아버지의 뜻을 거역하는 것이 곧 아버지와의 관계 단절을 의미한다는 것을 알고 있었을 것이다. 더구나 화가 난 아버지 앞에서도 그녀는 자신의 잘못을 뉘우치거나 반항 의지를 누그러뜨리기 위한 행동을 하지 않았다. 따라서 표면적으로는 아버지에게 버림받고 내쳐진 딸의 형상을 띠고 있지만 평강왕의 딸은 '쫓겨난 딸'이기보다 '스스로 집을 나온 딸'에 가깝다.

누군가의 딸에서 누군가의 아내로 소속이 바뀌는 방식으로 자신의 사회적 존재를 드러내기를 거부한 딸들은 누군가에게 종속된 존재로서가 아닌, 그 자신의 존재로 당당히 한 사회의 주체가 되기를 시도한다. 직접 배우자를 선택하여 결혼한 후 그의 성공과 출세를 도모하는 것은 양처(良妻) 혹은 부덕(婦德)의 이념을 실천하는 과정이 아니라, 부권적 소유물의 지위에서 벗어나 자신의 존재 가치를 능동적이고 독립적인 태도로 사회적인 장에서 실현해 가는 과정이며, 이것은 곧 아버지로부터의 분리에 성공한 딸의 입사(入社) 과정이다.

제주도 무속 신화 〈삼공본풀이〉의 주인공 감은장아기는 〈내 복에 산다〉의 막내딸과 가장 유사한 행보를 걷지만, 막내딸에 비해 신적 속성이 훨씬 더 강하게 드러난다. 제의에서 감은장아기는 전상신, 곧 인간의 운명을 좌우하는 신으로 기능하는데 서사적인 맥락에 따라 부신(富神)으로 인식되기도 한다. 신의 형상을 띠는 탓에, 감은장아기는 〈내 복에 산다〉의 막내딸에 비해 관계에서 상대를 압도하고 상황 전개를 주도하는 주관적(主管的) 성격이 더욱 강하다.

〈삼공본풀이〉의 감은장아기 역시 금을 발견하고 이를 내다 팔아 부자가 된다. 〈내 복에 산다〉이야기의 전통에서 가장 강력한 지속 지향성을 드러내는 것이 바로 이 모티프인데, 일부 연구자들은 이것이 막내딸이나 감은장아기의 야장신(冶匠神)적 성격을 상징하는 것으로 분석하기도 한다. 백제 무왕의 신화와 구전이야기 〈복진 며느리〉에도 금을 발견하여 일정한 사회적 성취를 이루어 내는 장면이 등장한다.

백제 무왕의 신화에서 서사적 초점은 무왕이지만, 서동이 그 가치를 제대로 알아보지 못한 금덩어리를 발견하고 부를 일궈 궁극적으로 그로 하여금 왕위를 계승하게 하고 장인인 진평왕에게 인정받는 존재가 되도록 만든 것은 쫓겨난 선화 공주였다. 이 점에서 선화 역시 〈내 복에 산다〉의 막내딸과 닮아 있다.

〈내 복에 산다〉계 이야기의 하위 유형으로 분류되기도 하는 〈복진 며느리〉는 쫓겨난 딸이 아닌 쫓겨난 아내의 이야기다. 어느 양반과 천민에게서 동시에 아들과 딸이 태어났는데 양반의 아들은 복을 받지 못하고, 천민의 딸만 복을 받았다. 우연히 이 사실을 알게 된 양반이 천민의 딸을 찾아 며느리로 삼는데, 아버지가 죽자 그 아들이 아내를 내쫓고 만다. 집을 나온 아내는 숯구이 총각을 만나 금을 얻은 후 부자가 되고, 나중에 다시 전 남편을 찾아 그도 역시 부자로 만들어준다. 그녀는 두 남자를 부자로 만들 뿐 아니라 아들들을 낳아 정승 판서로 키워 냄으로써 결과적으로 두 남자의 집안을 번성하게 한다.

　선화공주나 복진 며느리의 이야기는 〈내 복에 산다〉에 비해 남성 주인공 위주로 서사가 전개된다. 〈내 복에 산다〉 이야기가 주인공 여성 자신의 정체성 확립과 입사 과정에 초점을 둔 데 반해, 선화와 복진 며느리의 이야기는 모두 배우자인 남성과 시댁의 치부, 아들의 성공 등에 초점을 두고 있다. 이로부터 여성의 입사 과정이 '남성의 입사 지원', '며느리 혹은 아내로서의 부덕 실현'으로 채색되어 있음을 읽어 낼 수 있다. 여성의 잠재 능력 계발이 궁극적으로 남성 주체의 사회적 지위 성취로 귀결되고 있는 셈이다. 더구나 여섯 아들이 모두 정승 판서가 되었다는 〈복진 며느리〉 이야기의 후일담은 주인공 여성의 사명이 '양처(良妻)'에서 시작되어 '현모(賢母)'로 완성되었음을 짐작하게 한다.

　쫓겨난(집 나온) 딸의 서사와 쫓겨난 아내의 서사는 이처럼 비슷한 모티프를 공유하면서 전승 위계상 근거리에 위치해 있음에도 불구하고 서로 다른 지향으로 인해 엇갈린 담론 효과를 만들어 내고 있다. 아버지와의 분리를 통해 자신의 존재 가치를 발견하고 혼자 힘으로 사회적 성공을 성취해 나감으로써 독립적인 여성 주체의 입사 과정을 상징적으로 보여 주는 딸의 서사와 달리, 아내의 서사는 자기 존재에 내재한 운명적 힘과 뛰어난 역량을 배우자인 남성의 입사를 지원하고 시아버지·남편·아들로 이어지는 가부장적 권력 질서를 지원·강화하는 데 집중시키는 여성의 모습을 보여 준다.

'아버지의 딸'이 되기를 거부한 여성의 입사기(入社記)

구전이야기 〈내 복에 산다〉는 '아버지에 대한 반항과 출가', '신분 낮은 배우자의 선택과 결혼', '금 발견을 통한 치부(致富)와 집 짓기', '가족의 구원과 아버지의 반성'으로 이어지는 입사담의 구조를 보여준다. 주인공 여성 인물이 입문 의례를 통해 사회적 주체가 되는 과정을 상징적으로 재현하고 있는 것이다.

'아버지에 대한 반항과 출가'로 표상된 입사의 첫 번째 단계는 한국 신화 텍스트에서 가장 광범하게 발견되는 '기아(棄兒)' 모티프에 대응한다. '기아' 모티프는 입사(入社)를 위한 첫 번째 조건인 '부모로부터의 분리'를 상징하는데, 일반적으로 '내쫓김'이나 '버려짐'의 형상을 띰으로써 '사회적·심리적 분리'의 선을 명징하게 드러낼 뿐 아니라 분리로 인한 상실과 결핍을 가장 극적으로 형상화한다. 그런데 〈내 복에 산다〉의 막내딸은, 표면적으로 '내쫓기는' 형상을 띠기는 하지만 사실상 아버지에 대한 반항을 통해 '쫓아냄'을 유도했다는 점에서 부모에 의한 분리가 아닌, '자발적 분리'—심리적으로는 분리 주체가 의도하고 준비한, 그러나 형식적으로는 부모에 의해 인도되는—를 상징하는 주체라고 할 수 있다.

'부모로부터의 분리'를 상징하는 '출가(出家)'는 아버지의 기대를 저버리는 반항과 배신으로 시작되는데, 분리를 향한 적극적이고 주체적인 이 행위는 자기 존재에 대한 긍정적 인식과 자존감에 근거하고 있으며, 타자인 아버지를 향해 자기의 존재 가치를 주장하고 설득하는 발언으로 시작되고 있다. '내'가 사는 것은 아버지의 복이나 덕이 아닌 타고난 내 복 또는 내 덕에 의한 것이라는 막내딸의 발화는,

자신의 삶이 오직 자기 자신에게 속한 문제일 뿐 보호자를 자처하는 아버지에게 종속된 문제가 아니라는 선언에 다름 아니다.

　아버지로부터 분리·독립된 개체로서 자기 존재를 선언한 막내딸은 집을 나가라는 아버지의 말에, "가라면 가지요.", "내 복 내가 가지고 간다."라는 한마디를 남긴 채 총총히 집을 나선다. 세상에 홀로 서기 위해, 자기 존재의 집을 짓기 위해 딸은 '아버지의 집'을 나서야 한다. 아버지가 그어 놓은 규제와 제한의 금, 그녀를 둘러싼 보호막과 울타리를 박차고 나와야 하는 것이다.

　'아버지의 집'은 가부장인 아버지의 권력과 질서가 영향을 미치는 공간이자 아버지의 소유물들이 보호와 감시 속에 갇혀 있는 일종의 금고이다. '아버지의 집'은 부권에 대한 순응이라는 단 하나의 태도만이 승인되는 곳이며, '아버지의 무엇'이라는 정체성만이 이름을 부여받을 수 있는 곳이다. 아버지의 사랑은 곧 사랑의 대상인 딸을 소유하고 지키고 좌지우지할 수 있는 아버지의 권한이자 힘이며, 이것이 하나의 영역 또는 시스템으로 물질화된 공간이 바로 아버지의 집인 것이다.

　입사담(入社談)에서 '내쫓김'은 언제나 '결혼'으로 이어진다. '결혼'은 실제 공동체에서 가장 보편화된 여성의 입사 의례이기도 하다. 가부장제 사회에서 여성이 사회적 존재로 승인 받는 유일한 방법은 남성 주체와의 관계 맺기를 통해서이다. 누군가의 딸이었다가 누군가의 아내가 되고 누군가의 어머니가 되는 방식으로 여성은 '합법적'인 지위를 부여 받는다. 남성 주체에 소속된 존재로서 그의 이름을 자신의 배경으로 삼을 때 비로소 사회적 존재로 인식될 수 있는 여성은, '결혼'이라는 관문을 통과하지 않고서는 결코 사회에 발을 들여놓을 수 없다. 따라서 아무리 자존감 높은 막내딸이라 할지라도 사회적으로 자신의 존재를 드러내기 위해 '결혼'의 관문을 피할 수는 없다.

바로 여기서 '신분 낮은 배우자의 선택과 결혼'이라는 두 번째 관문이 빛을 발한다. 피할 수 없는 결혼이라는 통로로 들어서기는 하되, 아버지가 아닌 자신이 배우자를 선택할 뿐 아니라, 자신보다 신분이 낮은 배우자를 택함으로써 결혼 후 부부 관계를 주도할 수 있는 권력을 획득한다. 아버지와 딸의 관계, 곧 그녀의 미래를 설계하고 그녀의 행복을 보장할 수 있는 권력을 지닌 아버지와 보호 받는 딸의 관계에서 다시 아버지의 자리를 대신하는 남편, 즉 보호자 남편과 보호 받는 아내의 관계로 옮겨 가는 것이 일반적인 여성의 입사 과정이다. 반면 자존감 높은 막내딸은 '보호자 아버지'를 부인함으로써 일반적인 부녀 관계를 역전시킬 뿐 아니라, 어리숙하고 신분 낮은 남편을 선택하여 그의 미래를 설계하고 그의 행복을 보장하는 '보호자 아내'의 지위에 오름으로써 기존의 여성 입사에서 보여 준 일반적인 부부 관계도 뒤집어 놓는다.

어리석고 가난하며 미천하기만 했던 남편의 성공이 드러내는 의미는 아내가 지닌 욕망의 대리 성취에 머무르지 않는다. 이야기에서 초점이 되는 것은 남편의 성공이 아니라 남편을 성공시킬 수 있는 아내의 능력이다. 가장 낮은 곳에서 가장 높은 곳으로의 성취는 아내가 지닌 능력을 가장 극적으로 보여 주는 구도라고 할 수 있다. 이렇게 해서 '신분 낮은 배우자의 선택과 결혼'이라는 입사의 두 번째 단계가 자연스럽게 '금 발견을 통한 치부와 집 짓기'의 세 번째 단계로 이동하는 것이다. 이 단계에서, 숯구이 사내의 아내인 여성의 입사가 본격화된다.

부의 축적은 처음부터 아내인 막내딸의 능력과 운 덕분에 가능한 일이었으며, 이 과정을 전체적으로 주도하고 계획한 것은 숯구이 사내가 아니라 그의 아내였다. 숯구이 사내는 그녀가 지시하는 바가 무엇을 의미하는지, 그가 그녀의 지시에 따라 행한 일이 어떤 결과를 초래할지 알지 못한 채 그녀의 말을 따른다. 그는 아내의 사회적 성취를 표시하는 대리자에 지나지 않으며, 막내딸의 행위가 사회적으로 가시화될 수 있도록 그녀에게 붙여진 표지판이자 그녀의 입사를 위한 도구에 불과한 존재다.

일반적으로 남성의 입사를 위해 여성이 도구화되는 것과는 정반대 방향으로 달려가는 막내딸의 입사 과정은 '집 짓기'를 통해 최고 정점의 단계에 오른다. 그녀의 가출(家出)에 내포된 의미가 '아버지의 집'을 나오는 것이었다면, 아버지의 경계를 넘어 문밖 세상에서 그녀가 하고자 한 일은 그녀 자신의 집을 짓는 것이었다. 금을 팔아 돈을 벌자마자 그녀는 남편에게 대처에 나가 큰 집을 짓자고 한다. 그리고 여닫을 때마다 자신의 이름이 들리는 대문을 만들어 단다. 그녀의 이름을 부르는 소리가 들리는 대문은 나중에 부모를 만나는 단서가 되기도 하지만, 그 자체로도 중요한 상징적 의미를 지닌다.

집을 짓는 것이 아버지의 세계를 벗어나 자기만의 세계를 구축하는 과정이라면, 대문을 여닫을 때마다 들리는 그녀의 '이름'은 남성의 지위나 이름을 배경 삼지 않고 그녀 자체로 당당히 세상에 그 존재를 드러냈음을 의미한다. 누구라도 볼 수 있는 그녀의 집(세계)과 누구라도 들을 수 있는 그녀의 이름(존재)이 이제 이 세상에 드러나게 된 것이다.

입사의 여정은 '집 짓기'에서 끝나지 않는다. 모든 입사담이 그렇듯 '귀환'의 과정이 남은 것이다. 그러나 그녀는 아버지의 집으로 '돌아가지' 않는다. 오히려 그녀는 아버지를 그녀의 집으로 오게 한다. 그리고 재회를 통해 자신의 선택과 행동이 옳은 것이었고 아버지의 판단이 그른 것이었음을 확인하고 공표한다. 아버지는 그녀의 말에 수긍하고, 자신의 과오를 인정한다.

그녀의 입사를 정당화하고 완성시키는 이 '긍정'의 발화는 아버지의 발언에서 그치지 않는다. 그녀의 말은 연행을 거치면서 연행 현장에서 다시 한 번 공명한다. 자기 확신에 찬 그녀의 말은 메아리처럼 울려 퍼져 연행자들 역시 그녀의 입사를 긍정하게 된다.

> 그래 남자나 여자나 배짱으로 사는 모양예요. 그때, 그때 안 내쫓았으믄 그 여자도 못 산다고. 그때 내쫓았기 때문에 그 남자를 가지고 잘 산다고, 또 ㄱ때 ㄱ 남자두 ㄱ 여자 아니면 또 평생 숯만 구워 먹고 살 텐데.
> ― 고근록 구연, 〈'내 덕으로 산다'는 김좌수의 막내딸〉, 《한국구비문학대계》 2-8, 468쪽

> 지 복으로 먹고 지 복 있어야 먹고 산단 말이 그 말이 맞어.
> ― 서보익 구연, 〈자기 복으로 산다〉, 《한국구비문학대계》 5-6, 222쪽

그녀의 입사를 완성하는 마지막 단계인 '가족의 구원과 아버지의 반성'은 일반적인 여성 입사담에 나타나는 '구원'의 양상과는 다른 의미를 드러낸다. '효'의 표지를 쓰기는 했지만, 자신을 찾아온 부모를 보살피는 그녀의 행위는 자신을 외면했지만 끝끝내 부모를 저버리지 않는 효성스러운 딸의 헌신과 희생으로 읽히지 않는다. 그보다는 보살피고 보호하는 아버지와 보살핌과 보호를 받는 딸의 관계가 완전히

뒤바뀌었음을 의미한다. 딸의 도움 없이는 삶을 지탱할 수 없을 정도로 전락한 아버지는 딸에게 완전한 패배와 항복을 선언하고 그녀에게 의지하고 그녀에게 종속된 존재로 살아가게 된다. 입사가 분리와 통합의 과정을 보여 준다면, 이 막내딸의 입사 과정에서 드러난 분리 후 통합의 결과는 지배-종속 양상이 뒤바뀐 '관계의 역전'이라고 할 수 있다.

새로운 여성 정체성의 모색

오늘날 문화 콘텐츠에 관심을 둔 이들 가운데 많은 사람들이 한국의 문화 전통에서 창조적이며 대안적인 여성 인물 캐릭터를 발굴하는 일에 열을 올리고 있다. 그들이 발견, 또는 발명해 낸 여성 인물들은 점차 다양해지고 있지만, 이들 캐릭터는 한결같이 당대 여성의 삶, 여성의 현실과는 일정한 거리를 둔 채 박제화된 여성 영웅들의 모습을 형상화하고 있다.

때로는 구원의 여신으로 등장하고, 때로는 역사와 대의를 위해 남성 영웅처럼 자신의 한 몸을 희생하고, 때로는 남성 중심 사회에 성공적으로 편입하여 위험천만하고 아슬아슬한 공생 관계를 유지하는 능력 있는 여성들의 이야기를 다루는 이들 판타지는 일회적으로 소비되는 상품 이미지만 창출해 낼 뿐 여성의 오늘과 소통하는 생산적이고 지속적인 에너지를 만들어 내지 못하고 있다.

'내 복에 산다'며 경계를 박차고 나간 막내딸의 이야기는 비장하고 숭고한 영웅의 서사도 아니고, 시련 극복과 성공에만 초점을 맞춘 단순하고 전형적인 입사담도 아니다. 이 이야기에서 가장 강조되고 있는 대목은 '누구 복에 사니?'라는 아버지의 질문에 '내 복에 산다.'고 대답한 막내딸이 아버지의 분노 속에 그의 집을 나오게 되는 장면이다. 이는 막내딸의 서사 초점이 바로 '정체성'의 문제에 맞춰져 있음을 암시적으로 드러낸다.

'정체성'의 문제는 오늘날 이른바 '여성'으로 살아가는 이들에게 ─ '남성'으로 살아가는 이들에게도 ─ 여전히 유효하고 지속적이며 근원적인 화두이자 정치적인 사안이다. 여성 억압적인 현실의 핵심부에 '정체성'의 정치적 역동이 자리하고 있으며, 여성 스스로가 자신을 불행으로 몰아가는 비극적인 현실 역시 왜곡된 '정체성'의 시나리오에서부터 시작되고 있다.

이 시나리오가 다른 방식으로 구성되지 않는 한, '정체성'이 작동하는 정치적인 장과 구조적인 틀이 변화하지 않는 한, 죄의식 속에 끊임없이 타인을 구원해야 하는 여성들의 우울한 사명을 은근히 재촉하고 강제하는 목소리 역시 사라지지 않을 것이다. 이 목소리에 포획당한 채로 살아가는 우리에게, "내가 사는 것은 내 복이요, 네가 사는 것도 내 덕이다."라고 외치는 자존감 높은 이 여성의 선언이야말로 더욱 간절한 해방의 전언이지 않을까.

김영희 연세대학교 학부대학 강사. 구비문학을 전공했으며 관심 분야는 구전 서사이다. 주로 현지조사연구와 구전 서사의 심리학적·여성주의적 해석에 관심이 많다. 저서에는 《《밀양구전문화의 민족지적 연구1》 구전이야기의 현장》(공저), 《밀양구전문화의 민족지적 연구2》 숲골마을의 구전 문화》(공저) 등이 있다. 논문으로 〈아기장수이야기의 전승력 연구〉, 〈비극적 구전 서사 '액운애기' 연구〉, 〈비극적 구전 서사의 연행에서 나타나는 비밀 폭로자로서의 여성 이미지 연구〉, 〈밀양 아랑제(현 아리랑대축제) 전승에 대한 비판적 고찰〉, 〈아버지의 딸이기를 거부한 막내딸의 입사기〉 등이 있다.

7

톡톡 튀는 화법에 섹시한 배꼽저고리

박경신

미얄할미

영감을 찾아 전국을 유랑하다가 마침내 영감을 만나게 되지만 첩과의 삼각관계 속에서 고통 받고 영감에게도 멸시를 받는다. 불행한 캐릭터이지만, 그것에 주눅들지 않고 톡톡 튀는 화술(話術)에 도도하고 섹시한 배꼽저고리 차림까지 갖추었다. 불행하지만 그 불행을 넘어서는 생명력을 지닌 인물이다.

〈동래들놀음〉은 〈동래야유(東萊野遊)〉라고도 한다. 무형문화재로 지정할 때 '야유(野遊)'라는 이름을 썼기 때문에 이 이름이 더 많이 알려지게 되었다. '들놀음'이라고 한 것은 들에서 놀이판을 벌였기 때문인데, 길놀이가 먼저 있고, 탈놀이가 길놀이에 이어진다고 알려져 있다. 부산 지역에서는 여러 곳에서 이 들놀이 계통의 놀이를 벌인 것이 확인되나, 현재 전하는 것은 〈동래야유〉와 〈수영야유〉뿐이다. 미얄은 〈동래들놀음〉 '할미과장'에 등장하는 여자 주인공의 이름이다. 전승 지역에 관계 없이 우리 가면극에는 대개 이 '미얄과장'이 있는데, 등장 인물들의 성격도 비슷하고, 미얄, 영감, 젊은 첩의 삼각관계로 이루어진 사건 전개의 기본 구도도 비슷하다. 미얄이 죽는 그 결말도 가면극 대부분에 공통적으로 나타난다. 여기에는 남성의 부당한 횡포로 희생되는 조선 후기 여인들의 삶의 모습이 담겨 있다고 할 수 있다. 인형극 〈꼭두각시놀음〉에 나오는 꼭두각시와도 관련이 있는 것으로 이해할 수 있다.

할미 : (전략) 여기 영감 한 분 안 지나갑디까?

잽이 : 모색이 어떻게 생겼노?

할미 : 색골로 생겼지요, 키가 크고 얼굴은 가름하며 코가 크지요.

잽이 : 그런 영감 조금 전에 이리로 지나가는 것 봤소.

할미 : 아이고, 그러면 바삐 가 봐야겠다. (웅박캥캥 장단이 울리면, 할미가 생기 있는 춤으로 놀이판을 돌다가 한 곳에 이르러 오줌을 눈다. 이때 허술한 평복에 백색 두루마기를 입고 갓을 쓰고 손에 부채를 든 영감이 춤추며 등장하여 할미와 같은 거동으로 놀이판을 돈다. 두 사람 한 놀이판에서 놀고 있지만 서로 멀리 떨어져 있는 시늉을 한다. 서로 찾고 있는 것이다.)

영감 : 할맘아, 할맘아. (중략) (웅박캥캥 장단이 울리면 영감은 부산하게 놀이판을 돌며 춤을 춘다. 두 사람은 서로 스치며 엇갈리는 중에 엉덩이를 뒤로 맞대고 비비기도 하고 다소 음란한 행동을 하다가 서로 얼굴을 맞대고서야 반가워서 부둥켜안는다. 영감이 부채를 펴 들면 장단이 멈춘다.)

영감 : 할맘아.

할미 : 영감아.

(웅박캥캥 장단이 다시 울리며 할미와 영감의 대무對舞는 절정을 이루는데 음란한 일면一面도 보인다.)

— 박덕업 외 구연, 〈동래들놀음〉, 《한국의 민속극》, 104~105쪽

하나의 어휘가 캐릭터와 결부되어 살아남는다는 것은 얼마나 어려운가?

몇 년 전 인터넷에서 시작되어 세간에 화제가 되었던 재미있는 어휘

들이 있다. 당대의 내로라하는 유명 정치인들의 행태를 빗댄 이 어휘들은 '○○과 △△의 신국어사전 풀이'라는 제목으로 널리 알려지기도 했다. ○○과 △△는 이른바 '양김(兩金)'으로 통했던 당대 제일의 대중 정치가들의 이름이다. 따라서 좀 더 정확히 말하면 이 ○○과 △△는 실제로는 '김○○', '김△△'으로 읽혀야 할 이름들이라고 할 수 있다. 그들은 강한 카리스마를 가진 매우 독특한 성격의 인물들이었기 때문에 그들의 이 독특한 성격이 이런 어휘들을 만들어 내었던 것이다. 꽤 긴 내용으로 되어 있는데, 그 가운데 몇 부분만 추려 제시하면 다음과 같다.

○○ : 명사. ① 말귀를 못 알아먹거나 지나친 공상에 빠져 있는 우매한 이를 일컫는 말. ② 지력, 재질이 변변치 못한 사람. ③ 남을 얕잡아 일컫는 말(야 이○○ 같은 놈).

유의어 — 바보, 멍텅구리.

숙어 — ○○ 귀에 경 읽기. ○○밭에 굴러도 이승이 낫다. 진료는 의사에게 투약은 ○○에게.

주의 — 욕설로 사용할 경우 상대방에게 극도의 모욕감과 살인 충동을 유발할 수 있음.

○○하다 : 동사. 사물이나 사람이 크게 잘못되거나 깨어져 못 쓰게 되다(씨바 이번 시험은 완전히 ○○했네).

숙어 — 재벌은 ○○해도 구족은 먹고 산다. 하늘이 ○○해도 솟아날 구멍은 있다.

△△ : 명사. ① 기대에 못 미치는 사물이나 상황을 일컫는 말. ② 겉은

멀쩡한데 실속이 없는 것. ③ 타인과 합치기 좋아하는 이를 일컫는 말. ④ 과녁에서 빗나감(반의어 : 명중).

숙어 — 빛 좋은 △△이다.

파생어 — 눈△△(확실치 않게 대충 어림짐작하는 것).

형용사 — △△스러운(무슨 일, 특히 개혁이 빨리 진행되지 않고 미적미적하고 두루뭉술한). 예 셰익스피어의 햄릿은 △△스러운 인물이다.
△△스러운 안기부 자금 유용 수사.

— 딴지 신국어사전

    그러나 몇 년이 지난 지금 우리는 이 어휘들을 잊은 지 이미 오래다. 이 어휘들과 관계된 인물들이 아직도 심심찮게 뉴스에 오르내리고 있고, 여전히 정치판에 영향력을 행사하고 있는 카리스마 넘치는 분들이라는 사실을 고려하면 이 어휘들이 그렇게 쉽게 생명력을 잃고 만 것이 이상하게 느껴질 정도이다.

    하나의 어휘가 언중(言衆)들 사이에서 생명력을 얻어 살아남는다는 것이 얼마나 어려운 일인가 하는 것을 이 어휘들은 잘 보여 주고 있다. 한 시대를 풍미하고 한 나라의 최고 권좌에까지 오른 유명한 대중 정치가들이었으며, 각각 독특한 캐릭터를 가진 사람들이었지만, 그들도 하나의 어휘로 살아남기에는 결국 역부족이었던 것이다. 따라서 이것은 특정한 인물과 결부될 경우 하나의 어휘가 살아남기 위해서는 그 인물의 캐릭터가 얼마나 인상적이고 강렬한 이미지를 지니고 있어야 하는지를 되짚어 보게 하기에 충분한 사례이다.

'미얄스럽게' 살아남은 미얄

내 어머니는 평범한 경상도 분이다. 내가 어릴 때에 동네에 어머니보다 몇 살 아래인 키가 자그마하고 얼굴이 예쁘장하고 까무잡잡한 아주머니가 계셨는데, 말이나 행동이 어린 내가 보기에도 보통이 아니었다. 작지만 암팡지고 야무지며 단단했던 그 아주머니의 모습이 지금도 선명하게 떠오른다. 어른들은 아주머니를 '간장 쫑구랭이'라는 별명으로 불렀다. '쫑구랭이'는 '작은 조랑박 바가지'를 가리키는 경상도 방언이다. '간장을 독에서 뜰 때 사용하는 작은 조랑박 바가지'라는 것이 아주머니의 별명이 가진 뜻이다. '간장 쫑구랭이' 아주머니는 비록 몸집은 자그마하지만 어느 누구에게도 말로 지는 적이 없었고, 까무잡잡한 얼굴색과는 어울리지 않게 반짝거리는 눈을 가지고 있었다. 아주머니는 누구에게나 당당하고, 야무지고 당찼으며, 급하면 자기보다 나이가 많거나 체구가 큰 사람과의 몸싸움도 마다하는 법이 없었다. 참으로 얄밉다고 하지 않을 수 없는 아주머니였다. 한번씩 아주머니가 누군가와 다투는 것을 지켜보다가 돌아오시면 어머니는 허공에다 대고 혼잣말처럼 되뇌이곤 하셨다. "말도 말도 미얄시리도 하고…….", "하는 짓짓이 미얄시러븐 짓만 골라서 하고……."

그러나 어머니의 푸념 속에서 강한 증오심이나 반감이 묻어나지는 않았던 것으로 기억한다. 애증(愛憎)이 교차하는 묘한 분위기였다고나 할까. 어머니의 혼잣말에는 '간장 쫑구랭이' 아주머니의 말과 행동에 대한 가벼운 비난과 탄식, 그리고 도저히 그럴 용기가 없는 자신에 대한 씁쓸함이 함께 담겨 있었다.

그때 나는 가면극에 나오는 미얄에 대해 전혀 알지 못했다. 그리고 가면극을 통해서 미얄을 보신 적이 있었는지 어머니에게 물어본 적도 없다. 내 고향이 옛날 오광대가 있었던 고장이고 〈동래들놀음〉 지역과도 그다지 멀지 않은 곳이니 어머니는 어쩌면 가면극을 통해서 직접 미얄을 보았을지도 모른다. 그러나 어머니가 가면극을 통해 미얄을 직접 보았느냐 그렇지 않았느냐는 별로 중요한 문제가 아니다. 중요한 건 어머니가 분명히 '미얄시리'라는 말과 '미얄시러븐'이라는 말을 아주 자연스럽게 일상생활 속에서 사용했고, 나는 비록 가면극의 미얄을 본 적은 없었지만, 어머니를 통해 그 어휘들의 개념을 명확히 인지할 수 있었다는 사실이다. 그리고 철이 들면서 그 어휘들이 우리 어머니만 사용하는 특별한 어휘가 아니라 마을 어른들이 일반적으로 사용하는 매우 대중적인 어휘라는 것도 알게 되었다.

이렇게 생활 속에서 자연스럽게 듣고 배우고 익히고 덩달아 사용하면서도 그것이 가면극의 '미얄'과 직접 관련된 단어라는 것을 나는 철이 들 때까지 전혀 몰랐다. 그러다가 대학에 들어가고 가면극을 접하게 되면서 나는 어머니가 말씀하시던 그 '미얄시리도'가 '미얄스럽게도'이고, '미얄시러븐'이 '미얄스러운'이라는 것을 알게 되었고, 그 후 어원이라는 것에 관심을 가지기 시작하면서 그것이 '미얄'이라는 명사에 '-스럽다'라는 접미사가 붙어서 이루어진 말이라는 것도 알게 되었다. 그 순간 나는 미얄의 그 '미얄스러움'에 다시금 전율했다. 컴퓨터 화면에서 '○○스럽게'나 '△△스럽게'라는 단어를 본 순간 내 머릿속에 '간장 쫑구랭이' 아줌마의 까무잡잡한 얼굴이 떠오른 것은 어쩌면 지극히 당연한 일이었는지도 모른다.

톡톡 튀는 화법, 그 미얄스러운 말투

미얄이 가지는 독특한 캐릭터로는 뭐니 뭐니 해도 톡톡 튀는 그 화법을 들지 않을 수 없다. 나이나 처지에 전혀 걸맞지 않게 미얄의 말투는 고무공만큼이나 탄력이 넘친다.

서두의 인용문에서 보듯이, 영감이 어떻게 생겼느냐는 악사의 물음에 그녀는 서슴없이 색골로 생겼다고 대답한다. 코가 크다는 말도 빠뜨리지 않는다. 생면부지의 남자와 주고받는 대화에서 이 정도의 단어들은, 아무리 미얄의 나이를 고려한다고 해도, 선정적이라고 하지 않을 수 없다. 이 대화가 미얄이 놀이판에 등장해서 처음 하는 대사라는 점도 동시에 고려할 필요가 있다. 이쯤 되면 관중들의 호기심을 자극하기에는 충분하다. 그들은 이 첫 대사를 통해서 미얄이 보통 할미가 결코 아니라는 것을 충분히 인지할 수 있고, 바짝 긴장하지 않을 수 없는 것이다.

영감 : 그것도 내 복이로다! 그런데 할맘, 내 갈 적에 아들 삼형제를 두고 갔는데 큰놈 내 술방구는 어쨌노?

할미 : 떨어져 죽었다.

영감 : 뭐 떨어져 죽었다? 그래 둘쨋놈 내 돌멩이는 어쨋노?

할미 : 던져서 죽었다.

영감 : 뭐 던져서 죽었다? 그래 세쨋놈 내 딱개비는 어쨋노?

할미 : 민태서 죽었다.

영감 : 뭐 민태서 죽었다? 그래 자식 셋을 다 죽였다 말이지, 휴—.

(구경꾼을 향하여) 이 사람들아 다들 보소. 이년이 아이 셋 있는 것을

〈동래들놀음〉에서 영감과 첩을 할미가 떼어놓고 있는 모습이다.

죽여 버리고 또 내 소실(小室) 하나 얻은 것까지 심술을 부리니 내가 어떻게 살겠나. 못 살지 못 살아. (할미에게) 에이 이년, 죽어라 죽어. (발로 찬다.)

— 박덕업 외 구연, 〈동래들놀음〉, 106쪽

이 인용문에도 미얄의 독특한 화법이 잘 드러나 있다. 영감과 헤어져 떠도는 사이에 할멈은 세 아들을 모두 잃고 말았다. 그런데 재미있는 것은 그 죽은 아들들의 이름과 그 죽은 이유의 연결 관계다. 첫째 아들의 이름은 '솔방구'로 '솔방울'의 사투리다. 솔방울은 소나무 가지 끝에 매달려 있다. 그래서 그 아들은 나무에서 '떨어져' 죽은 것이다. 둘째 아들의 이름은 '돌멩이'다. 그래서 그 아들은 '던져져' 죽은 것이다. 셋째 아들의 이름은 '딱개비'다. '딱개비'는 바닷가 바위에 붙어 사는, 삿갓처럼 생긴 둥글납작한 껍질을 쓴 조개 종류의 하나이다. 이 딱개비는 둥글납작하기 때문에 '문질러서' 죽은 것이다. '민태다'는 '문지르다'에 해당하는 경상도 사투리다.

> 할미 : 내가 영감을 찾을랴고 계림팔도(鷄林八道)를 다 돌아댕겼고 면면촌촌(面面村村)이 방방곡곡이 얼개빗 틈틈이 찾다가 오늘 이 놀이판에서 만났구려.
> 영감 : 할맘 할맘, 내 말을 들어보게. 내가 할맘을 찾을랴고 인천(仁川) 제물포까지 갔다가 거기서 작은마누라 하나를 얻었네.
>
> — 박덕업 외 구연, 〈동래들놀음〉, 105쪽

이 인용문에는 할미의 톡톡 튀는 화법이 극명하게 드러나 있다. 영감도 할미를 찾기 위해서 전국을 돌아다녔다. 적어도 그 점에 있어서는 영감도 할미와 다르지 않았다. 그러나 영감이 그 사실을 오랜만에 만난 할미에게 전달할 때에는 그냥 그렇게 할미를 찾아 인천 제물포에 갔다가 거기서 첩 하나를 얻었다고 설명조로 말하고 만다. 참으로 밋밋하기 이를 데 없는 설명이 아닐 수 없다. 그러나 할미는 사정이 다르다. 그녀는 그렇게 밋밋한 설명조로 말하기를 거부한다. 그래서 그녀는 '얼개빗 틈틈이 찾았다.'라고 비유적으로 말한다. '얼개빗'은

'얼레빗'의 사투리다. 이 빗은 머리의 이를 잡을 때에 참빗을 쓰기 전에 사용하는 얼금얼금한 빗이다. 이 빗으로 굵은 이를 먼저 잡아낸 후에 참빗으로 싹싹 빗어 작은 이와 서캐까지 잡게 된다. 따라서 이 '얼개빗'은 '이를 잡는다.'는 사실과 연결되고, '얼개빗 틈틈이 찾았다.'는 것은 '이 잡듯이 찾았다.'는 말이다. 영감을 이 잡듯이 찾아다녔다는 미얄의 이 표현은 밋밋한 영감의 설명과는 그 격이 다른 것이다. 그러나 이 대사의 참맛은 그 정도에 머물러 있지 않다. 이 대사의 진정한 묘미는 이 '이 잡듯이'가 '얼개빗'과 연결되어 있다는 점에 있다. 보통 '이 잡듯 한다.'는 말의 용법과는 달리 할미는 '얼개빗'으로 '이 잡듯 했다.'고 함으로써 '슬금슬금 찾았다.'고 말하고 있는 것이다. '이 잡듯 찾았다.'와 '슬금슬금 찾았다.'는 분명 잘 어울리지 않는다. '슬금슬금 이 잡듯 찾았다.'는 표현은 할미가 아니면 사용하기 힘든 화법이 아닐 수 없다. 영감은 도저히 흉내 낼 수 없는 독특한, 참으로 '미얄스러운' 화법인 것이다.

배꼽티의 원조, 그 섹시한 미얄스러움

요즈음 젊은 여성들은 배꼽티를 많이 입는다. 이것은 좀 더 젊고 섹시하게 보이기 위한 젊은 여성들의 자연스러운 본성의 발로라 할 수 있다.

이 배꼽티의 전신이 조선 시대에 있었다고 하면 현대의 여성들은 과연 어떤 표정을 지을까? 그러나 배꼽티의 전신이 조선 시대에, 그것도 늙은 할미의 복장으로 존재했던 것은 엄연한 사실이다. 〈동래들놀음〉

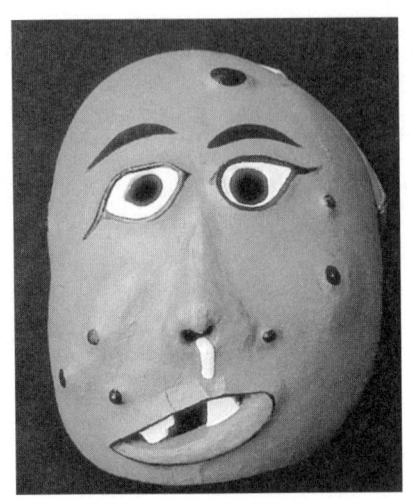
〈동래들놀음〉에서 사용되는 할미탈

할미의 배꼽저고리가 그것이다. 오늘날식 표현으로 하면 현대 젊은 여성들이 즐겨 입는 배꼽티의 원조는 미얄할미의 배꼽저고리인 셈이다.

할미의 이 배꼽저고리를 보면 현대의 배꼽티와는 비교도 되지 않을 정도로 노출이 심함을 금방 알 수 있다. 그리고 그 차림이 현대의 배꼽티에 못지않을 정도로 섹시하다는 것도 한눈에 알아볼 수 있다. 미얄할미는 가난에 찌든 꾀죄죄하고 무기력한 모습이 그 본령이지만 한편으로는 그것과는 전혀 어울리지 않게 적극적이고 섹시하기도 한 이중성을 가지고 있다. 미얄할미가 가지고 있는 이러한 이중성이 미얄할미의 독특한 캐릭터의 하나임을 부인할 수 없다.

〈동래들놀음〉의 할미탈은 꾀죄죄한 바가지탈이다. 입은 삐뚤어지고, 뻥 뚫린 콧구멍에서는 흰 콧물이 줄줄 흐르는 촌스러운 모습이다. 굽은 지팡이에 미투리를 신고 허리춤에 쪽박이나 짚신을 찬 할미의 차림새는 거지나 별반 다를 바 없다. 궁상맞기 이를 데 없는 할미. 그것이 할미의 일차적 모습이다. 그녀의 짧은 배꼽저고리도 일차적으로는 그녀의 가난과 연결시켜 해석하는 것이 마땅하다. 배꼽을 감출 만큼의 저고리감도 가지지 못한 찢어질 듯한 가난. 그것이 할미의 배꼽저고리에 담긴 일차적 의미인 것이다.

그러나 할미는 자신의 그런 기막힌 현실에 절망하여 주저앉으려 하지 않는다. 그런 찢어질 듯한 가난을 여성 특유의 오기와 자존심으로 딛고 일어서고 그것을 넘어 섹시함으로까지 승화시켜 낸다. 배꼽저고리에 담긴 가난을, 자신의 나이나 처지와는 전혀 어울리지 않는 섹시함으로 포장할 줄 아는 것이 바로 미얄할미다.

영감과의 대무(對舞)에 나타나는 할미의 음란해 보이는 춤사위에는 그녀의 배꼽저고리가 일차적으로 전달하고자 했던 가난이라는 메시지와는 전혀 다른 이미지가 묻어 있다. 거기에는 '섹시함을 과시하기 위한 과감한 노출'이라는 설명이 더 잘 어울린다. 극도의 가난과 과감한 노출의 섹시함. 이 극단적 부조화가 만들어 내는 알 수 없는 즐거움, 그리고 그것을 그저 웃고 넘길 수만은 없는 깊이를 알 수 없는 서글픔. 그것들이 어울려 돌아가는 묘한 분위기가 할미의 매력 가운데 하나이다.

할미는 자존심이 강하고 적극적이기도 하다. 이 역시 그녀의 나이나 처지와는 전혀 어울리지 않는 것이다. 그녀는 자신의 객관적 악조건들을 수긍하려 하지 않는다. 그 우직하기까지 한 도도함, 그것이 할미를 지탱시키는 또 다른 힘의 원천이기도 하다.

(샘이 난 할미가 지팡이로 땅을 친다. 이윽고 땅에 퍼질러앉아 치마 밑 주머니

에서 조그마한 면경(거울)을 꺼내 화장하는 형용을 하다가 지팡이를 흔들어 장
단을 멈추게 한다.)
할미 : (구경꾼을 향하여) 아이고, 여보소. 저 인물이 내보다 잘났나? 내
가 더 잘났지!

— 박덕업 외 구연, 〈동래들놀음〉, 105~106쪽

　이 인용문은 영감이 제대각시를 첩으로 얻었다고 미얄할미에게 통보하고는 그녀를 불러 함께 정겹게 춤을 추는 모양을 본 할미가 자존심이 상해서 관중들을 향해 내뱉은 말이다. 젊은 첩인 제대각시보다 자신이 늙고 못생겼다는 것을 결코 인정할 수 없는 것이 할미의 자존심이다. 영감을 첩에게 빼앗겼다는 데에서 느끼는 분함보다는 제대각시가 자신보다 젊고 잘생겼다는 사실이 할미는 더 분한 것이다. 거울을 보면서 열심히 화장까지 해 보지만 사정없이 망가지는 자존심. 할미가 참으로 견딜 수 없는 것은 영감이나 제대각시가 아니라 바로 여지없이 망가진 자신의 자존심인 것이다.

새로운 시대의 미얄할미를 기대하며

　〈동래들놀음〉의 미얄할미는 조선 시대 가면극에 등장했던 인물이다. 그녀는 가난하고 보잘것없는 그저 그런 평범한 할미였을 수도 있다. 그러나 그저 그렇게 생각하고 쉽게 넘길 수 없는 것은 그녀의 그 톡톡 튀는 화법과 특유의 섹시함 때문이다.
　한국은 인류 역사상 그 유래가 없을 정도의 속도로 고령화 사회로

접어들고 있다고 한다. 할아버지, 할머니가 한국 사회에서 차지하는 비중이 그만큼 높아진다는 뜻이다. 이것은 할아버지, 할머니가 건강한 삶을 영위해야 한국 사회가 더욱 건강할 수 있다는 뜻이기도 하다. 물리적으로 먹는 나이야 어쩔 수 없겠지만, 할아버지, 할머니들이 좀 더 활기차게 적극적으로 살아갈 것이 요청되는 시점에 한국 사회는 서 있는 셈이다. 그래서 〈동래들놀음〉의 미얄할미를 다시금 생각한다. 어떠한 악조건 속에서도 톡톡 튀는 화법을 구사할 수 있었던 그 '미얄스러운' 할미. 자존심 강하고 적극적이며 나이에 걸맞지 않게 섹시하기까지 했던 배꼽저고리 차림의 그 할미. 가난해도 기죽지 않고, 늙었어도 당당하며, 젊은 제대각시와 몸싸움도 마다하지 않았던 그 투지 넘치고 도도하기까지 했던 그 할미. 〈동래들놀음〉의 할미야말로 미래 한국 사회가 추구해야 할 건강한 할머니상이 아닐까?

박경신 울산대학교 국어국문학과 교수. 구비문학 가운데에서도 무가에 중점을 두고 연구하여 왔다. 특히 기본자료의 체계적 정리에 많은 관심을 가지고 있다. 《한국의 별신굿무가》1-12권, 《동해안별신굿무가》1-5권, 《대교역주 태평한화골계전》1-2권 등 30여 권의 저서와 무가의 작시원리에 대한 현장론적 연구 등 30여 편의 학술논문이 있다.

8

출산을 축제의 마당으로 끌어낸 여인

허용호

해산모

일상의 금기와 삶의 비극을 유쾌하게 넘어서 해방과 자유를 누리는 축제적 여성의 전형이다. 강압에 의한 임신으로 아이를 낳았다가 곧 그 아이를 잃게 되지만 낙천성과 대범함으로 여성에 가해진 금기나 도덕률에 얽매이지 않고 오히려 그것을 한껏 조롱하는 캐릭터이다.

해산모는 동해안 지역에서 벌어지는 별신굿의 마지막 굿거리인 〈동해안거리굿〉 '해산거리'에 등장하는 인물이다. '해산거리'가 포함된 〈동해안거리굿〉은 임재해, 최길성, 서대석, 박경신, 이균옥 등에 의해 조사된 채록본이 있으며, 지금도 여전히 동해안 일대의 마을굿에서 연행되고 있다. 〈동해안거리굿〉 연행을 하는 무집단으로 김석출패와 송동숙패가 알려져 있으며, 작고한 김석출, 송동숙, 제갈태오 등이 거리굿 해산모 역할을 잘했다고 알려져 있다. 현재 동해안 여성들의 절대적인 지지 아래 김옹택, 김장길, 김동열, 김정희 등이 거리굿 연행을 맡아 해산모 역할을 담당하고 있다.

해산모 : 아이구 할배요. 이거 인제 아깨는 우리 정상국이 우리 아들 우리 영감이지만 인제 우리 할배가 영감이다. 아이고, 어서 오시소. 아이고, 내하고 키도 쪼마이 참 좋다. 할배요, 인제 얼라 죽었다고 울면 안 좋으니까네 이거 끌안고요.
(해산모는 짚으로 만든 아기를 매장꾼에게 안겨 준다.)
해산모 : 저—산(山)에 가서 끌어 묻어뿌세—이. 묻어뿌든지 불에 태우든지 하세이.
매장꾼 : 태와뿌지 태와뿌.
(매장꾼은 아이를 받아서 들고 나가려고 한다.)
해산모 : (떠나려는 매장꾼을 붙들면서) 아이구, 영감요. 아이고, 갈 때 가더라도 알라 하나 더 만들어놓고 가소. 아이고, 아 하나 더 만들어놓고 가소.
(해산모는 매장꾼의 목을 끌어안는다. 관중들은 박수를 치면서 웃음을 터뜨린다.)
해산모 : 아이구 영감요, 속이 시원하능교?
(매장꾼 그렇다는 듯이 고개를 끄덕이다.)
해산모 : 속이 아이고, 속이 시원하단다. 그라문 속이 시원하면 속이 시원한 값 두가. 속 속 속 잠 한 번 잤는 값 두가. 왜 잠은 자놓고 가마 있노? 왜 그라머 남의 여자 그 끌안고 자긴 자노? 자는 잠값 내소. 세사 화대(花代) 값 안 물릴라 카고 세상에 남실—끌안고 자놓고 저보래. 마 돈 한 푼만 내소, 두 푼 내지 말고.
(할 수 없다는 듯 매장꾼이 주머니에서 돈을 꺼내어 해산모에게 준다.)
해산모 : 이제 됐능교? 쎅이 시원한교?
매장꾼 : 됐심더.
(관중들이 일제히 웃는다.)

— 박경신 채록, 《동해안 별신굿 무가》, 579~581쪽
* '주무', '아기 인형', '할아버지'를 각각 '해산모', '아기', '매장꾼'으로 인용자가 수정함

이 여인을 아시나요

여기 한 여인이 있다. 그녀는 동네 유지의 강압에 의해 임신을 했다. 하지만 그 사실을 숨기지 않고 공공연하게 떠들고 다닌다. 과연 동네 유지가 강제로 임신하게끔 했을까 의심스러울 정도이다. 뿐만 아니라 임신 중 지켜야 할 속신과 금기들을 그녀는 전혀 지키지도 않는다. 아니 유쾌하게 그것들을 거스르며 아기를 낳는다. 그녀에게 있어 금기는 깨뜨리기 위해 존재하는 듯하다. 그녀가 아이를 낳을 때는 동네 사람들 모두가 지켜본다. 내밀한 출산 과정이 처음부터 끝까지 공개된다. 그런데 공공연한 출산 과정을 통해 태어난 아이는 오래지 않아 죽고 만다. 슬퍼할 만한 일이지만, 그녀는 길게 슬퍼하지 않는다. 아이 죽음에 대한 일체의 책임에서도 그녀는 자유롭다. 그녀는 '죽은 아이는 다시 살아나기 어렵다.'라고만 할 뿐이다. 나아가 아이를 하나 더 만든다며 다른 남성을 불러내어 그것도 강제적으로 관계를 맺고는 돈을 요구하기까지 한다.

그야말로 일탈과 비정상의 길만 걷는 이런 여인을 일상에서 만나기란 쉬운 일이 아니다. 여기까지 읽고 혹 신문이나 주간지 한쪽의 가십난에서 우리의 혀를 끌끌 차게 만드는 어느 무책임하고 방종한 여자를 떠올렸을지도 모르겠다. 그런데 필자는 이 여인을 만났고, 언제까지인지는 모르겠지만 앞으로도 만나게 될 것 같다. 그녀는 성도 이름도 없다. 다만 '해산모'라고 불릴 뿐이다. 그녀를 만나기 위해서는 동해안별신굿판으로 가면 된다. 그녀는 아직도 〈동해안별신굿〉판에서 살아 숨쉬고 있다. 우리는 〈동해안별신굿〉의 맨 마지막 굿거리의 한 대목인 '해산거리'에서 어렵지 않게 그녀를 만날 수 있다.

여성 축제로서의 해산거리

동해안 일대 어촌에서 행해지는 별신굿의 마지막 굿거리를 대거리 또는 거리굿이라 부른다. 여성 무당이 주된 연행(演行)을 맡는 다른 굿거리와는 달리, 거리굿은 '화랭이'라 불리는 남성이 그 연행을 떠맡는다. 거리굿은 사장거리, 과거거리, 관례거리, 골매기할매거리, 골매기할배거리, 봉사거리, 해녀거리, 어부거리, 해산거리 등으로 불리는 대목으로 구성된다.

필자가 주목하는 해산거리는, 다른 민속 연행에서는 쉽게 찾아볼 수 없는 출산이라는 문제를 직접적으로 드러내고 있어 흥미롭다. 여성 고유의 경험인 출산을 적나라하게 표현하고 있는 것이다. 다른 민속 연행에서 아기가 태어나는 대목이 없는 것은 아니다. 여러 가면극에서 우리는 유사한 대목을 발견할 수 있다. 하지만 가면극에서 벌어지는 출산 장면과 해산거리에서 벌어지는 출산 장면에는 많은 차이가 있다. 가면극에서 벌어지는 출산의 경우, 대개 간접적으로 대사를 통해 처리되거나 아니면 그 과정이 축약되어 간단하게 처리된다. 하지만 해산거리는 출산을 전후한 거의 모든 과정이 적나라하게 표현된다. 출산 전의 진통에서 시작되어, 양수가 터지고 아기가 나오며, 아기의 몸에 묻은 불순물과 탯줄을 끊는 것까지 그대로 보여 준다. 평생에 한 번 볼 기회가 있을까 말까 한 출산의 과정을 장황할 정도로 보여 주는 것이다.

해산거리에서 보여 주는 것은 출산 그 자체만이 아니다. 출산 전과정에 대한 일종의 산속(産俗) 보고서라 할 정도로, 출산 전후의 행동거지를 규제하는 속신과 금기가 많이 나온다. 하지만 나열되는 많은 속신과 금기들은 해산거리 곳곳에서 해산모에 의해 유쾌하게 무시된다.

> 해산모 : ……아이고 아야 아이고 허허—야. 너무 꽴을 질르머 삼무이 삼이우지 알머 아 미리 튼다꼬.
> 잽이 : 아
> 해산모 : 한심 씨머 알 빠지나?
> 잽이 : 이[齒] 갈모 이 몬씨고.
> 해산모 : 야 이 갈모 이 몬씨고 몬씨고 씨고 그라머 어야노?
>
> —《동해안 별신굿 무가》, 548쪽

출산 전후를 규제하는 금기나 속신에 대한 유쾌한 위반은 아이의 성별을 해산모가 직접 결정하는 경지에까지 이른다. 산모가 아기의 출생과 성장을 관장하는 신격인 삼신할미의 영역까지 넘나들고 있다.

> 해산모 : ……인자 그런데 우리 어촌계장 우리 신랑(新郎) 좀 보소. 술을 처먹고 만들어가 저 아 좃을 안 만들었다. 클났다.
> (관중들 모두 웃는다.)
> 해산모 : 아 연장을 안 만들었네요. 엉겁절에 만들다 보이까네. 아 삼신지황도 내 맘대로 한다.
> (해산모는 짚단으로 만들어진 아기에다가 짚으로 만든 커다란 고추를 단다. 관중들이 웃느라고 장내(場內)는 어수선하다.)
>
> —《동해안 별신굿 무가》, 565~566쪽

〈동해안 별신굿〉에서 아기에게 입을 맞추고 있는 해산모 모습

일상생활에서 출산은 많은 금기의 망에 갇혀 있다. 출산은 무엇인가 비밀스럽고 조심스러운 행위로 인식되어, 출산을 하는 공간 역시 함부로 엿볼 수 없음은 물론 여자에게는 늘 두렵고, 남자에게는 전혀 알지 못하는 장소가 된다. 그래서 남자 따로 여자 따로 남들이 안 듣는 데서 은밀하게 이야기하고 궁금해하는 것이 바로 출산이다.

하지만 해산거리에서는 여성만의 경험인 출산에 대해 자세하고 직설적으로 다루고 있다. 적어도 해산거리에서는 출산이 신성하다거나 또는 부정한 것이라는 인식을 할 수가 없다. 그것은 자연스러운 것이고, 유쾌하기까지 하다. 뿐만 아니라 그 출산을 둘러싼 금기나 속신 역시 두려워할 만한 것이 못 된다. 해산거리에서는 더 이상 여성의 고유 경험이 억압되지도 않으며, 금기나 속신 같은 절대적인 것들이 유효하지도 않은 것이다.

그런데 출산 전후 과정의 직설적인 표출이 남성인 화랭이에 의해서 연행된다는 점이 좀 걸린다. 여성 고유의 경험이 남성 연행자에 의해 피상적으로 다루어지고 왜곡되고 비하된다고 해석될 수도 있기 때문이다. 하지만 이러한 우려는 기우이다. 비록 해산거리가 남성에 의해 연행되기는 하지만, 여성 고유의 경험을 자연스럽고도 유쾌하게 잘 드러내고 있다.

그 연행자가 남성임에도 불구하고 여성 중심적인 특성이 나타나는 이유에는 여러 가지가 있을 수 있다. 우선 지적할 수 있는 것이 연행집단인 무당패가 갖는 특성이다. 무당패는 여성의 발언권이 무시되지 않는 사회이다. 어떻게 보면 여성이 나름의 주도권을 갖는 사회라고 할 수 있다. 이러한 무당패의 성격은 해산거리에서 여성 고유의 경험을 왜곡시키지 않고 표현하게 하는 배경이 된다. 여성 고유의 경험인 출산이 일상에서처럼 어둡고 신비스러운 색채마저 감도는 금기의 망에 갇혀 있지 않고 공공연하게 표출될 수 있는 것은 바로 무당패의 여성 주도적 성격과 밀접한 관련을 맺고 있다.

해산거리를 향유하는 집단 또는 구경꾼들이 대부분 여성이라는 점도 여성 중심적 내용이 가능할 수 있는 이유가 된다. 해산거리의 구경꾼은 출산을 몸소 체험한 중년 이상의 여성들이 대부분이다. 그들은 출산의 여러 양상에 대해 익히 알고 있다. 따라서 그들은 해산모의 출산 과정에 적극적으로 참여하고 간섭하게 되는 것이다. 뿐만 아니라 애 낳느라 수고한다고 부조(扶助)를 아끼지 않으며, 자신들이 알고 있는 것과 출산과 관련된 연행 내용이 다를 경우 이의를 제기하기도 한다.

해산거리를 연행하는 무당패는 구경꾼들의 호응에 아주 민감하다.

그래서 무당패는 구경꾼들의 생각을 많이 반영하려 애쓴다. 구경꾼들 역시 연행자들의 연행을 단순히 보기만 하지 않는다. 그들은 연행에 적극적으로 참여하여 자신들의 의견을 피력하거나 간섭하면서 연행자와 함께 어우러진다. 여성 고유의 경험인 출산이라는 연행 내용을 구경꾼들이 적극적으로 향유하는 것이다. 이 향유는 구경꾼들 스스로가 직접 겪었던 자신들의 경험이기에 더욱 의미가 있다. 따라서 해산거리는 여성 경험의 공유와 향유의 장이라 할 만하다. 비록 남성 연행자들에 의해 연행되기는 하지만, 출산이라는 여성 고유의 경험에 대한 공공연한 표출, 이에 대한 구경꾼들의 적극적인 호응과 참여를 통해, 여성 고유의 경험이 향유되는 여성 축제판이 되고 있는 것이다.

여성 축제 속의 축제적 여성 해산모

해산거리의 내용은 '출산하기 전의 과정 → 아기를 밴 내력 밝히기 → 출산 후의 과정 → 아기 어르기 → 아기의 경기(驚氣) 치료 과정과 죽음 → 죽은 아기 매장하기' 등으로 전개된다. 이러한 내용 전개를 가능하게 하는 등장인물들은 연행 상황에 따라 조금씩 다르다. 대체로 해산모, 아기, 아기 아버지, 매장꾼 등이 공통적으로 등장하며, 즉흥적으로 아기 아버지의 본부인이나 시어머니가 등장하는 경우도 있다.

해산거리의 등장인물 중에서 핵심적인 역할을 하는 이는 당연히 출산의 주체인 해산모이다. 사실상 해산모가 해산거리 전체를 이끌어 간다고 할 수 있다. 앞서 살핀 출산에 대한 적나라한 언급과 행위, 그리고 출산 주변을 에워싸고 있는 각종 금기에 대한 위반 등이 거의 해산모의 말과 행동을 통해서 이루어진다. 짐작할 수 있듯이, 해산거리에 등장하는 해산모의 행위를 따라가다 보면 오래지 않아 뭔가 범상치 않은 점을 느낄 수 있다. 해산모의 모습은 그동안 다른 민속 연행 속에서 만났던 여성의 모습과는 다르다. 특히 남성과의 관계나 아기와의 관계에 있어 해산모는 매우 독특한 모습을 보인다.

먼저 남성과의 관계를 중심으로 해산모를 따라가 보기로 한다. 해산거리에 등장하는 남성들은 아기 아버지와 매장꾼이다. 이들은 보통 구경꾼 중에서 선택이 되어 등장인물화된다. 아기 아버지의 경우 연행 상황에 따라 제관, 총대, 어촌계장, 이장 등이 지목된다. 이들은 별신굿이 벌어지는 동네의 유지들이라는 공통점을 갖는다. 그런데 아기 아버지로 등장인물화된 동네 유지는 일상에서처럼 중요하고 핵심적인 인물로 형상화되지 않는다. 그는 출산의 공공연한 표출과 향유라는 여성 축제판의 이방인으로 주변에 자리하고 있을 뿐이며, 일방적으로 창피만 당할 뿐이다.

잽이 : (해산모를 향하여) 그 아 그 누구 아고?
해산모 : 야 누구 안지 모르제? 어촌계장(漁村契長) 아다. 어촌계장.
(본부석을 가리키면서) 저 정상국이 어촌계장 아다.
(해산모의 말에 관중들이 일제히 박수를 친다.)
관중 가운데 어느 할머니 : (어촌계장을 향하여 박수를 치면서) 아이구,
아 아부지 찾아라.
(해산모는 어촌계장이 무안을 당하는 것이 재미있다는 듯이 소리내어 웃는다.)
해산모 : (본부석을 가리키면서) 아 아바이 저 앉아 있네. 느끄—이 앉아

있다요. 이 동네 어촌계장 정상국이 아시더. 세사 엄마나 애비야.

잽이 : 어예 만들었노?

해산모 : 우에 만들었노 모르제? 세사 내 저―작년(昨年)에요. 저― 방어진(方魚津) 그 우에 꽃방어 카는데 그 산중(山中)에 내 갔더니 나 보고 오라 해가주고…….(중략)

해산모 : 세사 그 우리 어촌계장 산중에 델고 가디 나 머 치마 벗으라 아이 치마 벗았다. 그 눈 깜아라 아이 눈 깜았다. 그러이 마 한분 마 찡 가뿌리니 마 이 아가 돼뿌랬네.

―《동해안 별신굿 무가》, 556∼558쪽

이 대목에서 해산모는 아이가 생기게 된 연유를 밝히고 있다. 자신이 어촌계장에게 일방적으로 당해서 임신을 하게 되었다고 말은 하고 있지만, 그 경험을 말하는 해산모의 어투는 거침이 없다. 이렇게 당당하게 그 경험을 말함으로써 오히려 남성이 창피를 당하게 된다. 당사자인 어촌계장은 미처 변명할 기회조차 없이 일방적으로 당하기만 한다. 그는 이 해산거리에서는 어울리지 않는 축제의 이방인인 것이다.

또 다른 남성 등장인물인 매장꾼 역시 아기 아버지처럼 창피를 당하고 놀림감이 된다. 아기 아버지처럼 구경꾼 중에서 지목이 되어 등장인물화되는 매장꾼은, 이 글의 서두에서 인용한 대목에서처럼 해산모의 성적 유희 대상으로까지 전락하기도 한다. 서두의 인용 대목을 보면, 해산모는 남편을 어촌계장에서 매장꾼으로 금방 갈아치우고는 그를 적극적으로 유혹한다. 매장꾼은 해산모의 성적 유희 대상이 되고, 심지어 돈까지 뜯긴다.

이렇게 해산거리에 등장하는 남성들에게서는 권위라는 것을 찾아

〈동해안 별신굿〉에서 해산모가 아기의 아버지가 누구인지를 밝히고 있는 모습

볼 수 없으며 남성들이 여성인 해산모에게 일방적으로 당한다. 남성들은 그저 놀림감이나 성적 유희의 대상으로 이용될 뿐이다. 그들은 자신의 존재를 당당하게 드러내지 못한다. 그저 여성 축제판의 이방인일 뿐인 것이다.

　남성들과의 관계에서 우위를 차지하는 해산모는 아기의 죽음에 대한 처리에 있어서도 그 중심에 서 있다. 해산거리의 내용 전개는 해산모가 낳은 아기의 죽음으로 맺어진다. 따라서 해산거리는 아기의 죽음이라는 비극적 결말을 맺는 것으로 파악할 수 있다. 하지만 해산거리의 해산모는 결코 비극의 주인공이 되지 않는다.

　　주무 : 세사―웃지 마소. 남 답답은데. 아 우리 아 죽았구마는 자꾸 웃
　　어. 세사 코 아이라 그 밑에 그거 빨아도 안 된다. 아이고, 내 우리 신랑

(新郞)한테 쫓겨났심더. 야 이거 뭐고? 사자(死者)야 불가불신이다.

―《동해안 별신굿 무가》, 577쪽

인용한 대목에는 아기의 죽음에 대처하는 해산모의 모습이 나타나 있다. 아기가 죽은 이후 '해산모'는 아기의 성기를 빠는 법석을 피우다가, "사자야 불가불신이다."라는 말 한마디로 아기의 죽음에 대처한다. 이 말의 올바른 표현은 '사자(死者)는 불가불생(不可不生)'으로, 죽은 사람은 다시 살아날 수 없다는 의미다. 해산모는 아기 죽음에 길게 미련을 두지 않는다. 그녀는 곧바로 아기를 묻을 매장꾼을 찾고, 매장꾼과 새로운 아이를 만들기 위한 행위까지 한다. 적극적으로 매장꾼에게 매달리며 관계를 맺고 돈까지 받아 내는 해산모의 모습은 이미 앞에서 인용한 대목에서 확인한 바 있다. 이렇게 '아기의 죽음 → 노골적 성적 유희'로 이어지는 과정은 죽음에 대한 모독적 태도로 가득 차 있다. 아기의 죽음에 대한 슬픔의 표현은 전혀 보이지 않는다. 우리를 슬프게 하거나 두렵게 하고, 또 경건하게 하는 죽음을 대하는 일반적 태도와는 상반된다. 죽음의 신비라든가 그 공포에 대한 전면적인 부정인 것이다. 따라서 비애감은 그 어디에도 없다. 아기의 죽음과 그 이후의 과정을 지켜보는 관중들에게서도 슬픈 기색은 전혀 찾아볼 수 없다.

해산모가 아기의 죽음에 대하여 아무런 책임도 지지 않는다는 점은 주목할 만하다. 가면극의 경우, 아이 죽음의 책임은 대부분 여성에게로 돌아간다. 그래서 아이를 죽게 했다는 이유로 쫓겨나거나 심지어 죽음을 당하기까지 하는 여성들이 심심치 않게 등장한다. 아이의 죽음이라는 상황이 벌어진다는 점에서 해산거리는 여느 가면극과 유사하다. 하지만 아이의 죽음에 대한 책임을 전적으로 여성에게 돌리고 핍박을 하거나, 여성을 죽음에 이르게 하는 일은 벌어지지 않는다. 분명히 아이는 죽지만 유쾌하게 처리된다. 아이의 죽음 이후에 그 처리 과정에서 중심에 서 있는 것은 여성인 해산모이며, 해산모는 아이의 죽음에 대해 아무런 책임도 지지 않는다. 죽은 사람은 다시 살아날 수 없다는 말 한마디로 아이의 죽음에 대처한다. 나아가 아이를 묻으러 나온 매장꾼을 유혹하여 성희를 벌이고, 그에게서 돈을 받아 내기까지 한다. 해산모는 아이가 죽은 이후의 과정의 중심에 서서, 가면극의 경우에서처럼 아이 때문에 죽음을 당하는 희생자이기를 거부하는 동시에, 아이의 죽음에 유쾌하게 대처하고 있는 것이다.

〈동해안별신굿〉판 밖에서 만나는 해산모들

해산모는 문헌 속의 활자로나 만날 수 있는 죽어 있는 인물이 아니다. 여전히 그녀는 〈동해안별신굿〉판에서 살아 숨쉬고 있다. 〈동해안별신굿〉판에서의 그녀는 당당하다. 그녀는 출산 전후의 거의 모든 과정을 거침없이 드러내고 금기를 위반한다. 그녀는 사회적 규범, 윤리 의식, 도덕, 질서감 등에서 자유로운 특권을 누리고 있다. 남성과의 관계에서 역시 우위에 서 있음은 물론, 아기의 삶에 종속되지도 않는다. 적어도 해산거리에서 벌어지는 모든 사건에서 중심이 되고 있다. 사회적·도덕적·종교적인 온갖 속박과 구속에서 벗어나 해방과 자유라는 축제의 본성을 온몸에 체득한 여성이 해산모이다.

이러한 해산모를 〈동해안별신굿〉판 밖으로 불러낼 수는 없을까?

여성에게 가해진 속박과 금기에 맞서는, 한발 더 나아가 여성과 남성을 넘어서 우리에게 가해진 사회적·도덕적·종교적인 온갖 속박과 구속에서 벗어나 해방과 자유라는 축제의 본성을 온몸에 체득한 인물의 전형으로 해산모를 활용할 수 있지 않을까? 1998년 '유혈낭자(流血娘子)'라는 신조어까지 만들어 내면서 시작된 월경페스티발을 통해, 필자는 〈동해안별신굿〉판을 넘어서는 여성 축제판의 확산과 또 다른 해산모들의 모습을 발견한다. 여성의 성을 양지로 끌어내는 드라마 〈왕과 나〉의 어우동이나 집안일보다 자신의 욕망에 충실한 삶을 발견해 가는 미국 드라마 〈위기의 주부들〉의 주인공들은 현대판 축제의 여성이 될 수 있을 것이다. 단단하고 고착된 모든 것에 맞서고 금기와 속박에 도전하는 여성들, 그들은 〈동해안별신굿〉판을 넘어선 또 다른 해산모들이다.

허용호 고려대학교 민족문화연구원 연구교수. 가면극, 인형극, 굿, 풍물놀이 등 전통연행예술 전반에 대해 연구해 왔다. 그 동안 주로 인형연행에 대한 연구를 해 왔으나, 최근 가면연행에 대한 연구로 그 중심을 이동하고 있다. 저서에는 《전통연행예술과 인형오브제》, 《발탈》, 《연희, 신명과 축원의 한 마당》 등이 있다.

9

아버지도 무서워한 영웅

이종석

궤내깃또

제주도 구좌면 김녕리 지역에서 당신(堂神)으로 모시는 무속신이다. 돼지나 소 등을 통째로 잡아먹는 대식가이자 변란을 해결하는 영웅적 자질을 갖춘 인물이다. 부모로부터 버림을 받지만 강남천자국의 변란을 해결하고 귀국하여 마침내 마을신으로 좌정된다.

궤내깃또는 제주도 구좌면 김녕리 당본풀이의 주인공이다. 당본풀이는 당이라고 하는 특정 지역에서 모시는 신의 내력을 설명하고 그 신이 그곳에 좌정하게 되기까지의 과정을 소개하는 서사 무가이다. 김녕리 당본풀이의 주인공 '궤내깃또'는 기록에 따라서 '괴네깃도' 등으로 다르게 표현하기도 한다. 또 줄거리도 기록된 시점과 전승하는 무당에 따라 조금씩 차이가 있다. 마을의 무당들에 의해 대대로 전승되는 작품이기 때문에 역대 무당들이 작가라 할 수 있다.

백주님이 배인 아기가 나서 세 살 나니 걸렛배(아이 업는 멜빵)로 아이를 둘러메어 소천국을 찾아 해낭골굴 와서 들어가 보니 농막(農幕) 속에서 연기가 나서 바라보니 소천국이 있었더라. 백주님이 아기를 부려노니, 아버지 삼각 수염을 잡아당기며 아버지 가슴을 짓누르는구나.
"이 자식 밴 때에도 부모의 살림을 분산(分散)하던데 태어나서도 이런 나쁜 행동을 하니, 죽이려 하되 차마 죽일 수는 없고 동해 바다로 띄워 버려라."
무쇠석함(鐵石甲)에 세 살(三歲) 난 아들을 담아 자물쇠를 채워 가지고 동해 바다에 띄웁니다.

— 현용준, 〈궤눼깃당〉, 《제주도무속자료사전》, 639쪽

아들을 버린 아버지

세 살이 될 때까지 아들은 아버지의 얼굴을 보지 못했다. 세 살이 되어서야 어머니는 아버지에게 아들을 데려간다. 감격적인 첫 부자 상봉이어야 하지만, 왠지 두 사람의 태도가 어색하다. 아이의 눈에는 그저 낯선 아저씨와 다를 바 없는 아버지였고, 그런 시선을 보내는 아이를 멋쩍게 바라볼 수밖에 없는 것이 또한 아버지의 심정이었을 것이다.

어색함도 잠시, 아이 쪽에서 먼저 움직임을 보인다. 천진난만한 웃음을 던지며 아버지에게로 달려간 아이는 갑자기 아버지의 수염을 잡아당기기 시작한다. 뭔가 상황이 심상치 않게 전개되고 있었다. 아버지가 아이의 무례한 행동을 제지하며 가슴팍으로 아이를 끌어안는다. 그런데 이번에는 아이가 있는 힘껏 아버지의 가슴을 짓누르는 것

이 아닌가? 순간 아버지의 인상이 심하게 구겨진다. 아이를 거의 내팽개치다시피 하고서는 아이의 어머니에게 명령하듯 말한다.

"아이를 바다에 던져 버리시오!"

세상에, 아버지의 수염을 잡아당기고 가슴을 짓눌렀다고 아이를 바다에 버리라니! 쉽게 납득할 수 없는 이 이야기의 주인공, 그러니까 아버지에게 버림받은 그 아이가 바로 영웅 궤내깃또이다. 아들을 버리라고 한 비정한 아버지는 소천국이고, 어머니는 백주이다. 도대체 이들에게 어떤 일이 있었기에 짓궂은 장난 정도로 보이는 아이의 행동에 아버지는 아이를 바다에 던져 버리는 무지막지한 행위를 한 것일까?

사실 이 이야기를 대하면서 가장 먼저 떠오르는 인물은 바로 오이디푸스일 것이다. 아비를 죽이고 어미를 범한다는 신탁 때문에 태어나자마자 부모에게 버림받으나 결국에는 신탁이 그대로 실현되어 자신의 두 눈을 뽑아내고 방랑의 길을 떠나 죽게 된다는 그리스 신화의 비극적 주인공 오이디푸스 말이다. 궤내깃또는 이러한 오이디푸스와 비슷하면서도 다른 면모를 지닌 우리 신화 속의 주인공이다.

프로이트가 주목했듯이, 오이디푸스 이야기의 핵심은 아버지와 아들의 갈등이다. 이야기의 모든 문제는 아버지가 아들을 버림으로써 발생한다. 하지만 오이디푸스 이야기에서 아버지가 아들을 버린 이유는 아주 명확해서 크게 문제될 것이 없다. 아비를 죽이고 어미를 범한다는 신탁! 부모가 자식을 버린다는 것이 선뜻 이해하기 어렵지만 그래도 이 정도의 강력한 신탁이라면 혹 그럴 수도 있겠다 싶은데, 수염을 잡아당기고 가슴을 짓누른다고 아이를 버리다니?

구스타브 모로의 〈오이디푸스와 스핑크스〉

아버지와 아들, 그 상극의 관계

이야기를 처음부터 다시 살펴봐야 할 것 같다. 소천국이 궤내깃또를 버리기 전까지의 이야기는, 소천국과 백주가 어떻게 세상에 태어나서 어떻게 만나 결혼을 하게 되며, 왜 헤어지게 되었는지에 대한 것이다. 궤내깃또의 아버지 소천국, 어머니 백주는 둘 다 땅에서 솟아난 대단한 존재다. 강남천자국 백사장에서 솟아난 백주가 제주도 송당리에서 솟아나 그곳에서 살고 있던 소천국을 찾아가 부부의 인연을 맺는다. 이들은 주인공인 궤내깃또가 태어나기까지 아들을 다섯이나 두게 된다. 그러다가 백주가 여섯째인 궤내깃또를 임신했을 때 문제가 발생한다.

자식이 많아지니 농사를 지으라는 성화에 못 이겨 소천국이 농사를 짓게 되는데 한 승려가 다가와 소천국이 먹을 점심을 먹고 달아나 버린다. 하여 배가 고픈 소천국이 농사짓던 소와 근처에 보이던 소 두 마리까지 잡아먹어 버린다. 소가 없어 자신의 배로 밭을 갈고 있는데, 이 모습을 본 백주가 그 이유를 물으니 소천국이 자초지종을 이야기한다. 이야기를 들은 백주는 자기 소를 먹은 건 그렇다 치더라도 남의 소를 먹었으니 영락없는 소도둑이라며 별거를 선언한다. 그래서 궤내깃또는 부모가 별거한 상태에서 태어나게 된다.

주인공이 아버지와 거리를 둔 채 태어난다는 것은 결국 성장해서 아버지와 대결하는 관계가 될 것임을 암시한다. 자식이 부모보다 더한 영웅이 되려면 부모의 세계에서 벗어나 더 큰 세상을 찾아가거나 만드는 과정을 거쳐야 하는데, 여기서 주인공 궤내깃또가 앞으로 부모의 세계에 안주하지 않고 더 큰 세계를 지향할 것이라는 예상을 할 수 있다.

그런데 서두에서 제시한 인용문에서 보듯이 큰 사건이 발생한다. 이는 주인공이 자신이 이런 존재라는 것을 공식적으로 알리는 중요한 사건으로, 바로 아버지 소천국의 삼각 수염을 잡아당기고 가슴을 짓누르는 행위를 해서 그를 화나게 하는 것이다. 궤내깃또의 아버지 소천국도 분명히 영웅적 성격을 띤 인물인데 이러한 인물의 권위를 겨우 세 살밖에 안 된 궤내깃또가 무참히 짓밟는다.

사실 소천국에게 궤내깃또라는 아들은 원래부터 탐탁지 않은 존재

소천국과 백주의 형상을 새긴 조각

였다. 위로 아들 다섯을 낳을 때까지는 아무런 근심 없이 잘 지냈는데, 아내가 궤내깃또를 임신하면서부터 소천국을 구박하기 시작한다. 여섯째까지 생겼으니 이제는 놀지 말고 나가서 일을 좀 하라는 것이다. 그런데 일이 더욱 꼬여서 결국에는 아내와 갈라서게까지 된 것이다. 생각해 보면 이 모든 것이 궤내깃또가 생겨난 때부터 시작된 것이라 할 수 있다. 아버지와 아들의 관계는 함께 존재할 수 없는, 즉 하나가 존재하면 하나는 사라져야 하는 상극 관계였다.

이렇게 보면 소천국이 궤내깃또를 바다에 버리라고 한 것은 어찌 보면 예정된 수순이었는지 모른다. 함께 존재할 수 없는 아버지와 아들의 신화적 관계가 아들을 버리는 비정한 아버지를 만들어 냈다고 할 수 있다.

용왕의 셋째 딸과 만나다

앞서 살펴본 것처럼 소천국에게 궤내깃또는 단란했던 부부 관계를 해치고 이제 자기에게 도발까지 하는, 도저히 그냥 둘 수 없는 존재였다. 소천국은 궤내깃또를 당장 죽일 수도 있었으나 그렇게 하지는 않고 무쇠함에 넣고 자물쇠를 채워 동해 바다로 떠내려 보내라고 한다. 그런데 여기에서 소천국의 한계가 바로 드러난다. 소천국은 아들 궤내깃또를 과소평가하여 무쇠함에 자물쇠를 채워 떠내려 보내는 고난을 그가 극복하지 못할 것이라고 생각했다. 그러나 궤내깃또에게 그러한 고난은 자신의 능력과 타인의 도움을 합하면 충분히 극복하고도 남을 정도의 것이었다.

궤내깃또를 실은 무쇠함은 용왕국으로 들어가 산호가지에 걸린다. 이때 여러 가지 조화가 일어난다. 심상치 않은 일이 일어났다고 판단한 용왕이 먼저 큰딸에게 무슨 일인지 보고 오라고 하니 큰딸은 특별히 아무것도 보이지 않는다고 대답한다. 다시 둘째 딸에게 같은 일을 시키니 역시 같은 대답을 한다. 다시 셋째 딸에게 같은 일을 시키니 바로 산호 윗가지에 무쇠함이 걸려 있다고 보고한다. 앞의 두 딸이 관찰력이 부족해서 발견하지 못한 것은 아닐 것이다. 비범한 인물은 그를 알아볼 수 있는 지인지감(知人之鑑)을 지닌 인물의 눈에만 보이게 되어 있다. 궤내깃또가 실려 온 무쇠함은 아무에게나 쉽게 보이는 대상이 아니라 그와 어울릴 만한 인물이라만이 볼 수 있는 물건이었던 것이다.

어쨌든 드디어 발견된 무쇠함을 큰딸에게 내리라고 시키니 전혀 움직이지 않는다고 한다. 둘째 딸에게 시켜도 역시 똑같은 대답이다.

셋째 딸에게 시키니 가볍게 들어서 옮겨 놓는다. 여기서 끝이 아니다. 무쇠함에 들어 있는 궤내깃또를 꺼내야 하는데 함을 여는 것이 또 문제가 된다. 첫째 딸, 둘째 딸이 열지 못하는 것을 역시 셋째 딸이 열게 된다. 셋째 딸이 함을 돌아가면서 차니 저절로 열리고 드디어 도령의 모습을 한 궤내깃또가 나타난다. 너무 빨리 성장한 것이 아니냐고 할 수도 있겠으나, 궤내깃또가 함 속에서 도령으로 성장했다는 것은 고난을 겪으면서 더욱 강해진 그의 영웅적인 성격을 은유적으로 나타내준 것으로도 이해할 수 있다.

용왕이 궤내깃또에게 어떻게 이곳에 오게 됐느냐고 물으니, 강남천자국에 변이 생겨서 막으러 가던 중 풍파에 쫓겨서 이곳까지 오게 되었다고 한다. 영웅적인 능력이 입증될 수 있는 공적인 기회가 주어져야 영웅으로서 공인될 수 있을 것인데, 강남천자국의 변란이 그러한 역할로 예비된 것이다. 용왕은 한눈에 궤내깃또가 천하 명장인 줄 알아보고 사위로 삼을 마음으로 그에게 큰딸과 둘째 딸 방으로 들어가라고 한다. 그러다 아무 반응이 없자 용왕은 마지막으로 셋째 딸 방으로 들어가라고 한다. 궤내깃또는 그제야 움직여 셋째 딸 방으로 들어간다.

강남천자국의 변란을 해결하고 돌아오다

셋째 딸이 궤내깃또에게 여러 종류의 음식을 차려 주는데 궤내깃또는 별 반응이 없다. 궤내깃또는 아버지 소천국을 닮아서 일반적인 사람들과 다른, 식성이 특이했던 것이다. 이러한 식성 또한 그의 영웅적 면모를 부각시키는 것인데, 무엇을 먹느냐고 셋째 딸이 물으니 궤내 깃또는 자기가 살던 나라는 비록 작지만 자기는 먹을 때 돼지면 돼지, 소면 소, 통째로 한 마리를 다 먹는다고 한다.

그런데 궤내깃또의 이러한 식성이 문제를 일으킨다. 날마다 돼지를 잡고 소를 잡으니 용왕국의 창고가 순식간에 비어 가고, 용왕국에서도 더 이상 함께 지낼 수 없게 된 것이다. 용왕은 할 수 없이 궤내깃또 부부를 내보내야겠다고 생각하고 무쇠철갑에 궤내깃또 부부를 넣어 다시 떠내려 보낸다. 그리고 드디어 궤내깃또 부부는 궤내깃또가 원래 가고자 했던 강남천자국에 도착하게 된다.

궤내깃또 부부가 도착한 이후로 강남천자국에 밤낮으로 조화가 일어나 황제가 사람을 시켜서 알아보니 해변에 어떤 무쇠철갑이 떠밀려 왔다고 전한다. 점치는 사람에게 물어보니 황제가 예를 갖추어야만 무쇠철갑이 열린다고 한다. 궤내깃또가 천하의 천자보다 한 수 위인 셈이다. 그렇게 황제가 예를 갖춰 무쇠갑을 열어서 궤내깃또 부부를 만나게 되고, 어떻게 오게 됐냐고 묻자 궤내깃또는 자신이 이곳의 변란을 해결하러 왔다고 답한다. 또 한 번의 고난(두 번째 무쇠갑 여행)으로 축적된 힘을 발휘할 기회가 왔던 것이다.

황제는 좋은 갑옷과 무기, 병사를 주면서 가서 싸우라고 한다. 궤내깃또는 처음 전장에 나아가서는 머리 둘 달린 장수를 죽이고, 다음 전장에 나아가서는 머리 셋 달린 장수를 죽이고, 마지막 전장에 나아가서는 머리 넷 달린 장수를 죽이니 더 이상 적이 강남천자국을 넘보지 못하게 된다. 이로써 강남천자국의 변란이 완전히 해결된 것이다.

그리고 그 다음에, 궤내깃또의 특성이 잘 드러나는 장면이 나온다. 황제는 일부 지역을 떼어 줄 테니 그곳의 세금을 받으며 살라고 하는

데 궤내깃또는 거절한다. 황제가 다시 더 넓은 지역을 떼어 줄 테니 그곳에서 살라고 하는데 또 거절한다. 그러면 소원이 무엇이냐고 황제가 물으니 귀국하는 것이라고 한다. 즉 태어나서 자란 곳, 부모가 살고 있는 곳, 더 정확히 말하면 아버지가 있는 곳으로 돌아가겠다는 것이다.

사실 궤내깃또의 귀환은 이미 출발할 때부터 예정되어 있었다고 할 수 있다. 용왕국으로, 다시 강남천자국으로의 긴 여정은 단지 그가 영웅적인 능력을 갖추게 되고 그러한 능력을 발휘하는 과정에 불과한 것이었다고 할 수 있다. 궤내깃또는 강남천자국의 변란을 해결하고 넓은 지역을 다스리며 호의호식하는 데에는 애초부터 관심이 없었다. 그러니까 아버지에게 버림받은 영웅 궤내깃또는 긴 고난의 여정을 통해 영웅으로 다시 태어나 고향으로 돌아와서는 그를 버린 아버지와 다시 대결하지 않을 수 없었던 것이다.

이제 궤내깃또는 뛰어난 영웅이 되어 아버지 앞에 서게 된다. 궤내깃또에게는 귀향이겠지만 그의 부모 입장에서는 쳐들어오는 것일 수 있다. 궤내깃또가 군사를 이끌고 대포를 쏘면서 들어온다는 소식을 듣고 아버지 소천국과 어머니 백주는 무서워서 도망치다가 죽음을 맞게 된다. 소천국과 궤내깃또, 이 부자는 둘이 함께 존재할 수 없는, 하나가 존재하면 하나는 사라져야 하는 그런 사이임이 여기서 다시 한 번 확인된다.

뛰어난 영웅이 되어 돌아온 아들 앞에 그 옛날의 아버지는 대항할 힘을 갖지 못한다. 궤내깃또가 버려질 때와는 사뭇 다르게 힘의 균형이 이미 반대쪽으로 한참 기울어져 있기 때문이다. 아버지를 물리친 궤내깃또는 영웅으로 완성되면서 아버지를 대신하는 새로운 신으로서의 면모도 함께 갖추게 된다. 그리하여 이제 데리고 온 군사들에게 고국으로 돌아가라고 하고 김녕리(金寧里) 당에 좌정하고서 마을 주민들의 제사를 받는 신이 되는 것으로 이야기는 마무리된다.

아버지, 아들의 이름으로

'아버지와 아들'이라는 제목의 기업 이미지 광고가 눈길을 끈 적이 있다. 내용은 대강 이렇다. 식탁에서 아침을 먹고 있는 아버지가 못마땅한 표정으로 힐끔힐끔 맞은편에 있는 아들을 쳐다본다. 한참을 그렇게 하다가 드디어 참지 못하고 한마디 던지는데, "머리 꼬락서니 하고는······." "······." 식사를 마치고 아버지가 출근 준비를 하는데 휴대 전화를 찾지 못하자 아들이 아버지 번호로 전화를 걸어 준다. 한쪽에서 울리는 휴대 전화 화면에 찍힌 발신자 이름을 보고는 아들이 멈칫한다. '나의 희망!' 휴대 전화를 받아 든 아버지가 출근을 하면서 지나가는 말처럼 아들에게 한마디 던진다. "눈 온다. 차 조심해라!"

오이디푸스 콤플렉스라는 말을 인용하지 하더라도 아버지와 아들은 서로를 못마땅해하는 관계이면서, 항상 경쟁하는 관계이고, 그렇지만 내면에는 서로에 대한 깊은 사랑이 흐르는 관계, 흔히 쓰는 말처럼 애증의 관계라고 할 수 있다. 때로는 아들을 못마땅하게 생각하지만 마음속 깊은 사랑을 보여 주는 '아버지' 캐릭터에 초점을 맞추기도 하고, 때로는 아버지를 원망하여 그의 곁을 떠나서 끊임없이 방황하다가 끝내는 성공을 거두어 아버지에게로 다시 돌아오는 '아들' 캐릭터에 초점을 맞추기도 하면서, 광고, 영화, 드라마 등 많은 작품들이 탄생했다.

이처럼 우리가 의식하고 있지 않은 사이에 아버지와 아들이라는 이름으로 참 많은 캐릭터들이 창조되고 사랑받아 왔다. 물론 앞으로도 끊임없이 새롭게 이러한 캐릭터들이 재창조될 것이다. 바로 그 원형적 뿌리 가까운 곳에 '궤내깃또'라는 캐릭터가 자리하고 있다고 보면 '궤내깃또'라는 캐릭터의 의의를 어느 정도 짐작할 수 있을 것 같다.

이종석 서울대학교 국어국문학과 박사과정 수료. 고전시가 중 특히 종교가사에 관심을 갖고 연구를 진행 중이다. 아울러 고전을 통한 현대적 재창조 등에도 관심을 갖고 있다. 논문으로 〈월인천강지곡과 그 선행불교서사시 연구〉가 있다.

10
—

사람이 아니지만, 가장 사람다운 호랑이

류준경

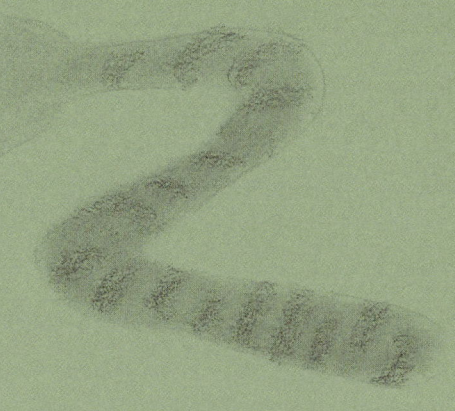

호랑이 처녀

사람으로 변신한 여자 호랑이. 사람과의 사랑을 통해, 변신이 아니라 진정 사람이 되고 싶어하였다. 끝내 사람이 될 수는 없었지만, 자기 희생을 통해 사람이 아니면서도 진정한 '사람다움'이 무엇인가를 온몸으로 보여 주었다.

〈호랑이 처녀〉는 본래 《수이전(殊異傳)》에 실려 있던 작품인데, 일연이 《삼국유사(三國遺事)》를 편찬하면서 '김현감호(金現感虎)'라는 제목으로 전재해 놓아 전해지게 되었다. 《대동운부군옥(大東韻府群玉)》에는 '호원(虎願)'이라는 제목으로 축약되어 실려 있다. 작자가 누구인지는 알 수 없지만, 나말 여초 무렵의 문인으로 추정된다. 단순한 설화를 넘어서 뛰어난 문식(文飾), 목적 의식적인 창작, 반성적인 사유 등이 담겨 있어 형성기 소설로 보기도 한다.

낭군께서는 이런 말씀 마세요! 지금 저의 죽음은 천명(天命)입니다. 또한 저의 바람이요. 낭군의 경사(慶事)요, 우리 가족의 복(福)이며, 온 나라 사람의 기쁨입니다. 한 번 죽어서 다섯 가지 이로움이 갖추어지니, 어찌 거역할 수 있겠습니까? 다만 저를 위하여 절을 짓고, 불경을 강(講)하여 좋은 과보(果報)를 얻게 해 주신다면 낭군의 은혜가 이보다 더 클 수는 없을 것입니다.

― 〈김현감호(金現感虎)〉,《삼국유사(三國遺事)》감통편

빨리 사람이 되고 싶다

초등학교 때 일이다. 항상 납량 특집으로 방영되던 TV 드라마 〈전설의 고향〉 '구미호' 편을 손꼽아 기다렸다. 무서워서 담요를 뒤집어쓰고 보다가 정작 중요한 장면을 놓치기 일쑤였지만. 그때 구미호는 정말 사람이 되고 싶어했다. 사람이 되고 싶어하였기에, 준수한 청년을 사랑하였고, 그를 죽이지 못했다. 하지만 마지막 하루를 참지 못하고 비밀을 발설한 바로 그 청년 때문에, 구미호는 끝내 사람이 될 수 없었다.

사람이 되고 싶어하는 이물(異物)은 이 밖에도 많았다. TV 애니메이션 〈요괴사람〉에서 "빨리 사람이 되고 싶다."라고 외치던 벰, 베라, 베로가 있었으며, 영화 〈천녀유혼(天女幽魂)〉에서 사람 녕채신(장국영 분)과 사랑에 빠진 요괴 섭소천(왕조현 분)이 있었다. 이들은 사람이 되기를 갈망하고 누구보다 선행(善行)을 하며 누구보다 진실한 사랑을 하지만, 결코 사람이 되지 못하였다.

영화 〈천녀유혼〉에서 처녀귀신 섭소천의 모습

대체 사람이 무엇이기에 이들은 사람이 되기를 그토록 갈망하였던 것일까?

이러한 질문에 답할 인물이 여기에 있다. 바로 《삼국유사》의 〈김현감호〉에 나오는 '호랑이 처녀〔虎女〕'이다. 우리는 이 호랑이 처녀를 통해 대체 사람이 무엇인지, 사람의 조건이 무엇인지에 대해 생각해 보게 된다.

고독한 청년과 호랑이 처녀의 비극적인 사랑 이야기

《삼국유사》 감통편(感通篇)에 등장하는 호랑이 처녀는 이 책에 나오는 어떤 여인보다도 인상적이다. 처녀가 알고 보니 호랑이였다는 기이함 때문만이 아니라, 호랑이 처녀가 보이는 숭고한 희생이 무엇보다 우리의 마음을 울리기 때문이다. 이제 〈김현감호〉의 호랑이 처녀가 주는 감동을 되짚어 보자.

　신라 원성왕(元聖王) 때 청년 김현(金現)은 밤이 깊도록 혼자서 탑을 돌고 있었다. 이때 한 여인이 염불을 하며 따라 돌고, 둘은 이내 눈이 맞어 깊은 사랑을 나눈다. 하지만 이 사랑이 지속되지는 않는다. 여인은 하룻밤의 사랑으로 남겨 두려는지 그냥 떠나려 하고, 김현은 거부하는 여인을 쫓아 그녀의 집까지 따라간다. 마침 집에는 할미가 있었는데 이들의 하룻밤 사랑을 보고는 "비록 좋은 일이긴 하지만, 없느니만 못하다."라며, 여인의 오라비들을 걱정하며 급히 김현을 숨긴다.

　때마침 오라비가 나타났는데, 다름 아닌 호랑이였다. 이 호랑이는 김현의 냄새를 맡고, 이제 그를 찾아 잡아먹으려 한다. 이 위기의 순간에 하늘에서 악행(惡行)을 저지른 오라비 호랑이들을 징벌하겠다는 '천명(天命)'이 울려 퍼진다. 그런데 이 순간, 호랑이 처녀는 하늘의 징벌을 자신이 감당하겠다고 나선다. 오라비의 악행에 대한 죗의 대가를 자신의 목숨으로 대신하겠다는 것이다. 그러면서 하룻밤 사랑을 나눈 김현의 손에 죽고자 한다. 다음 날 자신이 호랑이의 모습을 하고 시내로 가 난동을 부리면, 틀림없이 호랑이를 잡는 사람에게 왕이 큰 상을 내릴 터이니, 그때 김현의 손에 죽겠다는 것이다. 한편으로는 사랑하는 사람의 손에 생을 마감하고 싶었으며, 다른 한편으로는 자신이 죽음으로써 김현에게 부귀를 안기고 싶었던 것이다.

　하지만 이제야 진정한 사랑을 찾은 김현이 이를 받아들일 리 없었다. 그녀가 호랑이라는 사실을 알게 되었지만, 오라비와 자신을 위한 숭고한 희생 앞에서 김현은 그녀의 진정한 사랑을 확인하고 그 또한 그녀를 사랑하게 된 것이다. "사람과 사람이 사귀는 것이 떳떳한 도리이고, 사람이 아닌 다른 무리와 사귀는 것은 정상적인 것이 아니지요."라며 호랑이와의 관계가 정상적인 것이 아니라는 사실을 분명히 인식하면서도, 놀라기보다는 오히려 "이미 조용히 서로 따르게 되었으니, 진실로 천행(天幸)이 많은 것입니다."라며 자신과 호랑이의 사랑이 하늘의 도움으로 인한 운명적인 것임을 항변한다.

하지만 이미 굳어진 호랑이 처녀의 결심을 되돌릴 수 없었고, 다음 날 과연 그녀의 말대로 저잣거리에 호랑이가 나타나 횡포를 부린다. 이제 김현은 그녀와의 마지막 만남을 위해 호랑이가 있던 숲으로 들어가고, 거기서 호녀는 지난 하룻밤의 사랑을 잊지 말길 당부하며, 아울러 자신으로 인해 다친 사람들을 낫게 할 수 있는 비방을 알려 준 뒤, 스스로 목숨을 끊는다. 그녀의 죽음에 대한 대가로 벼슬길에 오른 김현은 그녀의 바람대로 절[호원사(虎願寺)]을 지어 그녀의 명복을 빈다.

사랑하는 사람을 위해 목숨까지 바친 호녀(虎女), 그녀의 모습에서 우리는 숭고한 희생을 읽는다. 인간과 호랑이의 만남이기에 이루어질 수 없는 사랑이며, 단 하룻밤의 짧디짧은 사랑이지만, 이 사랑을 위해 목숨마저 흔쾌히 내던진 호녀에게서, 우리는 다시 한 번 진정한 사랑과 숭고한 희생을 발견하게 된다. 그러하기에 천 년 전의 이야기를 읽는 오늘날의 우리도 그녀의 모습에서 진한 감동을 받는 것이리라.

호랑이의 진정한 사랑, 그래서 진정한 사람

호랑이 처녀. 그 이름부터 참으로 난감하다. 호랑이로서 처녀의 모습을 한 존재인 그는 호랑이인가, 사람인가. 호랑이인 오빠를 위해 희생하면서, 동시에 사람인 김현을 위해 희생하는 존재. 그는 누구를 위해 죽었는가. 정녕 사람인가, 호랑이인가.

이 호랑이 처녀를 좀 더 잘 이해하기 위해 먼저 일연이 이 호랑이 처녀를 어떻게 이해했는지 살펴보자.《삼국유사》의 〈김현감호〉는 본래《수이전(殊異傳)》에 실려 있던 이야기인데, 일연은《삼국유사》를 지으면서 이 이야기를 그대로 옮겨 놓았다. 그런데 〈김현감호〉만으로 이 호랑이 처녀의 진면목이 제대로 이해되기 어렵다고 생각했는지, 또 다른 호랑이 처녀 이야기인 당나라 전기(傳奇) 〈신도징(申屠澄)〉을 부기(附記)해 놓고 있다. 이 〈신도징〉의 줄거리는 대략 이러하다.

중국 당나라 때 벼슬하여 부임지로 가던 신도징은 심한 눈보라 때문에 외딴 초가집에서 유숙하게 된다. 이 집에서 신도징은 아리따운 아가씨를 만나는데, 이내 호감을 갖게 되어 부모의 허락을 얻어 아내로 맞이하고는 함께 부임지로 떠난다. 부임지에서 신도징의 박봉(薄俸)에도 불구하고 아내는 열심히 노력하여 집안을 건사하고, 일남 일녀의 아이도 낳는다. 부임지에서의 근무를 마친 신도징은 가족을 이끌고 집으로 돌아가는 길에 아내의 집을 다시 찾게 되었는데, 아무도 없이 먼지만 쌓인 빈집이었으나, 벽에 호랑이 가죽 하나가 걸려 있었다. 아내가 이를 보고 기뻐하며 가죽을 걸치자 호랑이로 변하고는 으르렁거리다 산속으로 사라져 버렸다.

이러한 신도징 이야기를 부기하고 일연은 김현의 호랑이와 신도징의 호랑이를 비교하여 둘 다 호랑이가 사람으로 변하여 결혼한 것은 동일하지만, 김현의 호랑이는 짐승임에도 어진 행동을 하였고, 신도징의 호랑이는 오히려 배반하고 떠나 버린 차이가 있다고 하였다. 그러고는 "짐승도 이처럼 어진 행동을 하는데, 사람으로서 짐승만 못한 자가 있는 건 왜인가?"라고 반문한다. 곧 일연은 어여쁜 처녀의 모습을 한 두 호랑이의 차이에 주목하고는, 나아가 호랑이만도 못한 사람에 대해 비판한 것이다. 그렇다면 누가 진정한 사람이란 말인가?

〈김현감호〉의 호랑이나 〈신도징〉의 호랑이 모두 사람이 되고 싶어 한 존재였다. 호랑이 처녀가 김현에게 좋은 과보(果報)를 얻기 위해 절을 지어 달라고 한 것은 내세에서라도 꼭 사람이 되고 싶은 간절한 바람에서였다. 하지만 호랑이가 사람이 되는 것은 불가능한 법. 그러하기에 〈신도징〉의 호랑이는 아들딸 낳고 누구보다 '사람답게' 살고 싶었지만, 그의 몸에 내재해 있는 '본능'은 마음과 달리 산림(山林)을 그리워할 수밖에 없었고, 호랑이 가죽을 보는 순간 그 '본능'을 향해 몸을 던진 것이다.

〈김현감호〉의 호랑이 역시 마찬가지였으리라. 그러한 넘을 수 없는 벽을 알았기에, 단 하룻밤의 사랑만 허락하고는 김현에게 거부의 뜻을 밝힌 것이고, 죽음으로밖에는 사람과의 사랑을 이룰 수 없었기 때문에 죽음을 선택한 것이리라.

하지만 진정한 사랑을 위해, 진정 사람이 되기 위해 고귀한 희생을 선택한 호녀에게서 우리는 오히려 더욱 진한 '사람다움'을 느낄 수 있다. 사람이 사람일 수 있는 행동을 호랑이가 실천한 것이다. 물론 일연은 이를 어진 행위라 하여 '도덕'으로만 이해하는 한계, 나아가 호녀를 관음보살의 화신으로 이해하는 한계를 보이긴 하지만, 오히려 호녀 속에 '진정한 사람'이 있음을 확인하였던 것이다.

남성 중심, 나아가 인간 중심을 넘어

〈김현감호〉의 호랑이는 고귀한 희생을 통해 호랑이임에도 오히려 더욱더 사람다운 면모를 보여 주었다. 그 고귀한 희생이 더욱 사람다운 것이 사실이지만, 문면(文面)에서 직접 언급되는 희생의 목적은 다른 면모도 보인다. 전체적인 서사에서는 진정한 사랑을 위한 희생임이 분명한 듯하지만, 실제 언급되는 것은 죄 지은 남자 오라비를 위한 희생이며, 사랑하는 남자의 영달을 위한 희생이다. 왜 하필 남성을 위한 여성의 희생인가. 여기서 한편 남성 중심주의의 일면을 확인할 수도 있다. '여자' 호랑이가 감행하는 희생은 집안의 남자와 자신이 사랑하는 남자를 위한 것이기 때문이다.

그런데 이러한 이야기의 형성의 근원에는 또 다른 맥락이 존재한다. 〈김현감호〉의 호랑이, 구미호, 요괴, 이들은 모두 사람이 되고 싶어하는 존재였다. 또한 이들은 한편으로 사람이 되고 싶었기에, 사람이 무엇인가를 다시금 질문케 한 존재이기도 하다. 이들은 다른 한편 사람이 만든 이야기 속의 존재다.

그런데 이 이야기 너머를 생각해 보자. 사람이 되고 싶어 사람으로 변신한 호랑이가 있었을까. 사람이 되고 싶은 꼬리 아홉 달린 구미호가 있기나 했을까. 요괴라는 존재는 사람에 대한 부러움을 지니고 있었을까. 이러한 이해 불가능한 존재를 만든 것은 바로 사람 자신이다. 현실에 대한 합리적 이해가 부족하여 초현실적인 존재, 초현실적이기에 두렵기도 한 이들— '구미호'나 '사람으로 변신하는 호랑이', '요괴' 등을 만든 것이다. 그런데 사람에 의해 두렵고 무서운 존재로 만들어진 이들이 진정 원하는 것은 오히려 바로 사람이었다. 우리가 가장 두려워하는 존재가 사실 가장 우리가 되고 싶어하는 존재라는 역설적 상황이 마련된 것이다. 이러한 역설적 상황을 가장 잘 보여 주는 존재가 바로 '구미호'일 것이다. 사람에게 가장 두려운 존재이자, 동시에 사람이고 싶은 욕망의 화신. 그리고 〈김현감호〉의 호랑이 처녀는 거기서 한발 더 나아가 그 역설적 상황에서 인간의 본질에 대해 다시금 질문케 하는 존재인 것이다.

그런데 호랑이의 입장에서 본다면 오히려 〈신도징〉의 호랑이가 더욱 호랑이다운 것이 아닐까. 아무리 다른 존재로 바뀌려고 해도, 결코 그 본질은 변할 수 없는 법이기에. 물론 〈신도징〉은 〈김현감호〉에 비해 삶에 대한 성찰이 부족한 듯도 하지만, 사람이 되고 싶어도 결코 사람이 될 수 없는 호랑이의 본성을 보인다는 점에서 오히려 좀 더 호랑이를 잘 이해한 것일 수도 있기 때문이다.

호랑이를 호랑이로 이해하는 것, 그것은 〈김현감호〉보다 수백 년이 지난 후에야 이루어지게 된다. 바로 〈호질(虎叱)〉 속의 호랑이를 통해서이다. 이 호랑이는 이제 사람을 준엄히 꾸짖는다. 그리고 당당히 말한다. 호랑이는 호랑이로서의 삶을 누리고 싶다고. 제발 호랑이의 삶을 사람의 방식으로 재단하지 말라고.

이러한 언급은 무엇을 의미하는가. 호랑이를 통해 사람다움에 대한 좀 더 깊은 성찰이 가능하게 되었지만, 다른 한편으로 그러한 인물(캐릭터) 자체가 현실을 인간 중심적으로 왜곡하는 경향을 보일 수도 있다는 사실이리라. 새로운 캐릭터를 발굴하는 것 그 자체가 삶에 대한 성찰이지만, 다른 한편으로 또 다른 왜곡일 수 있음을 사람으로 변신한 호랑이가 보여 주는 것이다.

류준경 성신여자대학교 한문교육과 교수. 한국고전소설 및 고전산문을 주로 공부하고 있으며, 방각본 출판 등의 서적 문화에도 관심을 갖고 있다. 저서로는 《한국고전소설의 세계》(공저), 논문에는 〈한문본 춘향전의 작품세계와 문학사적 위상〉, 〈박효랑 사건의 서사화 양상과 그 의미〉, 〈달판 방각본 연구〉, 〈독서층의 새로운 지평, 방각본과 신활자본〉, 〈미발표 한문소설 종생전에 대하여〉 등이 있다.

11

빛나는 초월 속에 깃든 민중의 소망

김헌선

욱면비

귀족 집안의 천한 몸종으로서 고난과 억압을 뚫고 지극한 정성으로 빛나는 초월을 이루어 부처가 된 여인이다.

욱면비 이야기는 일연이 엮은 《삼국유사(三國遺事)》 감통(感通) 편의 〈욱면비염불서승(郁面婢念佛西昇)〉에 그 내용이 실려 있다. 이 기사는 욱면비에 얽힌 두 가지의 전승을 함께 싣고 있다. 하나는 향전(鄕傳), 곧 민간 전승의 이야기이고 또 하나는 불승들 사이에서 전해지는 승전(僧傳)의 이야기이다. 이 가운데 욱면비의 본래적 정체성을 잘 보여 주는 것은 향전의 이야기라 할 수 있다. 향전 속의 욱면비는 민중의 소망을 응축한 존재로서의 면모를 지니고 있는 바, 그 이야기 전승에 참여한 일반 민중 전체가 곧 이 이야기의 일차적 작가라 할 수 있다. 그리고 그 내용을 소중히 정리하여 전한 일연이 이차적 작가가 된다고 할 수 있다.

그때 귀진(貴珍) 아간의 집에 한 계집종이 있었는데 욱면(郁面)이라 이름했다. 그녀는 주인을 모시고 절에 가 마당에 서서 중을 따라 염불했다. 주인은 그녀가 직분에 어긋남을 미워하여 늘 곡식 두 섬을 주어 하루저녁에 그것을 다 찧게 했는데, 계집종은 초저녁에 다 찧어 놓고 절에 가서 염불하기를 밤낮으로 게을리 하지 않았다. 그녀는 뜰의 좌우에 긴 말뚝을 세워 놓고 두 손바닥을 뚫어 노끈으로 꿰어 말뚝 위에 매고는 합장하며 좌우로 흔들어 스스로 격려했다. 그때 하늘에서 외쳤다.
"욱면 낭자는 법당에 들어가 염불하라."
절의 중들은 이 소리를 듣고 욱면비(郁面婢)에게 권해 법당에 들어가 예에 따라 정진하게 했다. 오래지 않아 하늘의 음악이 서쪽으로부터 들려오더니 여종은 몸을 솟구쳐 집 들보를 뚫고 나가는 것이었다. 서쪽 교외로 가더니 해골을 버리고 부처의 몸으로 변해 연화대(蓮花臺)에 앉은 채 큰 광명을 내쏘면서 천천히 가버렸는데, 음악 소리는 하늘에서 그치지 않았다. 그 법당에는 지금도 구멍이 뚫어진 곳이 있다고 한다.

— 이재호 옮김, 〈욱면비염불서승(郁面婢念佛西昇)〉,《삼국유사》2, 333~334쪽

몸종에서 부처로, 그 반역적 초월

욱면비(郁面婢)는 몸종이다. 고대 신분제 사회에서 몸종은 자신의 소망을 이루지 못하고 주어진 삶 속에서 하루하루를 견디는 인물에 불과했다. 주인을 위해 몸을 아끼지 않고 일하면서 살다가 죽는 것이 노비로 태어난 이들이 숙명으로 짊어진 직분이며, 감히 이 직분을 벗어나는 행위는 할 수 없다. 그런데 욱면비는 염불을 하는 행위를 일삼음으로써 자신의 직분 이외의 꿈을 나타냈다.

욱면비의 주인인 아간(阿干) 귀진(貴珍)은 남자 선사(善士)로서, 극

락으로 가고자 하는 희망을 가지고 있었다. 미타사(彌陀寺)라는 절에 가서 정성껏 극락세계를 구하여 1만 일을 기약하는 염불을 하며 계를 조직하는 데 참여했다. 그는 자신의 신분이 높은데도 더 높은 곳을 구하며 살아생전에 부귀를 누리기보다 죽어서 더 좋은 곳에 가겠다는 희망을 가진 인물이다.

욱면비는 귀진과 대립되는 신분에 속한 인물로서, 그와는 다른 곳을 보며 살아가는 것이 마땅하다. 하지만 욱면비는 주인을 모시고 절에 갔다가 일하면서 사는 것보다 더욱 중요한 것이 있다는 사실을 깨닫게 된다. 그것은 다름 아니라 염불을 하는 일이었다. 귀진이 이르고자 하는 극락세계에 과연 자신도 갈 수 있을까 의심했으나, 욱면은 새로운 희망을 가지게 된다. 염불을 하면서 죽음을 넘어선 새로운 삶이 있다는 사실을 자각하게 된 것이다. 그는 염불이 자기 꿈을 이루는 데 도움을 주리라 믿으며 마음으로 그것을 이루리라고 결심한다.

귀족에 속하는 인물만 꿈을 이룰 수 있는 것이 아니라 지체가 낮은 인물도 간절한 염불을 하면 새로운 일을 이룰 수 있다고 하는 자각은 욱면비 한 개인만의 생각이라 할 수 없다. 그것은 민중들의 각성된 의식을 단적으로 보여 준다.

귀진은 지체 낮은 인물이 염불하는 모습을 옳게 여기지 않았다. 자신의 귀한 꿈을 여성이, 더구나 몸종이 이룰 수는 없는 것이라 생각했다. 몸종은 마땅히 일을 하는 인물이어야 하며 그를 벗어나 다른 짓을 하는 것은 일이 어렵지 않아서 엉뚱한 데 정신이 팔린 것이라 여겼다. 그래서 귀진은 가혹하게 일을 시켜서 욱면비의 꿈을 짓밟고자 했다. 욱면비에게 날마다 곡식 두 섬씩을 주고 하루저녁 내내 찧도록 했다. 그런데도 욱면비는 열심히 일을 하여 초저녁에는 마치는 신기한 열정을 발휘했다. 죽을힘을 다해서 일을 한 다음 절에 찾아와서 염불을 올리는 일을 그치지 않았다. 자신의 꿈을 이루고자 하는 집념에 따른 행동이었다.

욱면은 자신이 가진 모든 힘을 염불에 쏟기 위해 놀라운 선택을 한다. 합장하는 자세가 흐트러지지 않도록 뜰의 좌우에 긴 말뚝을 세우고는 두 손바닥을 뚫어 새끼줄에 꿰고서 손을 좌우로 흔들며 염불을 계속했다. 큰 꿈을 이루기 위해서라면 어떤 육체적 고통도 문제가 되지 않았다.

천대 받는 몸종의 몸으로 고귀한 초월을 이루기 위해 이처럼 지극 정성을 드린 것은 보기 힘든 일이다. 그것은 당시 천대 받고 고통 받던 민중이 그로부터 벗어나고자 하는 욕구가 얼마나 컸는지를 잘 보여 준다. 그리고 꿈을 이루이 내고자 하는 힌 개인의 의지가 얼마나 놀라운 힘을 내는가를 잘 말해 준다. 현실의 질곡은 자신을 옭아맬 수 없다고 하는 자각이 어떤 욕망이나 고통을 넘어서 불가능해 보이는 행동으로 이어지고 있다. 이러한 절박하고도 강력한 민중적 구도(求道)의 몸짓은 귀족이나 지식인의 그것에 비할 바 아니다.

그러한 지극한 정성은 마침내 하늘을 감동시켜 기적을 이루어 낸다. 하늘이 감응하여 욱면으로 하여금 법당에 들어가 염불을 하라는 외침을 내려 준 것이다. 감히 누구도 거역할 수 없는 명령이었다. 마침내 욱면은 천대받는 존재의 짐을 벗고 고귀한 법당으로 들어갈 수 있었다. 주변의 억압과 방해를 뚫고서 삶의 새로운 차원을 여는 순간이었다.

욱면이 법당에서 정진을 계속하자 다시 한 번 기적이 일어난다. 서쪽에서 음악 소리가 나며 그의 몸이 지붕을 뚫고 솟구쳐 오른 것이다.

서쪽 교외로 가더니 부처의 참모습을 드러낸다. 그러고는 연화대에 앉아 큰 빛을 내면서 서쪽으로 향한다. 그 가는 길에 음악 소리가 끊이지 않았다고 하니 그야말로 찬란한 초월의 순간이었다. 세상의 천대를 받던 몸종에서 세상에서 제일 고귀한 존재인 부처로 탈바꿈한 것이니 극에서 극으로의 놀라운 비약이다. 욱면은 우리 고전문학에 있어 가장 극적인 비약을 이룬 인물 가운데 하나라고 할 수 있다. 가난한 봉사의 딸 심청이 황후로 비약한 것보다 더욱 심대한 비약이다. 그것은 현생의 고통을 넘어서 내생으로까지 이어지는, 더할 바 없이 고귀한 승화이자 비약이다.

　욱면비가 이룬 기적에는 민중의 희망이 실려 있다. 종이었던 욱면이 참다운 빛을 발휘하면서 더 나은 세계로 나아가는 비약과 진전을 이루었으니 다른 민중 또한 그러한 진전을 이룰 수 있을 것이라는 희망을 얻게 되었다. 비천한 처지에서 고통을 받고 있는 사람들도 지극히 높은 곳에 이를 수 있다는 사실을 확인하게 되었다. 이러한 깨달음은 세상에서 높은 지위에 있는 사람들의 고정관념을 깬다. 오직 자신들만이 선택을 받아 높은 곳에 이를 수 있다고 하는 그들의 독존적 생각을 무너뜨린다. 현재도 특권을 누리고 있으면서 더 좋은 상태로 나아가고자 하는 것이 그들의 희망인데, 그보다는 비천한 상황을 고귀한 상황으로 뒤바꾸고자 하는 민중의 희망이 더욱 값진 것이라 할 수 있다. 그러한 반역적 희망이야말로 세상을 바꿀 가능성을 지닌다. 낮은 것이 높으며 비천한 것이 숭고하다는 것, 욱면비의 사례는 그것을 단면적으로 확인시켜 주며 역사 속에서 고통 받는 이들이 현실의 질곡을 깨고 높은 곳으로 나아갈 수 있다고 하는 전망을 열어 보인다.

　욱면비 이야기는 사람은 누구나 평등하다고 하는 사실을 일깨우면서 낮은 곳에 있는 이들의 희망을 대변한다. 세상의 일이 고되고 힘들지만 그 고통은 일시적인 것에 지나지 않는다. 미래를 긍정하며 희망을 가지고 나아가면 그 고통을 넘어서서 영원한 삶을 이루고 참다운 삶의 자취를 남길 수 있다는 그 희망과 믿음의 산 증인이 곧 욱면비인 것이다.

귀진(貴珍)과 욱면(郁面)의 한자 이름 또한 그들의 대조적 특성을 드러내는 것으로, 귀족과 천민, 표면과 이면의 대립을 암시한다. 천민이 자기 얼굴을 내보여 스스로를 드러내는 깨달음이 소중하다.

욱면비의 초월에 대한 또 다른 시각

《삼국유사》는 욱면에 관한 '향전(鄕傳)'의 사연을 앞에서와 같이 전하고 나서, 욱면에 관한 또 다른 전승을 소개하고 있다. '승전(僧傳)'을 출처로 하는 사연이다. 이 이야기는 귀진과 욱면비의 관계를 상당히 다른 방식으로 서술하고 있다. 어떤가 하면 두 인물은 갈등 관계에 있는 것이 아니라 서로 조화를 이루어 불교의 이적을 이루는 존재로 그려지고 있다. 이는 사회적 갈등보다 화합을 중요시하며, 현생에서의 사회적 관계보다 전생에서 주어진 인연을 소중하게 여기는 관점이다.

승전의 이야기는 욱면비가 전생에, 세상에 헌신한 관음보살을 따라 도를 닦던 무리 가운데 한 사람이었다고 전한다. 그러던 중 계율을 어겨 축생도(畜生道)에 떨어져서 부석사에서 불경을 나르는 소가 되었는데, 불경의 신령한 힘으로 인간 세상에 환생하여 아간 귀진의 집 계집종으로, 곧 욱면으로 다시 태어났다고 한다. 그러고는 주인을 따라 미타사에 다니며 염불을 하게 되었다는 것이다.

이 이야기 속에는 주인인 귀진이 욱면에게 힘들게 일을 시켰다거나, 욱면이 손바닥을 새끼줄에 꿰고서 염불했다는 내용은 들어 있지 않다. 대신 욱면이 서쪽으로 떠난 뒤에 귀진이 한 일을 다음과 같이 제시하고 있다.

> 욱면이 간 후에 귀진도 또한 그의 집이 신통하고 비범한 사람이 의탁해 살았던 곳이라 하여, 집을 내놓아 절로 삼고 절 이름을 법왕사(法王寺)라 하고 토지를 바쳤다.
>
> ―〈욱면비염불서승〉, 335쪽

이 이야기에서 귀진은 욱면을 부정하고 억압하는 존재라기보다 그 숭고함을 받아들이며 그를 따르는 존재이다. 이렇게 귀진과 욱면은 큰 인연의 고리 속에서 서로 조화를 이루는 관계로 설정되어 있다. 둘은 오랜 인연에 의해 현생에서 만나 함께 불교적 경이를 현시하도록 계획되어 있었는데 우리가 이를 잘 몰랐을 뿐이라고 이 이야기는 말하고 있다.

이 이야기에서는 이 두 인물이 서로 깊은 관련이 있으며, 각자의 임무를 완성하는 것으로 되어 있다. 그 골자는 이들 모두가 불교적 경이를 이루기 위해서 현생의 삶을 살아간다고 하는 것이다. 둘은 배타적 관계에 있는 것이 아니라 서로 그 역할을 이어받고 보완하여 새롭게 고양된 불교적 삶을 실현해 냈다는 것이다.

이 이야기에서 욱면의 정체성은 크게 달라진다. 향전의 이야기, 곧 민간전승의 이야기에 있어 욱면은 천대와 억압을 힘겹게 극복하여 놀라운 기적을 이루어 낸 '반역적 초월'의 인물이라면, 승전 이야기 속의 욱면은 크고 오랜 인연과 섭리에 의해 불교의 경이를 드러내는 '사역자(使役者)'에 가까운 존재이다. 반역적 비약은 사라지고 불교적 섭리만 남는 셈이다.

　이 두 모습 가운데 어느 것이 더 진실된 욱면의 모습일까? 이에 대한 답은 대체로 자명하다. 앞의 향전 이야기가 민중이 전하던 본래의 이야기라면, 뒤의 승전 이야기는 불교적 관념에 맞도록 재편된 이야기로서 본래의 면모를 많이 흐린 것이라 할 수 있다. 종교적으로 정립된 불교적 세계관을 인정하지 않는 쪽에서 보면, 이 이야기는 무리한 합리화 속에 이야기의 의미를 퇴색시키고 있음을 발견하게 된다. 전생 인연에 의해 초월을 이루었다고 할 때 그것을 진정한 초월이라 볼 수 있는가 묻지 않을 수 없다. 억압을 받으며 비천하게 살던 처지로부터 얻은 깨달음과 초월, 그것이 진정한 초월로서 의의를 지니는 것이라 할 수 있다. 이 경우에 욱면이라는 인물이 지니는 특성과 의미가 더욱 강하게 살아나게 된다.

　주목할 사실은 《삼국유사》를 편집한 일연 그 자신이 불교계에 속한 승려이면서도 승전의 이야기만 앞세워 강조하지 않고 오히려 향전의 이야기를 앞에 내세웠다는 점이다. 고통 받는 민중의 구원을 지향했던 대선사 일연다운 선택이다. 그러한 선택에 의해 천대와 억압의 질곡을 헤치고 반역적 초월을 이룬, 극에서 극으로의 놀라운 비약을 이룬 욱면의 모습이 생생히 살아나게 되고 서사에 담긴 민중의 희망과 의지가 온전히 살아나게 되었으니 다행스러운 일이다.

욱면비와 청정각시, 그리고 만랑(蠻娘)

향전 이야기에서 볼 수 있는 욱면비와 그 속성이 통하는 또 다른 인물이 있으니, 함경도 무가 〈도랑선비청정각시노래〉의 주인공 청정각시이다. 욱면비가 주인의 학대에 굴하지 않고 자신의 직분 속에 주어진 일을 이루어 냈듯이 청정각시 또한 그러했다.

청정각시는 혼인하는 첫날밤에 남편을 잃는 비극을 겪는다. 남편 도랑선비는 집으로 가서 다시 돌아오지 않고 부고만 전해졌다. 이 부고를 받은 뒤 청정각시는 어떻게 하면 남편을 살릴 수 있을지 마음을 쏟으며, 울음과 통곡으로 살게 된다. 온갖 방법을 다 써서 도랑선비를 만나 보지만 그때마다 그를 잃고 만다. 결국 그와 함께할 수 있는 길은 자신이 목숨을 끊는 길밖에 없음을 알고 청정각시는 결연히 그 길을 선택한다. 그렇게 죽은 뒤 청정각시가 무속에서 섬기는 신이 되었다고 하는 것이 이야기의 결말이다.

청정각시가 겪는 고난은 욱면비의 고행과 좋은 비교가 된다. 주요 대목을 짧게 옮겨 보면 다음과 같다.

> 그는 다시 스님 앞에 엎드려 남편과 또 한번 만나게 해달라고 애걸하였다. 한즉, "그러면, 너의 머리를 하나씩 뽑아, 삼천 발 삼천 마디가 되게 노를 꼬아 안내산 금상절에 가서 그것의 한 끝은 법당에 걸고 또 한 끝은 공중에 걸고, 두 손바닥에 구멍을 뚫어 그 줄에 손바닥을 꿰어 삼천 동자가 힘을 다하여 올려 훑고 내리 훑어 아프단 소리를 아니 해야 만날 수가 있으리라." 하고 중은 말하였다. 낭자는 중의 말대로 하였다. 유혈이 성천(成川)하였으나 낭자는 결코 아프다고 안 하였다. 과

연 남편의 모습이 다시 나타났다.

— 〈도랑선비청정각시노래〉, 《조선신가유편》, 68~69쪽

이 내용을 욱면 이야기와 비교해 보면, 뚜렷한 연관성을 발견할 수 있다. 손바닥에 구멍을 뚫고 거기에 줄을 꿰어 훑는 아픔을 견뎌 냈다고 하는 내용이 거의 정확히 일치한다. 그 모든 일이 자신의 희망을 이루기 위한 집념에 따른 것이었다는 사실도 서로 통한다. 비록 그 신분이나 처지는 다르지만, 욱면비와 청정각시는 서로 깊은 인연이 있는, 말하자면 자매 같은 존재라 할 수 있다.

욱면비와 청정각시의 지향성에는 일정한 차이가 있다. 욱면비는 스스로의 초월을 이루고자 그 모든 고통을 이겨 낸 인물인 데 비해, 청정각시가 지 일을 한 것은 죽은 남편을 되돌리기 위함이었다. 그리고 청정각시는 스스로 하늘을 상대하기보다 한 스님의 힘에 의지하여 문제를 풀어 나가고자 했다. 상대적으로 초월성이 약해지고 일상적 종속성이 강화된 모습으로, 무속적 세계관에서 말하는 구원의 요소와 민담적 서사의 요소가 결합된 모습이다.

욱면비는 전설적 경이의 인물이고 청정각시는 민담적 가능성의 인물로 그 성격을 준별할 수 있다. 욱면비는 초월적인 세계에 도달한 뒤 돌아오지 않지만, 청정각시는 현실적인 세계에서 죽음을 선택한 뒤 신이 되어 돌아온다. 현실에서 죽음을 선택함으로써 결국 현실로 되돌아올 수 있었다. 굿에서 자신의 굿상을 받을 수 있었고, 신으로 영원성을 선택할 수 있었다. 이는 불교적 초월의 존재인 욱면비가 무속적·민담적 초월의 존재로 거듭난 모습에 비견할 수 있다.

하지만 역시 중요한 사실은 욱면과 청정각시가 나타내 보이는 무

서울 정도의 집념이 전해 주는 경이와 숭고함이다. 손바닥을 뚫어 끈을 꿰었다는 것, 또는 스스로 목숨을 끊어 남편에게로 갔다는 것 등은 상식을 넘어서는 극단적인 모습이지만, 사실이 아니라 상징으로 읽어야 하는 사항들이다. 인간의 정성과 의지가 얼마나 지극할 수 있는지, 그리고 그것이 얼마나 놀라운 일을 만들어 낼 수 있는지에 대한 상징이다. 기적이란 손쉽게 생겨나는 것이 아니지만 지극한 의지가 있다면 반드시 생겨난다는 것, 이것이 바로 욱면비와 청정각시가 우리에게 전해 주는 깨달음이다.

한 가지 흥미로운 사실은 욱면비와 성격이 통하는 인물이 베트남의 옛이야기 속에도 등장한다는 것이다. 《영남척괴열전(嶺南摭怪列傳)》에 수록된 〈만랑전(蠻娘傳)〉의 주인공 만랑이 바로 그 사람이다.

만랑은 일찍 부모를 잃고 집안이 가난했다. 만랑은 불교에 깊은 믿음이 있었는데, 벙어리여서 말을 못했다. 그녀는 부엌데기 노릇을 하면서 불을 때고 공양하는 일을 도맡아 했다. 어느 날 한 승려가 문지방을 넘다가 곤히 잠든 만랑을 넘어가게 되었는데, 그때 마음이 움직인 탓에 관계를 맺지 않았는데도 아이를 잉태하게 되었다. 딸을 낳은 만랑은 그 아이를 승려에게 주었다. 보리수나무 구멍에 아이를 넣어 주고서 길을 나섰다. 승려는 길 떠나는 만랑에게 지팡이를 하나 주었다. 만랑은 가뭄이 들 때마다 그 지팡이를 이용해 문제를 해결하였다. 나중에 만랑이 아기를 두었던 보리수나무가 자라서 쓰러졌는데, 사람들이 땔감으로 쓰려고 잡아당겨도 꼼짝도 안 하다가 만랑이 잡아당기자 비로소 쉽게 움직였다. 그 나무 안에는 돌로 변한 아이가 들어있었다. 그 아이는 부처로 모셔져 사람들의 갖가지 소원을 들어주게 되었다.

이 이야기의 핵심은 말을 하지 못하는 미천한 여인이 세상의 구원자가 되었다고 하는 데 있다. 그녀는 세상의 아주 낮은 데 있는 존재로서 위기 속에서 사람들을 구제하였고 세상의 큰 빛이 된 부처를 낳았다. 그러한 속성은 욱면비와 질적으로 동일한 것이라 할 수 있다. 욱면비 또한 낮고 비천한 존재로서 세상의 찬란한 빛이 된 터이니 말이다.

욱면비와 만랑은 민중의 소망, 민중의 철학이 투영된 상징적 인물이라 할 수 있다. 그들은 억압 받고 박해 받는 민중이 세상에서 가장 고귀한 존재가 될 수 있다는 것을, 민중이 우주의 주역이라는 것을 온몸으로 보여 주었다. 시대와 지역을 넘어서 이렇게 질적으로 동일한 이야기가 발견된다는 데서 우리는 그 캐릭터가 담지하고 있는 보편적 원형성을 확인할 수 있다.

세상에서 한없이 낮고도 박탈당한 존재가, 그러면서도 지극 정성을 가진 존재가 발현하는 신성성이라는 요소는 민간 서사의 핵심적인 국면 가운데 하나라 할 수 있다. 유명한 바리데기도 태어나자마자 버림받은 존재로서 지극 정성의 서천서역 여행길을 통해 신성을 발현해 냈고, 〈제석본풀이〉의 당금애기도 처녀로서 아이를 잉태했다고 하는 데 따른 추방과 박해 속에서 뒷날 제석신이 된 삼형제를 낳아 키웠다. 무속 신화나 민담에 있어 그런 사례는 얼마든지 더 있다. 《삼국유사》의 '욱면'은 문헌 기록 속의 인물로서는 흔치 않게 그 원형을 생생하게 보여 준다는 점에서 특히 주목되는 캐릭터라고 할 수가 있다.

오늘날의 삶과 욱면비

욱면비는 계집종이다. 종은 신분적으로 남에게 예속되어 있는 인물로, 자신의 신분을 벗어나는 소망을 가질 수 없다. 그런데 이 인물이 자신도 염불을 하면 새로운 깨달음에 이를 수 있음을 자각했다. 이 자각은 다른 사람이 보기에는 말도 안 되는 일일 수 있으나 욱면비에게는 현실에 발을 딛고 고된 종살이를 벗어날 수 있는 유일한 희망이다. 소망을 이루기 위해서 슬기가 필요했고, 더 나아가 가혹한 일도 참아 내는 인내도 요구되었다. 이를 수행한 욱면비는 살아 있는 성자이고 이 성자는 민중의 소망이다.

오늘날 자신의 처지를 비관하고 어려운 상황에서 벗어나지 못해 허덕이는 인물이 너무나 많은데 욱면비는 그러한 사람들에게 좋은 귀감이 된다. 스스로를 학대해서 자학에 이르지 않고 더 나아가서 놀라운 비약을 이룰 수 있는 것은 발상의 전환을 통해서 가능하다. 자신의 열악한 처지가 갖는 의미와 그것의 극복 가능성을 자각해야 불교적 합리론이나 교리로도 해명이 가능하지 않은 비약적인 성취와 깨달음을 얻을 수 있다. 자신의 발견과 그에 따르는 실천이 요긴하다고 하는 점을 온몸으로 보여 주는 욱면비는 시대를 넘어서는 영원한 깨달음을 주는 인물이다. 욱면비가 역사를 초월하고 시대정신으로 거듭 되살아날 수 있는 이유가 여기에 있다.

이 시대에 있어 욱면비가 안고 있는 신분적 한계로 인한 고통은 표면적으로 사라진 것처럼 보일 수도 있다. 하지만 인간의 근원적 고통은 사라지는 것이 아니다. 숭고한 깨달음을 이룩하기 위해서 비속한 삶을 손쉽게 피해 나갈 수 있는 방법은 전혀 없다. 고통이 곧 깊은 깨달음에 이를 수 있다고 하는 생각이 결국 인생의 통찰로 자리 잡아야 한다. 욱면비의 행위는 여기에 응집되고 있다. 욱면비의 형상에 깃든 하층민의 소망, 민중의 철학은 이 시대에 되살아날 만한 충분한 가치가 있다.

사람은 관계에서 자유로울 수 없다. 주인과 몸종, 남편과 아내, 승려와 불목하니 등은 자연스럽게 형성되는 사회적 관계인데 사회적으로 규정되는 관계가 전부가 아니다. 겉으로는 모자라 보일지 모르나, 한쪽이 일방적으로 열세에 있는 것이 아니다. 자신의 처지를 비하하지 않고 스스로 꿈을 이루고자 하는 의지가 중요하다. 그러한 의지를 통해 표면적 열세를 극복하고 놀라운 가능성을 펼쳐 낼 수 있다. 욱면비는, 그리고 욱면비의 또 다른 이름인 청정각시와 만랑은 그러한 의지를 온몸으로 실현한 여성들이다. 그들은 사회적 지위의 열세에도 불구하고 변치 않는 지극한 마음으로 자신이 꿈꾸는 대상을 추구하여 그것을 이루어 냈으니 우리 시대의 참된 귀감이라 아니할 수 없다.

소설이나 영화, 드라마 등에, 아니 우리의 현실적인 삶 속에, 고난과 박해를 뚫고 빛나는 초월을 이루어 내는 또 다른 욱면비들이 널리 살아나야 할 것이다.

김헌선 경기대학교 국어국문학전공 교수. 구비 전승 문화, 그 가운데서도 우리나라 본풀이, 민요, 무가, 신화와 관련된 작업을 지속적으로 하고 있으며, 최근에 우리나라뿐만 아니라 다른 민족의 동일한 대상에 대해서 관심을 확대하고 현지 조사를 하고 있다. 특히 우리나라와 중국, 일본의 소수민족 구비 전승 자료를 비교하는 데 관심이 있다. 최근에 낸 책으로 《황해도 무당굿놀이 연구》와 《설화연구방법의 통일성과 다양성》 등이 있다.

12

유배 죄인을 사랑한 기생

강혜선

연희

함경도 부령의 기생. 미모와 문재(文才), 경제력을 두루 갖추었으나 기생이라는 신분적 제약을 벗어날 수 없었던 사회적 약자이다. 유배 죄인을 사랑하는 쉽지 않은 길을 가면서도 따뜻한 인간성과 신의를 보여 준다.

연희(蓮姬)는 조선 후기의 문인 김려(金鑢, 1766~1822)가 함경도 부령으로 유배를 갔을 때 그곳에서 만나 사랑과 우정을 깊이 나누었던 기생이다. 연희의 성은 지(池)씨이고 이름은 연화(蓮華), 자는 춘심(春心), 호는 천영루주인(天英樓主人)이다. 연희는 이른바 유배객의 시중을 드는 배수첩(配修妾)이었다. 김려는 본관이 연안(延安)이고, 자는 사정(士精), 호가 담정(潭庭)이다. 그는 1797년 벗 강이천(姜彝天)의 유언비어(流言蜚語) 옥사에 연루되어 함경도 부령에 유배되었다가, 1801년 신유사옥에 다시 연루되어 경상도 진해로 이배되었다. 김려가 진해의 배소에서 쓴 290수의 연작시인 〈사유악부(思惟樂府)〉에는 북쪽의 부령과 기생 연희에 대한 그리움이 생생하게 형상화되어 있다.

무얼 생각하나? 저 북쪽 바닷가.
지금도 생각나네. 작년 동짓날
문 닫고 홀로 앉아 등불심지 자르는데
연희가 나를 위해 팥죽을 끓여왔네.
흰 사발의 진한 죽 먹음직한데다
찹쌀 새알심 포도알 같았고
석밀과 송화가 향기로웠네.
웃으며 말하길 "변방 풍속이 법도에 어두워
남쪽의 팥죽보담 못하겠지만
우리 님 방면되길 빌었답니다."
불우할 때 팥죽 한 그릇 어찌 잊을까.

— 심노, 〈사유악부(思牖樂府)〉, 《담정유고(潭庭遺藁)》, 《한국문집총간 289》, 177쪽

유배 죄인을 사랑한 기생

'기생' 하면 가장 먼저 떠오르는 사람은 누구인가? 또 그 기생의 사랑은 어떤 모습인가? 구름 같은 머리를 풀어헤치고 큰 칼을 차고서 '쑥대머리' 한 대목을 처연하게 부르는 춘향이가 떠오르는가? 요염한 자태, 빼어난 가무(歌舞)와 시재(詩才)로 당대 사대부들을 휘어잡았던 황진이가 떠오르는가? "냇버들 가려 꺾어 보내노라 임의 손에./주무시는 창밖에 심어두고 보소서./밤비에 새 잎 나거든 날인가도 여기소서."라는 시조를 연인 최경창에게 곱게 써서 보낸 홍랑이 떠오르는가? 천민 시인 유희경의 연인이자 당대 최고의 풍류 문사 허균의 벗

이기도 했던 부안 기생 매창이 떠오르는가? 한 남자를 사랑하여 특별한 인연을 맺은 기생들을 하나하나 떠올리면, 그마다 아름다운 사연이 한 편의 드라마가 될 듯하다.

그런데 흔히 노류장화(路柳墻花)라 하는 기생 신분으로 유배 죄인을 사랑하여 스스로 배수첩(配修妾 : 유배객의 시중을 드는 여자를 이르는 말)이 된 여인이 있었다. 유배란 죄인을 먼 곳으로 송치하여 머물러 살게 하는 형벌인 유형(流刑)을 이르는 말이다. 의금부나 형조에서 유배형을 받으면 도사 또는 나장들이 지정된 유배지까지 죄인을 압송하여 고을 수령에게 인계하고, 수령은 죄인을 보수(保授 : 보석된 사람이나 도망갈 가능성이 있는 사람을 유력자가 책임을 지고 맡던 일) 주인에게 위탁한다. 보수 주인은 그 지방의 유력자로서 한 채의 집을 배소(配所)로 제공하고 유죄인 감호의 책임을 진다. 배소에서의 유죄인의 생활비는 그 고을의 부담이라는 특명이 없는 한 스스로 부담하는 것이 원칙이었으므로 자연히 가족의 일부 또는 전부가 따라가게 마련이었다. 부인이나 딸 또는 며느리가 따라가 수발을 든 경우가 있는가 하면, 장성한 아들이 따라가 모신 경우도 있었다. 겨우 몸종 한 명을 데리고 가거나 아예 아무도 없는 경우도 있었다. 짧게는 몇 년, 길게는 십여 년 이상 가족과 떨어져 유배지에서 살았던 유배 죄인들은 그곳에서 자연스럽게 누군가를 만나 정을 주고받으며 수발을 받기도 하였다. 그렇다면 도대체 어떤 기생이 유배 죄인을 사랑하게 된 것일까?

사랑스러운 여자, 연희

김려가 함경도 부령으로 유배를 간 때는 1797년 겨울로 그의 나이 32세였다. 그는 벗 강이천의 유언비어 사건—함께 어울려 서학(西學)에 대해 이야기했으며 서해의 어떤 섬에 진인(眞人)이 있다는 등의 유언비어를 퍼뜨렸다는 것—에 연루되어 유배형을 받게 된 것이다. 김려는 부령에서 4년간 유배 생활을 하다가 1801년 신유사옥이 일어나자 다시 서울로 압송되어 심문을 받고 진해로 이배되었다. 그리고 진해에서 5년을 살았다.

김려가 진해에서 살 때 세 들어 살던 집 앞에는 작은 연못이 있었다. 그 연못에는 해마다 여름이면 연꽃이 만발했다. 그는 연못에 연꽃이 송이송이 붉게 피며 연꽃을 닮은 한 여인을 떠올리며 그의 이름을 부르고 또 불렀다. '마음도 같고 생각도 같고 사랑 또한 같았던' 여인, 그런 여인을 그는 부령에 남겨 두고 올 수밖에 없었다. 그와 그녀 사이에는 산과 강이 막혀서 살아서는 다시 만날 길이 없었다. 그저 죽도록 부질없이 그리움의 노래만 불러 댈 수밖에. "서서도 생각하고, 앉아서도 생각하며, 걷거나 누워 있을 때에도 생각한다. 혹 잠시 생각하기도 하고, 혹 한참 생각하기도 한다. 혹은 생각을 하면 할수록 더욱더 잊을 수가 없다." 그래서 그는 자신의 방 오른쪽 창문에 '생각하는 창문'이란 뜻의 '사유(思惟)'라는 편액(扁額)을 달았다. 그리고 그리운 여인 연희를 떠올리며, 그녀와 함께했던 아름다운 추억을 한 수 한 수 시로 읊었다.

봄날 그녀의 집 우물가에서 수정처럼 영롱한 앵두를 따서 함께 나누어 먹었던 연희, 복사꽃이 흐드러지게 피면 꽃잎을 따서 붉은 제 뺨

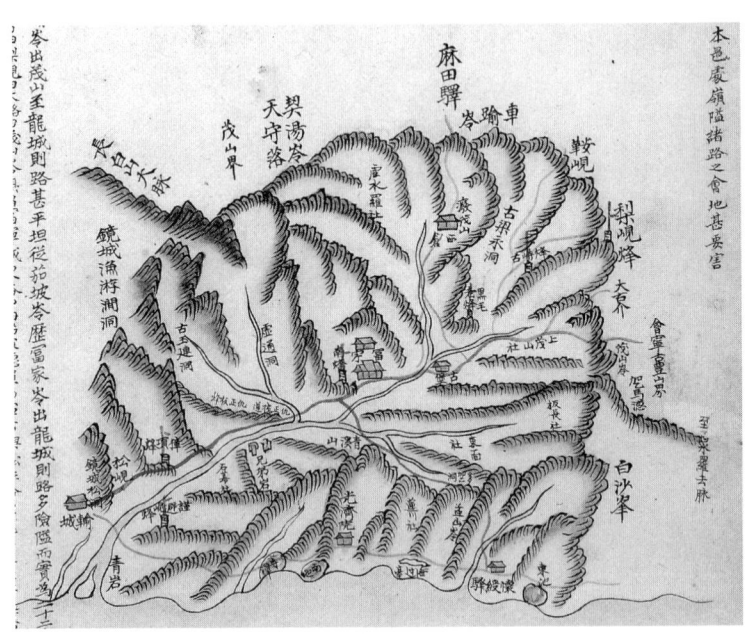
김려가 유배 가 연희와 사랑을 나누었던 함경도 부령의 지도

과 흰 수염에 대보며 장난을 치던 연희, 긴 여름 장마 끝에 달 뜨자 보고 싶은 마음에 신 신고 개울가로 나서면 어느새 작은 우산을 들고 치마를 끌며 술병을 들고 찾아오던 연희, 달 뜨는 가을밤 낙엽 쌓인 연희의 집 뜰에 앉아 도란도란 얘기를 나누다가 얘기가 끝나면 손잡고 단풍나무 붉은 뜰을 함께 거닐던 연희, 펄펄 날리는 눈바람에 뚫어진 창으로 문풍지 펄럭이는 겨울밤, 근심에 뒤엉켜 쓸쓸히 누웠는데 얼어붙은 눈길을 또각또각 밟고 와 화로에 술을 데우던 연희, 눈 그친 맑은 날 달은 밝고 촛불은 가물거리는데 따뜻한 양털 휘장 겹겹이 친 방에서 술 거르고 송이버섯 구워 대접하던 연희, 이월 중순 화창한 봄날 나른함을 깨우며 온천을 가자고 청하는 편지를 보내던 연희, 춘삼

월 돌아와 온 산에 두견화 흐드러지게 필 때 화전놀이 함께하던 연희, 오월 단옷날 말술에 숭어회, 귀리 경단 마련해 쓸쓸한 유배객의 처지를 위로하던 연희, 유월 유두 깊은 밤 옥폭동에서 달빛을 받으며 머리를 감고는 등목을 해 주던 연희, 구월 중구일 누대에 혼자 올라 고향을 그리워하고 있으면 쪽빛 항아리에 홍화주 가득 부어 보내며 위로하던 연희, 동짓날 우리 임 방면되길 빌며 먹음직한 팥죽을 끓여 오던 연희, 해마다 부모님 기일이면 재계하고 제수를 차려 주던 연희, 여름에는 베옷을 겨울에는 털옷을 지어 주었던 연희, 결 고운 명주를 청시(淸市)에서 사다가 한 땀 한 땀 정성을 다해 버선을 만들어서 신겨 주었던 연희. 연희는 이렇게 사랑스러운 여자였다.

 그녀는 붉은 입술, 하얀 이, 새까만 눈썹, 칠흑 같은 머리, 하얀 손가락, 윤이 나는 살결을 지닌 고운 용모에다, 시부 또한 잘 짓는 기생이었다. 그녀는 참을 인(忍) 백 번 새기는 것으로 치가(治家)의 도로 삼았던 장공예(張公藝)를 노래한 〈장공예찬(張公藝贊)〉을 짓기도 하였고, 관서 기생 설염(雪艶)의 뇌사(誄詞)를 짓기도 하였다. 그래서 부령 사람들은 그런 연희의 미모와 재주를 칭송하였다.

 하지만 김려가 연희를 진정으로 사랑하게 된 데는 특별한 이유가 있었다. 연희는 곤경에 처해 있는 유배 죄인을 서슴없이 나서서 돕는, 의기(義氣) 있는 여자였기 때문이다. 김려는 부령에 도착한 이후 항상 관부의 심한 감시와 압박, 주변인들의 멸시로 고통을 받았다. 이런 처지의 그를 연희는 물심양면으로 돌보아 주었다. 그녀는 그에게 의복과 음식 등을 손수 마련해 주었는가 하면, 그의 집안 제삿날에는 꼬박꼬박 제수를 장만해 주기도 하였다. 관장의 혐의를 받아 가면서도 유배 죄인 자신에게 베푼 연희의 정성을 김려는 남녀 사이의 사랑 그 이상으로 받아들였던 것이다.

연희는 김려의 정인(情人)인 동시에 지기(知己)였다. 그녀는 김려에게 시끄러운 시빗거리를 피하도록 글 조심을 당부하는가 하면, 그와 함께 고금의 일을 논하며 비분강개하기도 하였다. 세상살이에서는 사람과의 사귐이 중요하다고 충고하기도 하였다. 또한 연희는 효심이 깊고 온정이 많은 여자였다. 그녀는 여느 기생들처럼 용모나 풍채 따위로 사람을 판단하지 않았다. 그래서 바보에다 애꾸이기조차 했던 관노(官奴) 윤득린의 효성을 알아볼 줄 아는 여자였다. 그런 연희의 소원이 바로, 다음 세상에 남자로 태어나 밭 갈고 고기 잡아 부모님을 모시고 평생 살아가는 것이었다. 연희는 고아인 춘갑과 을녀 남매를 자기 집에 거두어서 양육하는 온정 많은 여자이기도 하였다. 이렇듯이 남달랐던 연희였기에, 김려는 그녀와 나눈 사랑을 영원히 잊을 수가 없었다.

원교와 다산의 숨겨진 여인들

부령에는 연희 말고 또 한 명의 배수첩이 더 있었다. 그녀 역시 관기(官妓)로, 이름은 영산옥이었다. 영산옥은 노래를 잘하고 시에 능하며 거문고를 타는 솜씨도 뛰어났는데, 김려는 그런 그녀를 서시랑의 배수첩이라 밝혀 놓았다. 김려와 서시랑이 친척뻘이어서 영산옥은 김려를 '아주버님'이라 불렀다. 뒷날 서시랑이 떠난 뒤 영산옥이 수절을 하자, 부령의 도호부사 유상량이 그녀를 잡아들였다. 연희와 영산옥 같은 기생들은 유배 죄인을 결코 일시적인 풍류의 대상이 아니라 인생의 배우자로 사랑하였지만, 결코 사랑하는 사람을 따라나설 수는 없었다. 유배 죄인이 해배(解配)되어 돌아가거나 이배(移配)되어 가면 생이별을 할 수밖에 없는 것이 기생인 그녀들의 운명이었던 것이다.

그런데 유배 죄인을 끝까지 따라가 목숨이 다할 때까지 사랑을 지킨 여인도 있었다. 그녀의 이름은 장애애(張愛愛). 김려의 말에 따르면 그가 부령에 와 보니, 원교(圓嶠) 이광사(李匡師)와 그의 소실 장애애의 발자취가 고을에 산재해 있었다 한다. 이광사는 1755년 나주의 벽서 사건으로 백부 이진유(李眞儒)가 처벌을 당할 때 이에 연좌되어 부령에 유배되었던 문사이다. 이광사가 유배지 부령으로 압송될 때, 그의 아내 류씨는 남편이 극형에 처해진다는 말을 듣고 자결하였다. 가문이 풍비박산 나고 아내가 자결을 한, 그런 처참한 상황에서 원교의 유배 생활은 시작되었다. 그런 와중에 만난 한 여인이 바로 장애애였다. 그녀는 원교의 문인이 된 부령의 파총 장현령(張玄齡)의 누이였다. 그녀는 부령에서 원교를 받들었을 뿐만 아니라, 원교가 전라도 신지도로 이배되어 가자 그곳까지 따라가서 원교를 모시다가 죽었다. 그리고 그녀가 낳은 딸이 역시 신지도에서 살다가 죽었다 전한다.

한편 최근 새로 발굴된 〈남당사(南塘詞)〉라는 작품을 통해서 다산(茶山) 정약용(丁若鏞)의 강진 유배 시절 그를 모셨던 한 여인의 모습이 드러나기도 하였다. 〈남당사〉는 다산의 제자들과 기맥이 통하는 강진의 한 문인이 지은 시로 보이는데, 작중 주인공이 다산의 소실(小室)로 밝혀져 있어 흥미롭다. 구전에 따르면, 그녀는 다산과의 사이에서 홍임이라는 딸을 두었다고 하는데, 다산이 해배된 뒤 그녀 역시 경기도의 본가로 찾아갔으나 무슨 사연에서인지 받아들여지지 않았다. 그러자 그녀는 다시 강진으로 돌아와 다산이 떠난 초당을 홀로 지키며 남은 생애를 보냈다 한다.

　원교를 끝까지 따라가 함께 살았던 장애애, 다산의 그늘 속에서 초당을 지키며 여생을 살았던 홍임이 모(母)는 그래도 행복한 여자들이었는지 모른다. 기생의 신분에 맞지 않게 유배 죄인을 사랑해 수절을 하다가 관장에 끌려가 곤욕을 당한 영산옥이나, 유배 죄인과 가깝게 지낸다는 이유로 감옥에 갇히기도 한 연희에 비하면 말이다.

조건 없는 사랑을 한 기생, 그 새로운 형상

연희는 서울에서 유배되어 온 문약한 지식인을 진심으로 사랑하여 제 스스로 유배 죄인의 수발을 자처하였다. 연희는 이른바 배수첩이 된 기생이었다. 그녀는 사랑하는 사람을 위해 손수 버선을 짓고 팥죽을 끓이고 제수를 장만하는 등 아내 같은 모습을 보였는가 하면, 또 함께 노천 온천욕을 즐기거나 화전놀이를 하는 등 기생의 모습을 보여 주기도 하였다. 또한, 밤새워 술을 주거니 받거니 하면서 고금의 사적과 시사를 토론하거나 인생사에 대한 충고도 거침없이 해 주는 벗의 모습을 보이기도 하였다. 그리고 유배 죄인과 가까이 지낸다는 이유로 감옥에 갇히기도 했다.

　이러한 연희의 캐릭터는 이제까지 알려진 기생들의 이미지와는 사뭇 다르다. 오늘날 영화나 드라마에서 그려지는 기생들의 캐릭터는 대체로 미모와 재예로 뭇 남성을 유혹하거나 사로잡는다는 데 초점이 맞춰져 있다. 그런데 연희의 캐릭터는 관기 신분으로 유배 죄인을 제 스스로 사랑하여 아무런 조건 없이 사랑을 베푼 여자의 모습을 보여 주고 있다. 유배 죄인이 해배되거나 이배되면 그 관계 또한 끝이 나고 마는 줄 너무나 잘 알면서도, 그녀는 진심으로 사랑하는 사람에게 자신이 해 줄 수 있는 모든 것을 다 해 주려 하였다. 요컨대 연희가 일상생활 속에서 김려와 나눈 사랑의 행위들은 온전히 그녀에게만 속한 사적 세계였다. 그것은 관의 요청이 있을 때마다 수행해야 하는 관기의 일상도 아니었고, 경제적인 이유로 웃음과 몸을 파는 기생의 일상도 아니었다. 기생이라는 신분과 처지를 잊게 하는, 오직 사랑하는 여자로서 존재하게 하는 세계가 바로 그녀의 사랑이었던 것이다.

연희와 김려의 사랑이 특별한 이유는 그들이 신분과 성별의 차이를 넘어 동등한 인격체로서 쌍방향으로 이루어진 사랑을 보여주었기 때문이다. 또한 기생 연희의 새로운 형상이 갖는 특별한 의미는, 그녀가 관기와 유배 죄인의 만남이라는 최악의 상황 속에서 아무런 조건 없이 행하는 사랑을 오롯이 보여 주었기 때문이다. 이러한 연희의 캐릭터는 사극의 좋은 소재가 될 뿐 아니라, 기생의 캐릭터를 다양하게 창출하는 데 소용될 수 있을 것이다.

강혜선 성신여자대학교 국어국문학과 교수. 조선후기 한문학을 전공하면서, 옛 문인들의 뜻과 정이 담긴 글들을 찾아 소개하기를 좋아한다. 저서로 《박지원 산문의 고문 변용 양상》, 《정조의 시문집 편찬》이 있고, 역서로 《유배객, 세상을 알다 – 김려 산문선》, 《조선 선비의 일본견문록, 해유록》 등이 있다.

13

기생이기를 거부한 이황의 그녀

홍태한

두향

이황에 의해 발탁된 관기로, 이황에 대한 애정이 남다르다. 자신의 신념이 확고하고 당당하며, 신의를 위해 목숨까지 바치는 여성이다. 무엇보다 신뢰와 애정을 바탕으로 이황의 인간적인 면을 끌어내 후대에 남기는 역할을 한다.

기생 두향(杜香)에 대해서 명확하게 조사된 자료는 현재로서는 없다. 하지만 단양군 단성면에서 매년 두향제를 개최하고 있어 지역 주민들은 두향의 인물됨에 대해 두루 알고 있다. 기생이면서도 퇴계 이황을 위하여 지조를 지켰기 때문에 퇴계의 문중에서도 두향을 위하여 제를 올려 준다. 단양이 고향인 글쓴이는 여러 차례 두향에 관한 이야기를 들었고, 실제 강선대와 두향의 무덤을 답사하면서 두향의 인물 됨됨이에 대한 주민들의 평가를 들었다. 이 글에서는 특정 자료를 제시하지 않고 글쓴이가 조사한 구전설화를 대상으로 한다.

단양 태생인 두향(杜香)은 시와 거문고에 능해 15대 단양 군수였던 퇴계 이황(1501~1570)에게 발탁된 관기다. 본시 기녀(妓女)가 아니었던 두향은 5세 때 부모와 사별하고 퇴기(退妓)인 수양모 아래에서 자라 10여세 때 기적(妓籍)에 올랐다고 전한다. 두향은 퇴계 이황을 사모하는 정이 남달랐다. 이황이 경상도 풍기군수로 전근을 가자 신임 사또에게 "이황을 사모하는 몸으로 기생을 계속할 수 없다."라며 "기적에서 이름을 없애 달라."고 청원해 기생을 면하게 된다. 풍기군수로 전근 간 이황이 몸이 쇠약해져 관직을 사직하고 고향인 안동으로 돌아갔다는 소식을 들은 두향은 칠성당을 짓고 그의 건강이 회복되기를 소원했다. 두향은 그러나 이황이 죽자 저승에서 다시 모시겠다는 일편단심으로 자신의 유해를 남한강 강선대(단양군 단성면 장회리)에 묻어 달라는 유서를 남기고 26세의 꽃 같은 나이에 생을 마감했다. 지난 1986년 단성면은 두향제를 통해 고장의 전통문화를 계승·발전하고 관광을 활성화하기 위해 매년 가을이면 세를 지내고 있다.

—〈충청매일신문〉, 2006. 10. 26.

왜 두향을 모시는가

경치가 아름답기로 유명한 단양군 남한강변 강선대 근처에는 두향이라는 이름의 기생 묘가 지금도 남아 있어 사람들의 이목을 끈다. 특히 단양군에서는 해마다 가을이면 두향을 위한 제를 올리는데 2006년에는 400여 명의 사람들이 모였다 한다. 두향은 퇴계 이황을 사모하다가 죽은 기생으로 일개 기생을 위하여 이렇게 제를 올려 주는 것이 흔한 일은 아니다.

전설에 따르면 두향은 단양군수로 부임한 퇴계 이황과 시서와 풍류로 일정 수준 이상의 소통을 했던 인물이다. 기생이라면 시서에 능하고 음악과 가무에 능한 것은 예사로운 일. 황진이라는 명기를 한국인이라면 누구나 알고 있으니, 두향의 능력으로 퇴계 선생과 사랑을 나눈 것은 대수로운 일이 아니다. 퇴계 이황이라면 화폐에 등장할 정도로 한국을 대표하는 인물이다. 이러한 인물과의 관련성으로 인해 두향의 이름이 널리 알려지게 되었고, 지금은 두향제라는 행사의 중심 인물이 되었으니 관심을 가질 만하다.

　기생으로 이름을 남기는 방법에는 여러 가지가 있을 터이다. 황진이처럼 여러 남성들과의 관계 속에서 고고미를 추구하며 다양한 설화를 생산하는 것도 한 방법이 될 것이고, 홍랑처럼 지고지순한 사랑의 모습을 보여 그리움의 절창인 '묏버들 가려 꺾어 보내노라 님의 손에~'와 같은 시조를 남기는 것도 한 방법이다. 기생인지 아닌지 논란이 일고 있지만 논개처럼 애국자로서의 모습을 보이는 것도 이름을 남기는 한 방법이다.

　단양이라는 두메산골에 태어난 두향이 이름을 남기는 방법으로 택한 것은 인용한 〈충청매일신문〉의 기사에 실린 것처럼 지고지순한 사랑이었다. 기생 신분으로 퇴계 선생과 정신적인 교감을 나누다가, 퇴계 선생이 인근 고을로 전출을 가면서 기적(妓籍)에서 빠져나온 두향은 퇴계 선생을 향한 순정의 모습을 보여 준다. 오늘날 사람들이 두향을 기리는 것은 그녀가 퇴계 선생을 위하여 지조를 지켰고, 퇴계와의 사랑이 담긴 강선대에서 고고한 삶을 누리다가 젊은 나이로 죽었기 때문이다. 하지만 두향이 진정으로 바란 평가가 이러한 것이었을까. 그녀는 과연 퇴계를 향한 사랑의 마음으로 자신이 기억되기를 바랐던 것일까.

두향의 인물 됨됨이

단양 지역에서 구전되는 두향에 대한 이야기를 바탕으로 하면 두향의 인물 됨됨이는 몇 가지로 정리된다. 먼저, 미천한 신분이었다는 것이다. 특히 어려서 고아로 성장하여 결국은 기생이 될 수밖에 없었다고 한다. 어떠한 경로를 거쳐 두향이 기생이 되었는지는 알 수 없으나 기생이 되는 일반적인 단계를 밟았을 것으로 보인다. 보호자 없이 자란 두향이 아마도 그 고을 행수기생(行首妓生)의 눈에 들어 밥 굶지 않고 살 수 있는 길로 기적에 이름을 올렸을 것이다.

두향의 인생을 전환시킨 사건은 퇴계 선생이 단양군수로 부임해 온 것이다. 곧 퇴계 선생은 두향을 아끼게 되고 명승지가 지천인 단양 여러 곳을 다니면서 두향과 시서, 가무를 통해 정신적인 교감을 나눈다. 두향이 어떤 과정을 거쳐 기생 수련을 했는지는 알 수 없으나, 퇴계 선생의 눈에 들 정도라면 그 경지가 남달랐을 것으로 보인다. 아마도 두향은 기생 중에서는 으뜸가는 재주를 가진 기생이었을 것이다.

강선대는 단양 남한강변에 있는 경승지로, 지금은 충주댐 건설로 그 아름다움이 많이 사라졌다고는 하지만 그래도 여전히 아름다운 곳이다. 강선대 주변의 주민들은 퇴계 선생과 관련된 그곳을 자랑스럽게 생각한다. 강선대는 퇴계 선생이 가장 아끼고 사랑한 곳이었다고 한다. 이름 그대로 퇴계 선생은 강선대에서 자신을 귀양 온 신선으로 생각한 것은 아니었을까. 강선대에서 두향이 퇴계 선생을 자주 모셨음은 두향이 죽으면서 자신의 유해를 강선대에 묻어 달라고 말한 데에서도 알 수 있다. 이 강선대에서 두향은 퇴계 선생을 모시면서 인생의 절정을 보낸다.

퇴계 선생의 형님이 충청 관찰사로 부임해 오면서, 퇴계 선생이 인근 풍기군수로 전출한 것은 두향에게는 청천벽력이었다. 떠나가는 이에게 미련 두지 말고, 새로운 정을 만들어야 하는 것이 기생에게 주어진 길이다. 하지만 두향은 새로 부임해 온 군수에게 퇴계 선생과의 인연을 이야기하여 기적에서 자신의 이름을 빼 달라고 한다. 그러고는 강선대 아래에 초막을 짓고 퇴계 선생을 그리워하며 살아간다. 이후 퇴계 선생이 풍기군수를 사임하고 고향인 안동으로 돌아갔다는 말을 듣고는 퇴계 선생의 건강을 기원하며 살아간다. 그래서일까. 두향이 죽은 후 강선대에 올라오는 기생들은 모두 술잔을 뿌려 두향의 넋을 추모했다고 한다. 기생이면서 기생답지 않은 삶을 산 두향에 대한 동지애와 측은함, 그리고 동경 때문이었으리라.

두향의 남다름은 퇴계 선생의 부음을 들은 후의 모습에서 나타난다. 퇴계의 죽음 이후의 두향의 행적에 대해서는 다양한 이야기가 전해지는데, 퇴계 선생을 그리워하다가 죽었다는 것이 가장 흔한 이야기이고, 퇴계 선생에 대한 그리움으로 강선대에서 강으로 뛰어들어 자살했다는 것이 좀 더 극적인 이야기이다. 나아가 안동에 가서 조의를 표하고 온 두향이 근신하며 삼년상을 보낸 후 병들어 죽었다는 이야기가 전하기도 한다. 이 부분은 확인이 필요하겠지만, 그만큼 두향이 퇴계를 그리워하고 퇴계를 위해 온 마음을 바쳤다는 것만은 분명하다.

강선대에는 지금도 두향의 무덤이 남아 있다. 퇴계 문중에서는 해마다 퇴계 묘향을 올린 후 두향의 무덤에 와서 제를 올려 준다고 한다. 단양군은 이것을 관광 자원으로 만들어 두향제를 올리는데, 이렇게 한 지가 벌써 20년이 넘었다. 사람들은 두향제에 참가하여 퇴계

퇴계 이황의 초상화

선생을 위하여 지조를 지키다가 죽은 두향을 떠올린다. 기생 신분으로 퇴계 선생이라는 성현과 그 이름을 나란히 했으니 짧은 생이었지만 사후 대접은 남부럽지 않다. 더욱이 한국인들이 가장 좋아하는 지조를 지킨 인물로 기억되고 있으니.

퇴계를 향한 두향의 마음

하지만 두향이 퇴계 선생을 위하여 지조를 지켰다고 하면 왠지 두향의 진심을 조금 가볍게 평가한 느낌이 든다. 기생 두향이라면 마땅히 한 남자를 위해 지조를 지킨 모습이라고 할 것이나, 자연인 두향으로 보면 퇴계 선생에게 종속된 처지에서가 아닌 자신의 자발적인 어떤 의도에서 비롯된 행위가 아니었을까.

퇴계 선생은 그 학문의 엄격함과 자기 수양의 철저함에 있어 여러 가지 이야기가 전한다. 성리학이라는 이름을 떠올리고 도산서원을 떠올리면 퇴계 선생은 엄격함, 단정함과 매우 어울린다. 퇴계 선생에 관한 다음 이야기를 보자.

> 퇴계 선생이 병환이 나서 몸져눕게 되었다. 문도(門徒) 한 사람이 문병을 와서 병석 옆에 앉았다. 퇴계가 말했다. "손님을 누워서 맞이하니 예가 아닐세. 내가 일어날 수가 없으니 자네가 내 옆에 눕게."
>
> ― 김원길, 《안동의 해학》, 112쪽

이 이야기를 해학이라는 이름이 붙은 책에 기록한 것으로 보아 김원길 선생은 이 이야기에서 웃음을 찾은 듯하다. 하지만 글쓴이는 이 이야기에서 퇴계 선생의 엄격함을 본다. 자신이 예를 지킬 수 없으니 남에게 파격을 허용하는 것을 넘어서서, 자신의 비례(非禮)를 용서할 수 없는 마음을 본다. 이처럼 퇴계 선생은 자신에 대한 엄격함을 평생 가지고 있었고, 퇴계학이라는 학문도 이러한 엄격함에서 비롯된 것이다.

어쩌면 두향이 본 것도 이것이 아니었을까. 남다른 성품과 능력을 가진 두향이 퇴계 선생을 만나자마자 그의 학문과 인품을 단번에 알아본 것이다. 하지만 자칫 잘못하면 퇴계 선생의 엄격함은 자신을 해치는 칼날이 될 수도 있는 법. 강선대를 비롯한 여러 경승지를 다니면서 퇴계 선생과의 정신적 교류를 통해 두향은 그 속에 숨어 있는 퇴계

김홍도의 《병진년화첩》 중 〈옥순봉도〉. 두향과 이황이 풍류를 즐긴 단양의 모습을 그렸다.

선생의 인간적인 면을 보았다. 그리고 자신이 할 일이 퇴계 선생의 그 인간적인 면을 역사에 남기는 것임을 깨닫고 그것이 자신이 퇴계 선생을 사랑하는 방법임을 알았다.

두향제를 올리면서 기생 두향의 지조를 생각하는 것은 두향의 생각을 잘못 이해한 것이다. 두향이 바란 것은, 퇴계 선생이 그처럼 엄격하고 위대한 인물이지만 보잘것없는 자신과 정신적인 사랑을 나누었다고 기억되는 것이다. 퇴계 선생이 위대한 유학자, 퇴계학의 시조, 영남 성리학의 태두 등의 평가와는 또 다른 차원의 평가를 받기를 두향은 바랐다. 단양이라는 두메에서 경승지를 찾아다니며, 기생과 시서를 주고받고 풍류를 즐기는 모습의 퇴계. 이것이 두향이 후세에 남기기를 바란 퇴계 선생의 인간적인 측면이다.

이런 점에서 퇴계 선생이 병석에 누워 있을 때 두향이 그를 찾아갔다는 이야기가 사실 여부를 떠나 관심의 대상이다. 퇴계 선생을 중심인물로 본다면 이것은 퇴계 선생을 향한 기생의 지순한 사랑이다. 퇴계 선생을 잊지 않기 위해 기적에서 몸을 빼고, 평생을 수절하다가 병석에 누워 있는 그를 찾아왔다는 것은 남성 중심의 사고에서 보면 지극히 당연한 일이기에 마땅히 그러해야 한다는 생각을 한다.

하지만 여기에서 생각을 뒤집어 본다. 어쩌면 두향이 퇴계를 찾아간 것은 퇴계 선생의 인간적인 측면을 부각시키기 위한 또 하나의 시도가 아니었을까. 병석에 누워서도 끝까지 예의를 찾은 퇴계 선생에게 두향은 그 엄격한 모습이 아닌, 예전의 퇴계가 보였던 인간적인 모습을 다시 기억시키기 위해 찾아간 것이 아니었을까. 두향이 퇴계 선생을 찾아가 어떻게 했는지는 기록에 남아 있지 않으나, 아마도 퇴계 선생은 두향의 방문을 계기로 단양의 여러 풍광과 함께 두향과 나누었던 정리(情理)를 떠올렸을 것이고, 그때의 자신이 지녔던 다정다감한 모습을 보았을 것이다.

퇴계 선생이 임종하기 직전에 마지막으로 한 말은 매화 화분에 물을 주라고 한 것이다. 왜 퇴계 선생은 이러한 유언을 남긴 것일까. 퇴계 선생이 매화를 사랑했음은 널리 알려진 사실이다. 사람들은 매화가 가진 덕성을 찬양하고 그 매화를 사랑한 퇴계 선생의 덕성 역시 찬양한다. 하지만 퇴계 선생이 매화를 사랑한 이유가 매화가 가진 덕성을 넘어서 매화 자체의 아름다움 때문이라고 본다면, 임종 직전에 매화에 물을 주라고 한 것은, 매화의 지조이니 절개이니 등의 의미를 부여하는 세상의 가치를 넘어서서 매화의 아름다움 그 자체에 대한 사랑을 강조한 것이다. 즉, 엄격함이나 성리학자로의 단정함이 아닌 평범한 인간으로 매화의 아름다움을 이야기한 것이다. 퇴계 선생이 그러한 생각을 하게 만든 것이 두향이라고 본다면 글쓴이의 억지일 수도 있겠지만, 이처럼 퇴계 선생의 인간적인 면을 부각시키고자 한 것이 두향이 안동을 찾아간 의도라고 생각한다.

퇴계 선생 사후 퇴계 선생을 사모하다가 젊은 나이에 죽으면서 강선대에 자신의 무덤을 만들어 달라고 한 것은 두향의 입장에서는 더 이상 세상을 살아갈 명분이 사라졌기 때문이다. 퇴계 선생의 엄숙함 이면에 기생이라는 미천한 신분의 여인과 사랑했던 면모가 있다는 것을 알린 것만으로도 두향은 만족했을 것이다.

두향의 현대 캐릭터화

두향은 현재 축제의 인물로 남아 있다. 두향제에 모인 많은 사람들은 조선 최고의 학자 퇴계 이황의 인간적인 면모를 부각시켜 주는 두향의 존재에 감동한다. 그들은 기생이란 사랑과 돈에 따라 마음을 바꾸는 존재라 생각했는데, 그렇지 않은 기생의 모습에 놀라워한다. 현재 단양에는 온달장군과 평강공주의 캐릭터가 도처에 붙어 있는데, 두향의 캐릭터도 지고지순한 사랑이라는 점에서 이 둘과 잘 어울린다.

기생 두향의 캐릭터를 현대에 살리기는 쉽지 않다. 그것은 두향이 기생이라는 특별한 신분을 가진 존재였기 때문이다. 두향은 어려운 처지임에도 불구하고 자신의 사랑을 자신의 방식으로 완성한 인물이다. 따라서 사랑의 가치를 경시하고 인간적인 관계를 소홀하는 현대의 인간성을 비판하는 차원에서라도 두향의 모습을 살리는 것은 의미가 있다.

　두향이 기생으로서 자신의 한계를 극복하고 자신의 이름을 남기는 방법으로 택한 것은 남성 중심의 사회에서 남성 중심의 평가를 의식한 것으로써 '퇴계 선생을 향한 지조'라는 가치를 지키는 것이었다. 그러나 그 이면에는 위대한 인물의 또 다른 측면을 알리려는 의도가 있었다. 우리가 보아야 할 것은 퇴계 선생과 두향의 사랑이 아니라 두향의 이러한 노력이다. 따라서 캐릭터를 만드는 과정에서 퇴계를 향해 사랑을 바친 두향에 초점을 맞출 것이 아니라, 제한된 조건과 환경에서도 최선의 방법으로 자신의 사랑을 만든 두향에 초점을 맞추어야 한다.

　두향은 최근 종영된 바 있는 드라마 〈주몽〉의 여인 '소서노'와도 닮은 점이 있다. 소서노는 주몽이라는 주인공을 철저하게 도와 주었지만 나름의 성취를 이룬 인물이다. 그처럼 두향도 퇴계의 그림자 속에 존재하고 있지만, 기생이면서도 나름의 성취를 이룬 인물이다. 기생이어서 현대적 의미를 가지기 어렵다고 하지만, 두향이 가진 이러한 특성은 기생 캐릭터를 현대적으로 해석하는 데 적합한 기준이 되지 않을까.

홍태한 중앙대학교 국악교육대학원 대우교수. 한국 무속에 관심을 가지고 있으며, 주로 서울 굿판에서 보고 듣고 묻고 쓰고 있다. 앞으로 몽골 및 시베리아 무속까지 공부하여 한국 무속의 연원을 밝히려는 꿈을 가지고 있다. 저서에는 《서울진오기굿》, 《인물전설의 현실인식》 등이 있다.

14

어사 박문수도 막지 못한 인간 해방의 몸짓

신동흔

백정 박씨

신분 상승과 인간 해방을 성취한 최하층 천민. 지방 고을의 백정에서 경제력을 갖춘 천민 부호로 성장한다. 뛰어난 현실 분석 능력에 지인지감과 기지, 그리고 대담성과 과단성에 입각한 문제 해결력까지 갖추었다.

백정 박씨는 전국적으로 구전되어 온 설화 〈백정과 박문수〉의 주인공이다. 이 설화는 《한국구비문학대계》를 비롯한 설화 자료집에 20여 편의 각편이 수록되어 있다. 조선 후기에 들어와 시대 변화를 반영하면서 형성된 이야기로 판단된다. 설화의 전승 주체인 무명의 일반 민중이 이야기의 작가가 된다. 현전 자료를 통해 볼 때, 이 설화는 주로 남성 전승자들 사이에서 향유된 것으로 짐작된다. 비슷한 유형의 이야기가 야담집에 실려 전하기도 한다.

"조카님, 이번 참 와서 고생 참 기가 맥히게 했네. 이거 뭐 뭐라고 말을 할 수가 없네."
그리구설랑에 말을 태워서 올려 보내니, 이 자식두 아뭇소리 못하고 꿀먹은 벙어리 모양 끄덕끄덕 말 위에서 그리 올라간단 말야.
집에 떡 들어오니 저의 형이 있다 하는 말이,
"너 거 오래 걸렸구나, 거 사람 잡아오기가 그렇게 힘이 드냐?"
그러니까,
"아이고 형님 말 마시요."
"거 봐라 인마. 내가 웬만한 놈 같음 그 자리서 후렸지 그냥 두질 않어. 그냥 둘 놈이 아닌데 원체 사람이 나기를 잘났다. 암만 백정질을 했더래도 그놈이 나길 잘났어. 그래서 내 자신도 그를 그냥 눈 감구 귀 먹은 척하고 왔는데 네까짓 놈이 뭐 대단한 놈이 돼서 그놈을 잡아오냐."
그러니까,
"아이고 형님 말 마쇼. 세상에 내가 그런 무서운 놈은 이 세상에서 첨 봤습니다."

— 장명수 구연, 〈백정의 조카 노릇한 박문수〉, 《한국구비문학대계》 2-2, 249~250쪽

우리 문학에 '남자 춘향'은 없는가

어미 뱃속에 생명이 들어서는 순간부터 사람과 사람 사이에 차별이 있었던, 그 차별이 '제도'의 이름으로 수호되었던 시절, 그 차별의 족쇄를 끊기 위해 분투했던 이가 있었던가. 그 답을 문학에서 찾을 때 가장 먼저 떠오르는 이름은 역시 '춘향'일 것이다. 가녀린 여인의 몸으로 저 무서운 권력의 압제에 혈혈단신으로 맞서 참혹한 옥고를 무릅썼던 춘향. 그의 저항의 역정은 단순히 신분 상승의 길을 넘어

서 인간 해방을 향한 몸짓이었음이 이미 그간의 연구를 통해 증명된 터이다. 그 치열한 몸짓에 당대 민중의 전폭적인 지지가 있었음은 물론이다.

그렇다면 우리 문학에 '남자 춘향'은 없는 것일까. 신분의 한계라는 질곡의 사슬을 끊고 인간 해방의 길을 추구한 그 사람 말이다. 찾아보자면, 주인 양반과 맞서 기세와 지혜 대결을 펼쳐서 당당히 상전을 누른 가면극 〈양반 마당〉의 말뚝이나, 〈꾀쟁이 하인〉 설화의 막동이가 떠오르고, 종의 신분으로 탈주와 홀로서기에 성공하여 승지에까지 오른 《청구야담》의 〈구복 막동[宋班窮途遇舊僕]〉도 떠오른다.이우성·임형택(1978), 《이조후기한문단편집》, 140~148쪽 하지만 말뚝이와 막동이의 '희극적 반항'의 몸짓에서는, 과거를 은폐하고 지배 체계에 편입한 구복 막동의 극히 현실적인 인생 행로에서는 무언가가 부족한 느낌을 받게 되는 것도 사실이다.

여기, 비록 문학사에 있어 춘향과 같은 자리에까지 나아가지는 못했으되 그럴 만한 힘을 지녔던 한 인물이 있다. 그는 이름은 부여받은 바 없고 성만 '박씨'로 되어 있는 시골 백정으로, 신분제의 바닥에 해당하는 최하층 천민 출신으로서 현실적이고도 담대한 처신과 과감한 결단으로 양반들의 등등한 기세를 꺾고 세상에서 제 한자리를 당당히 차지한 인물이다. 판소리나 소설의 주인공이 되기에 충분한 자질이 있음에도 불구하고 그 기회를 얻지 못하고 구비 설화의 인물로만 남아 있는 백정 박씨. 이제라도 그가 새롭게 조명되어 한 시대의 아이콘으로 살아나면 좋겠다는 희망 속에 그를 만나 보기로 한다.

이야기 속의 박씨

백정 박씨가 등장하는 이야기는 〈백정과 박문수〉리 일컬어지는 구비 설화이다. 전국적으로 전승되어 20편 가량의 자료가 보고되어 있다. 신동흔(1986), 〈신분갈등 설화의 상황설정과 문제해결 방식〉 주요 각편을 통해 그 이야기의 맥락과 인물 특성을 재정리해 보면 다음과 같다.

주인공 박씨는 소를 잡는 천한 백정이면서, 다른 한편으로 아주 부유한 인물이다. 백정 일을 해서 큰돈을 벌었다고 하니 좀 낯설어 보이기도 하지만, 조선 후기에 뛰어난 사업 수완으로 부자가 된 요호 부민(饒戶富民)들이 적지 않았음을 생각하면 그리 이상할 것은 없다. 오히려 시대의 변화를 잘 반영하고 있는 하나의 전형적인 인물이라 할 수 있겠다.

박씨는 대단한 경제력을 갖추었지만 신분이 천하다는 이유로 고통을 당한다. '돈은 많았으되 이거 뭐 먹고 싶은 대로 먹나, 쓰고 싶은 대로 쓰길 하나, 이거 당최 사람한테 인간 구실을 못 받는' 장명수 구연본, 238쪽 상황이다. 양반들에게 수시로 불려 가서 재산은 재산대로 뺏기고 고통은 고통대로 당했다고도 한다. 조일운 구연본, 535쪽 그리하여 자기도 한번 '양반 노릇'을 해봐야겠다고 결심하고 계획을 세워 실행에 옮긴다.

대다수 자료에서 그 첫 계획은 고을 이방을 이용한 신분 상승 시도로 되어 있다. 경제력을 이용하여 이방과 친분을 쌓는 가운데 방략(方略)을 찾던 중 이방이 거액의 공금을 횡령한 죄로 옥에 갇히게 되자 박씨는 아낌없이 그 돈을 채워 줌으로써 이방의 은인이 된다. 박씨의 소원이 '양반 노릇'임을 알고 있던 이방은 새로 부임한 수령에게 박씨를 천거하여 박씨가 고을 좌수(座首)로 임명되도록 한다.

〈하회별신굿탈놀이〉에 사용되는 백정탈

좌수라면 향청(鄕廳)의 우두머리이니 하루아침에 번듯한 양반 직임을 받은 셈이다.

하지만 백정이 좌수로 임명되는 것을 고을 양반들이 그대로 보고 있을 리 없다. 양반들이 들고일어나 야단하는 탓에 좌수 노릇을 못하게 된 박씨는 다른 고을로 이주하기로 결심한다. 지역 간 교류가 원활하지 않던 상황에서 '이주(移住)'는 신분을 바꾸기 위한 현실적이고도 유효한 수단이었다. '서울 → 경주', '함경도 → 경상도', '진주 → 서산', '안동 → 충청도', 이런 식으로 머나먼 고을로 거처를 옮긴 박씨는 좌수 사령장을 내걸고서 양반 행세를 시작한다. 문제는 가문인데, 박씨는 제 근본을 묻는 사람들에게는 어사 박문수가 자기 당질(또는 조카, 사촌동생)이라고 큰소리친다.

자료에 따라서는 이주의 과정 없이 주인공이 바로 박문수를 친척으로 끌어들이는 식으로 이야기가 전개되기도 한다. '박문수 당질(조카)은 우리 집에 들러 가라.'고 드러내 놓고 광고를 하는 식이다. 언뜻 상황적 현실성이 떨어져 보이지만, 주인공의 성격이 더욱 적극적으로 부각되는데다가 이어지는 박문수 형제와의 대결이 박진감 있게 전개되어 주목이 되는 자료들이다(기본 텍스트 가운데 장명수, 조일운 구연본이 여기 해당한다).

주인공의 박문수 당숙 사칭에 이어질 서사가 무엇일지는 누구나 짐작할 것이다. 암행을 다니던 박문수가 고을을 지나다가 자기 당숙에 관한 소문을 듣고서 박씨의 집에 찾아드는 일이 그것이다. 백정 박씨의 인물됨과 능력이 본격적인 시험에 들게 되는 지점이다. 어떤가 하면 그 시험은 한 번이 아닌 두 번에 걸쳐 이루어진다. 박문수가 박씨의 집을 다녀간 다음 박문수의 동생이 박씨를 잡아 죽이겠다며 다시 찾아오기 때문이다.

어느 부유한 천민의 신분 상승 추구 과정 정도로 전개되어 오던 이 설화의 서사는 백정 박씨와 박문수 형제의 대결 과정을 거치면서 새로운 의미를 부여받게 된다. 특히 백정 박씨가 박문수 동생과 벌이는 한판 대결 속에 서사와 캐릭터의 의미가 핵심적으로 함축되어 있는데, 이것이 다음 절의 화두이다.

다툼에서 드러난 박씨라는 인물

박문수가 박씨의 집을 찾아들었을 때 박씨가 대응하는 방식은 자료에 따라 크게 두 가지로 나뉜다. 처음에 박문수를 못 알아봤다가 그 정체를 알고서 놀라 분주히 대응하는 것이 하나이고, 집을 찾아드는 사람이 박문수임을 눈치채고서 준비했던 대로 기민하게 대응하는 것이 또 다른 하나이다.

자기 집을 찾은 손님이 박문수라는 뜻밖의 사실을 안 순간 박씨가 보이는 가장 일반적인 행동은 가족과 함께 엎드려서 죽을죄를 지었다고 사죄하는 것이다. 박문수가 그 모양을 보면서 사연을 묻자 박씨는 본래 백정으로 지내다가 양반 되기가 소원이어서 어사 친척을 사칭한 일을 사실대로 털어놓는다. 그러자 박문수가 그 정상을 이해하고는 박씨를 위해 당질 노릇을 해 주기로 결정하게 된다. 많은 자료들이 그 과정을 박문수의 선의(善意)에 의한 것으로 그려냄으로써 대결의 긴장감을 떨어뜨린다. 다만 특기할 사실은 박문수가 박씨의 '인품'을 보고서 그러한 결정을 했다고 서술되는 경우가 많다는 점이다. 박문수가 그를 양반 행세를 할 만한 인물로 보았다는 것이다.

그 '인품'이 서사적으로 드러나는 것은 박씨가 박문수의 당숙(숙부) 연기를 하는 장면에서다. 다음 날 박문수는 많은 사람을 대동하고 박씨를 찾아가 인사를 드리게 되는데, 박씨는 과연 당숙다운 위엄을 갖추어 박문수를 맞이하는 담대한 태도를 보임으로써 박문수가 낸 어려운 시험을 통과하게 된다. 다음과 같은 식이다.

그게 대처 그 원이 그 충청도 원들을 싹 불러서. 불러갖고 기서는 그

이튿날 인자 참 열두 고을 수령들이 된다든지, 수령들이 몇이 떡 들어가닌게 들어가서 인자,

"숙부님 뵙시다."

허고 박문수 박어사가 들어가닌게,

"응, 내가 너를 보닌게 반분이나 풀린다. 손님들이 오셨으니 어서 사랑으로 들어가라."

— 최남석 구연, 〈백정의 양반 노릇〉, 《한국구비문학대계》 5-5, 747쪽

이와 같이 태연하고 당당하게 윗사람 행세를 함으로써 박씨는 박문수뿐만 아니라 고을 사람들에게도 두루 인정을 받아 당당히 양반으로 자리를 잡게 된다. 솔직함에 이은 대담함이 신분 상승을 이루는 동력이 되고 있는 양상이나.

한편, 박씨가 박문수더러 자기 집에 들르라고 광고한 상태에서 집으로 찾아드는 인물이 박문수임을 눈치채고 기민히 대응한다는 내용의 자료들에 있어 박씨의 성격과 행동 양상은 더욱 적극적이고 능동적이다. 얼른 집으로 모셔 들여 진수성찬으로 푸짐하게 대접하고는 주변 사람들을 불러 모아 제 당질이 왔다고 공표를 하게 되는데, 박문수는 달리 대응할 기회도 없이 그 기세에 눌려 박씨가 당숙임을 인정하고 만다. 그 과정에서 박씨의 놀라운 '인품'에 감복함은 물론이다.

이렇게 담대합니다. 그래서 어사가,

'과연 대담하고 용감한 놈이니 내가 조카 노릇을 한번 해 주고 이놈을 한번 씌어 주어야겠다.'

— 조일운 구연, 〈백정과 박문수〉, 《역사인물 이야기 연구》, 537쪽

이렇게 박문수에게 인정을 받아 고을에서 양반 노릇을 착실히 하게 된 주인공 박씨에게 또 다른 큰 시험이 닥쳐온다. 백정은 감사의 표시로 박문수 집에 재물을 보내 주는데, 그 재물 사연을 캐묻다가 박씨에 대해 들은 박문수 동생이 '백정놈'이 당숙이라니 말이 되느냐며 당장 물고를 내겠다고 쳐들어오게 되는 것이다. 그 사실을 염탐한 박씨가 박문수 동생을 다루는 대목은 가히 이 설화의 백미라 할 수 있다. 박씨는 어떻게 했던가.

> 내 큰조카가 왔다 간 다음에 아무래도, 저저 둘쨀지 셋쨀지 그 정신이 상 걸린 놈이 아무래도 꼭 내 집엘 쫓아올 것 같은데 오거든 그저 좌우지간, 내가 그저 묶으라고 명령만 하면 다짜고짜로 묶어라. 그거 뭐 두말할 것도 없다.
>
> — 장명수 구연본, 244쪽

박씨는 마을 사람들에게 박문수에게 미친 동생이 있다고 공표해 놓고서 미리 사람을 준비해 두었다가 "백정 놈이 당숙이라니 말이 되느냐."라며 당장 죽일 기세로 달려드는 박문수 동생(양반)을 무작정 잡아 묶는다. 묶어서 창고에 덜컥 가두어 두고서 그가 무어라 욕을 하든 아랑곳 않고 손님들과 좋은 음식을 차려 놓고 나누어 먹는다. 광증에는 굶는 게 약이라며 양반에게 며칠이 지나도록 물 한 모금 주지 않는다. 또는 침을 주어야 정신을 차린다며 양반 몸에 큰 침을 마구 찌르도록 한다. 양반이 욕을 하든 발악하며 날뛰든 요지부동이다. 그것은 단지 '미친놈 발작'일 뿐이다.

그러다 아무도 없는 깊은 밤이 되면 박씨는 은근히 양반을 찾아와 이렇게 회유하곤 한다.

"내가 참 살림이 궁차해서 내가 그 소 잡는 데를 들어가서 참 내 백장 노릇은 했다만은, 아 나두 글 배우고 내 아버지가 재산이래도 좀 있어서 글 배웠으면 나두 너의 형만은 못하지 않아. 나두 그래도 벼슬께나 올라설 사람이야. 그런데 아 내가 항차 없어서 그렇게 궁색하게 돼서 내가 백장 노릇은 해서 돈은 좀 벌었다. 내가 먹고살 만하다. 아 너 내가 섭섭잖게 해 줘. 뭘 그렇게 대단해서 그걸 가지고 노발대발하고 여길 쫓아오느냐 그 얘기야. 그러니 어여 그만두고 마음 풀고 내가 오늘 저녁 주찬을 잘 들여서 뭐 좋은 음식 좀 해 줄 테니까 받아먹게. 받아먹고, 피차간에 좋은 게 안 좋겠나. 자네 어서 내 얘길 듣게."

"야 이 쌍 개놈의 새끼, 야 이 천하에 이 찢어 능지처참을 하고 이 오살을 해 죽일 놈의 새끼, 이놈의 새끼 정신 나갔나."

"어, 너 아직도 본정신이 안 돌아왔구나. 난 또 본정신이 돌아온다고."

— 장명수 구연본, 246쪽

박씨는 또 다음과 같이 말하기도 한다. '무슨 돈을 보태 달라는 것도 아니요, 벼슬 달라는 것도 아니다. 내가 다만 그 하대 받는 말이나 좀 면하기 위해 내 그러는' 것이라고. 장명수 구연본, 248쪽 '하대(下待)'를 면하고 살겠다는 그 말은, 자기도 기회만 있었으면 박문수 못지않은 사람이 되었으리라는 그 말은 인간으로서의 기본적 자존(自尊)에 관한 선언에 다름 아니다. 이 설화의 지향이 단순한 신분 상승이 아니라 '인간 해방'으로 향하고 있음을 확인할 수 있는 지점이다.

인간 자존에 대한 그 자명하고도 엄중한 지향을 뉘라서 막을 수 있을까. 정신나간 일이라며 '양반'이 발악을 해대지만, 그 지향이 관철되는 것은 하늘의 뜻이자 시대의 대세였다. 이미 박문수가 간파했던 것처럼 말이다. 박씨 앞에 꼼짝없이 무릎을 꿇을 수밖에 없는 것이 박문수 동생의 운명이었다.

> 고만 한 보름 뻗치다 하니까 맥이 나 버렸어. 맥이 나니 아이 고만 적당이 그저 고개를 끄덕끄덕해 버렸어.
> "아유, 조카님 참 세상에 고마운 일이여, 우쩌면 그렇게 사람이 이렇게 선한 사람이 그러냐."
>
> — 장명수 구연본, 248쪽

그러고서 그는 서울에 돌아와 박문수 앞에서 다음과 같이 자기가 졌음을 실토하는 것이다. "아이고, 형님 말 마쇼. 세상에 내가 그런 무서운 놈은 이 세상에서 첨 봤습니다."^{장명수 구연본} "대체 형님도 당혈만 헙디다. 용감헙디다."^{조일운 구연본} "과연 그 녀석이 양반 재목입디다."^{유효준 구연본}

신분적 질곡에서 탈피하여 인간적 삶을 누리고자 하는 의지의 통쾌한 승리다. 향유자들이 이러한 결말에 무척이나 즐거워하고 있음은 물론이다. 조일운 화자가 탑골공원에서 위 이야기를 구연할 때 청중들이 30~40명 모여 있었는데, 백정이 박문수 동생을 보기 좋게 물리치는 지점에서 웃음과 탄성, 박수가 쏟아져 나왔다. 화자가 구연한 다른 어떤 박문수 설화에서보다 뜨거운 반응이었다. 박씨가 지향한 길에 대한 전폭적인 공감과 응원의 표현이다.

하지만 이러한 상황이 실제 현실에서 어찌 가능하겠는가 생각해 볼 수 있겠다. 어찌 어사가 백정의 친척 노릇을 해 주며, 백정이 어찌 멀쩡한 양반을 정신병자로 몰아 저리 함부로 다룰 수 있겠는가. 마을 사람들이 바보가 아닌 이상 설마 멀쩡한 사람과 미친 사람을 구별하지 못한단 말인가. 이런 식으로 말이다. 그냥 그것은 웃고 즐기기 위한 '이야기'이니까 가능한 일일 따름일 뿐.

하지만 달리 생각하면 이 지점에 이 이야기의 묘미가 숨어 있다는 것이 필자의 생각이다. 이야기 상황을 다시 상정해 보자. 어떤 멀쩡한 양반이 내려와 박씨더러 '백정놈'이라며 힐난한다. 그를 '미친놈'이라며 '백정놈'이 잡아 가두고 핍박한다. 그게 실제 상황이었다면, 사람들은 아마도 십중팔구 박씨가 박문수와 아무 상관이 없는 '백정놈'일 뿐이라는 사실을 눈치챌 수 있었을 것이다. 만약 그렇다면? 사람들은 그를 백정으로 치부하며 양반 자리에서 끌어내렸을까? 천만에! 오히려 사람들은 그 박씨에게 더욱 눌리고 말았을 것이다. 저 세도 당당한 양반을 '미친놈'으로 만들어 꼼짝 못하게 다스리고 있는 저 무서운 사람에게 어찌 감히 '너, 하찮은 백정이지?' 하고 덤비겠는가 말이다. 알고도 모른 척 묵인하며 '미친놈 만들기'에 동조할 수밖에 없는 것이 그들의 필연적인 선택이다.

필자는 한 자료에서 보이는 다음과 같은 변이를 그 놀라운 힘을 표상하는 대목으로 읽는다.

"이런 때려죽일 놈의 백정놈이 내 형님보고 조카락혀. 이놈 때리죽일란다."

고. 막 쫓아간단 말여. 그런게 박문수 박어사가 말여.

"가지 마라. 갔다는 너 죽은게 가지 마라."

아 그러나 걍 막 홧김에 막 쫓아가, 쫓아 거그 가서는 박 좌수놈 집이 어떤 집이냔게로 거그 그 촌가이서 걍 농부들이 나서 갖고 아 박 좌수 댁 보고 박 좌수놈이 어떤 놈이냐 허냐고 몽둥이로 뚜드려 죽여 버렸어.

— 최남석 구연본, 749쪽

인간 자존의 길로 향하는 박씨의 몸짓은 이렇듯 강렬하다. 그것은 박문수 동생이 아니라 박문수 할아버지라 해도, 그 누구라 해도 감히 막아설 수 없는 필연의 길이었다. 백정 박씨는 이렇게 한 시대의, 한 세상의 전형이 된다.

호민의 힘, 호민의 길

일찍이 허균은 〈호민론(豪民論)〉에서 백성을 세 부류로 나누어 설명한 바 있다. 눈앞의 이익에 얽매어 시키는 대로 법을 받들고 윗사람에게 부림을 당하는 자를 항민(恒民)이라 했고, 억압에 신음하고 탄식하면서 윗사람을 원망하는 자를 원민(怨民)이라 했으며, 남 몰래 다른 마음을 품고서 세상을 곁눈질하다가 때를 만나면 분연히 떨치고 일어나 소원을 실행에 옮기는 자를 호민(豪民)이라 했다. 이 기준에 입각해 살펴본다면, 백정 박씨는 어김없는 '호민'이 될 것이다. 제 처지를 냉철히 파악한 상태에서 상황에 맞는 신속하고도 과감한 결단으로 뜻을 관철하는 인물이니 말이다. 허균은 호민이야말로 두려운 존재라 했거니와, 이는 박문수 형제가 박씨를 가리켜 '무서운 놈'이라고 일컫고 있는 것과 그 맥락이 서로 통한다.

　허균은 이르기를 호민이 분연히 팔을 떨쳐 밭두렁 위에 올라서서 한번 크게 외치면 원민과 항민들이 줄줄이 그 뒤를 따르게 된다고 했다. 어찌 무기를 들고 벌떼처럼 나서야만 봉기(蜂起)이겠는가. 밑바닥 백정으로 그 억압을 일거에 뒤집어 저 앞으로 쑥 나선 사람. 사람들은 눈이 둥그레져 수선대다가 그가 걸었기에 길이 된 그곳으로 따라나선다. 그리고 그렇게 세상은 바뀌어 간다. 서릿발처럼 엄혹했던 신분 차별이 어느새 역사 속으로 스러져 가는 것이다.

　냉철한 현실 인식에 입각한 과감한 결단과 행동력으로 보란 듯이 제 삶을 바꾸고 시대를 흔들어 바꾼 호민(豪民) 박씨. 그 캐릭터가 지니는 의의는 과거의 것에 그치지 않을 것이다. 어느 시대에나 깨치고 나아가야 할 질곡은 있는 법. 백정 박씨의 그 '무서운' 몸짓에는 오늘날의 우리에게도 모종의 경각심과 탄성을 일으킬 만한 요소가 담겨 있다. 탑골공원 청중들의 그 경탄과 환호는 21세기 대중의 것으로 이어질 수 있다.

　백정 박씨를 현대적으로 재창조한 사례는 아직 없다. 대신 역사소설 내지 사극의 여러 캐릭터 가운데 그와 견주어볼 만한 사례를 찾을 수 있다. 호민(豪民)이라 할 때, 가장 먼저 떠오르는 인물은 역시 홍길동과 임꺽정, 장길산 등이겠다. 세상을 들썩이는 힘을 발휘한 대단한 호민이자 영웅으로서 소설과 영화, 드라마로 거듭 되살아난 존재들이다.

　이들을 박씨와 비교하면 일정한 차이점이 발견된다. 홍길동은 밑바닥 천민이 아닌 양반의 서출이며, 과단성 있는 행동파라기보다 과시욕과 영웅심이 있는 고민형 인물의 면모가 있다. 임꺽정은 박씨와 같이 백정 출신의 행동과 인물이지만, 그 행동은 냉철한 현실판단에 의한 것이라기보다 기질적이고 즉자적인 반항에 의한 것이어서 또 박씨와 차이가 있다. 이에 비해 천민 광대 출신이면서 정치한 현실 의식을 갖추고 저항의 행동에 나서는 장길산은 박씨의 자질을 두루 내포한 캐릭터로 보인다. 하지만 사회체제와 정면으로 맞선 지점에서 '불가능한 반역'을 꾀하는 존재로서의 그의 캐릭터는 '이상화된 전형'의 면모를 지니는 것 또한 사실이다. 세상 속에서 훌쩍 길을 열어내는 박씨와 비교할 때 영웅성은 강하되 현실 대응에는 약한 면이 있다.

임꺽정이나 장길산의 곁에 있는, 세상 속에 존재하면서도 냉철한 혜안을 발휘하는 인물들에도 주목할 수 있겠다. 임꺽정의 정신적 스승 갖바치, 장길산의 후원자 박대근 등이 그들이다. 주목되는 인물들이지만, 역시 박씨와는 일정한 차이가 있다. 갖바치는 이인(異人)일 뿐 행동력이 없으며, 박대근은 호걸이되 천한 삶을 겪지 않은 지식인이고 다분히 비현실적으로 이상화된 인물이다.

그간 무명의 설화 인물일 뿐이었지만, 백정 박씨는 '임꺽정＋갖바치', '장길산＋박대근' 식의 전형적 틀을 넘어서는 새로운 호민(豪民)의 전형으로 살아날 만하다는 것이 필자의 시각이다. 마당극이나 마당놀이, 또는 영화나 드라마 등에서 그 캐릭터를 새롭게 살려낼 수 있을 것이다. 사극(드라마)의 예를 들어 보면, 현실 속에서 당당히 양반 행세를 하는 한편으로 개혁적 지식인 그룹과 저항적 민중 세력을 연결하는 역할을 은밀하고도 치밀하게 수행하면서 재정적 지원과 함께 전략적 뒷받침을 하고 있는 그의 모습을 상정해 볼 수 있다. 밑바닥 천민으로서 보란 듯이 양반의 자리를 꿰찼으되 더욱 본질적인 무엇을 꾀하고 있던, 그리하여 시대 변혁의 배후 인물로 맹활약을 하는 '영원한 백정' 박좌수! 그 형형한 눈빛이 제대로 살아난다면 장길산과 박대근을 넘어서는, 또는 〈다모(茶母)〉의 장성백을 넘어서는 매력적인 캐릭터가 산출될 수 있지 않을까?

신동흔 건국대학교 국어국문학과 교수. 구비문학 및 서사문학 전공. 전설과 민담, 고전소설을 주로 연구해 왔으며, 최근 민간신화의 탐구에도 관심을 기울이고 있다. 우리 옛이야기를 재정리하여 출간하는 작업에도 참여하여 여러 권의 책을 출간하였다. 저서에 《역사인물 이야기 연구》, 《세계민담전집 1 한국편》, 《살아있는 우리신화》 등이 있다.

15

여성의 자아 찾기, 그 험난한 여정의 주인공

이지하

이현영

중세 유교적 가부장제하에서 여성으로서의 자기 정체성에 대해 고민하는 인물. 이러한 정체성과 시대와의 불협화음으로 친정 부모와 남편의 불화 속에 오갈 데 없는 처지가 된다. 자존심이 매우 강하고, 신의를 지키기 위해 죽음도 불사한다.

이현영은 《옥원재합기연(玉鴛再合奇緣)》의 주인공이다. 대부분의 고전소설처럼 《옥원재합기연》 역시 구체적인 작가가 밝혀지지 않은 상태다. 그러나 그간 작가를 추정하는 논의가 다각도로 이루어졌다. 여성 작가설, 이광사설, 중인 신세대 계층설, 강화학파설 등이 제기된 바 있다. 아직 논의를 확정할 수는 없으나, 작품의 내용과 세계관을 염두에 둘 때 사대부 계층 내에서도 진보적 비판 의식을 지닌 집단에 의해 창작되었으리라는 점은 짐작할 수 있다.

만일 그 아비를 원수로 여기면 그 자식을 버릴 것이요, 그 자식을 처로 삼으매 그 아비로 더불어 해원하리니 천하에 그 아비를 원수 삼으면서 그 자식과 친하는 도가 어디 있겠습니까? (중략) 이미 옛 원한을 버려 혼인해 놓고 또다시 마음 깊숙이 원망을 맺는 것은 그 뜻을 어디에 두신 것입니까? 제 부친이 비록 덕이 없으시나 일찍 불초녀가 아니었다면 허다한 누실로 천하의 손가락질을 받지 않았을 것이로되 불초자식으로 말미암아 세상의 입방아에 오르시니 죄 많은 자식의 통천한 죄 뼈를 갈고 목숨을 다하여도 속지 못할 것입니다. 당신이 본디 효성이 지극하니 그 효심으로써 다른 사람의 어버이 위한 정을 어찌 헤아리지 못하겠습니까마는 위엄으로써 사람의 정을 억제하고 낯빛으로써 사람의 마음을 꺾어 첩으로 하여금 천성의 친밀함을 아주 끊어 버리려고 하고 늘 지난 일을 유심하여 장단을 따라 첩의 부모를 모멸하는 뜻이 있으니 부인이 비록 사람에게 복종하나 그 몸을 둔 자는 부모의 생육하신 바니 부모가 낳지 않았다면 어찌 당신께 승순할 수 있었겠습니까? 비추어 생각하면 첩이 이제 하늘을 이고 당신을 맞이할 수 있었겠습니까? 그 죽기를 구함이 인정에 마땅한 바요, 불초녀가 하루를 살매 부친께 욕이 하루를 미치고 백일을 머물매 부친께 욕됨이 백일에 이릅니다. 원통함이 뼛속에 사무쳐 오장에 한이 쌓였으니 다만 하루 세상으로써 백년 괴로움이 있으니 어찌 머리를 들어 하늘을 바라보고 사람을 대할 면목이 있겠습니까?

—《옥원재합기연》(규장각본) 권지육

여성의 침묵은 금이 아니다

여성이라는 존재 자체가 죄악시되던 시절, 그 죄 많은 존재들을 교화하여 남자의 건즐(巾櫛)을 받들게 하기 위해서는 여러 가지 규율들이 필요했다. 남자는 하늘이요 여자는 땅이므로 땅이 하늘을 우러르듯 여자는 남자를 우러러 받들어야 하고, 음양의 이치에 따라 남자의 일과 여자의 일이 엄격히 구분되는 것이므로 여자는 자신의 본분을 지키기 위해 집 밖에 나가지 말아야 하며, 여자는 홀로 설 수 없는 존재이므로 삼종지도의 논리대로 평생을 남성의 보호 아래 맡겨야 한다는 것 등등.

이 모든 관문을 통과하여 남성의 그늘 아래 보호 받을 만한 존재로 자리 잡기 위해서 여성에게 가장 강조된 덕목은 온순과 순종이었다. 내면의 감정을 드러내 보이지 않고 늘 온화한 상태를 유지하는 가운데 조용히 부모와 남편의 뜻을 따르는 것이 최고의 미덕이었다. 여자가 감히 불만을 표시하거나 성질을 부리거나 윗사람(여기에는 남편도 포함된다)의 뜻을 거스르는 것은 못 배워 먹은 악덕의 소치로 간주되었다. 그러므로 여성의 침묵은 그 온순과 순종을 보장하는 아름다운 덕목이었다. 목소리를 발하지 않는 여성, 목소리 없이 은은한 미소만 머금은 여성의 그윽한 아름다움이 찬양되었다.

그러나 그 많은 규율들이 자신들을 교화하기 위해서가 아니라 구속하기 위해서 존재하는 것임을 깨달은 영악한 여인들이 있었다. 음양이 조화를 이루어야 세상이 온전할 수 있듯이 남녀도 그렇게 조화로워야 하는 것일 뿐, 그 안에 어떤 차별의 논리도 존재하지 않음을 간파한 것이다. 오래된 사회적 금기와 학습에 의한 세뇌에도 불구하고 그녀들의 내면에서 솟구치는 존재론적 고민을 막을 수는 없었다.

그녀들은 자신의 침묵이 금이 아님을 깨달았다. 자신들에게 침묵을 강요하는 것, 자신들의 목소리를 거세하려는 것이 자신들이 쏟아 놓을 말에 대한 두려움 때문임을 눈치챈 것이다. 그리고 마침내 입을 열어 자신의 생각을 당당히 쏟아 놓기 시작했다. 서두의 인용문에서 볼 수 있듯이, 《옥원재합기연》의 이현영도 논리정연하게 남편의 모순된 행동을 비판하고 있다. 그녀는 불의를 저지르려는 부친 앞에서 이미 당돌하게도 소리 높여 대들었던 경력이 있다. 목소리를 발화함으로써 자신이 수동적 존재가 아니라 주체적으로 사유하고 판단하며 행동할 수 있는 존재임을 보여 준 것이다.

이처럼 모든 저항의 몸짓은 말과 함께 이루어지며, 자기 존재에 대한 선언도 말에서 비롯된다. 이현영을 위시하여 자신의 주체성에 대해 고민하는 고전소설 속의 그녀들은 나지막하지만 또박또박한 목소리로 자기 주장을 펴고 있다. 그녀들에게는 더 이상 침묵이 미덕이 아니다. 여성의 침묵은 오직 남성들에게만 금이었던 것이다.

참을 수 없는 존재의 가벼움

《옥원재합기연》의 이현영은 고전소설의 여주인공 중에서도 자의식이 매우 강한 편이다. 이로 인해 아버지나 남편으로 대표되는 기존의 권위가 자신의 자발적 행위를 억압하고 신념을 거스를 때 죽음도 불사하며 격렬하게 저항한다.

가장 먼저 그녀의 반발을 불러일으키는 존재는 아버지 이원의이다. 소인배적 기질이 강한 이원의는 명망에 기대어 소송의 아들 소세경과 딸 현영을 정혼시켰다가 소송 일가가 몰락하게 되자 신의를 저버리고 다른 부귀가에 딸을 시집보내려 한다. 그 밑바탕에는 부귀를 추종하는 소인배적 기질뿐 아니라 사랑하는 딸의 미래를 걱정하는 마음 또한 자리 잡고 있다고 보아야 할 것이다. 그러나 이에 대한 이현영의 반응은 도가 지나칠 만큼 격렬하다. 아버지에게 대드는 것은 말할 것도 없고 자신의 뜻이 받아들여지지 않자 칼로 자해를 하기까지 한다. 그러나 그것도 별 효과가 없자 결국은 가출을 감행하고 만다. 삼종지도의 제일 첫머리를 차지하고 있으면서 여성에 대한 최초의 보호자요 구속자로서의 지위를 부여받은 아버지를 거역하는 것으로써 이현영의 주체적 자아 찾기라는 긴 여정이 시작되는 것은 의미심장하다.

혹자는 그녀의 이러한 행위를 열(烈) 이념에 입각한 유교 윤리의 추종으로 해석하기도 한다. 그러나 수없이 죽을 고비를 넘기고 소세경과 혼인을 이루게 된 상황에서 이현영이 보여 준 태도와 결혼 후의 불화를 고려해 보면 문제가 그리 간단하지 않다. 그녀는 극구 소세경과의 혼인을 거절하다가 마지못해 혼인을 한 후에도 친정아버지를 소인 취급하는 남편을 원망하여 마음을 닫아걸고 끝까지 남편의 사랑을 받아들이지 않는 것으로 그려진다. 그녀의 가출이 소세경을 향한 열(烈) 의식에 기인한 것이었다면 그와의 혼인을 축복으로 받아들였어야 할 것이고, 혼인 후에도 부친의 일을 들먹이며 불화하는 일은 없어야 할 것이다. 소세경을 선택하기 위해 스스로 외면한 부친이 아니던가? 그러나 이현영은 그런 기대와는 다른 모습을 보이는데, 이러한 태도는 열 이념에 충실한 여성의 모습이라고 하기 어렵다.

그렇다면 가출을 감행하면서까지 다른 혼처를 거부했던 그녀의 행위를 어떻게 이해해야 할까? 이현영이 지키고자 했던 것은 얼굴도 모르는 한 남자에 대한 지고지순한 정절이 아니라 자신의 명예를 걸고 한 약속에 대한 신의였다. 주체적이고 도덕적인 인간으로서 소신을 지키고자 하는 현영의 행위를 여성의 열이라는 이념으로 한정하는 것은 여전히 여성을 종속적 존재로 파악하고자 하는 편견을 드러내는 것이라 하겠다.

그러한 편견에 반발이라도 하듯 이현영은 남편 소세경에게 전혀 열부로서의 모습을 보여 주지 않는다. 오히려 친정 부모의 일로 남편과 대립하며 자신의 불만을 토로하기도 하고, 감정이 상하면 식음을 전폐하는 것으로 시아버지와 남편의 속을 타게 한다. 그녀가 남편에게 반발하는 주된 이유는 남자의 효와 여자의 효를 구분하는 차별 때문이다. 남녀의 구별 없이 부모를 사랑하는 마음은 보편적인 인류에 근거한 것임에도 불구하고, 그것을 거스르는 남편과 남편으로 대표되는 당대의 지배 이념에 대해 그녀의 방식대로 저항하는 것이다. 여성에게 친정 부모의 문제는 자기 근본과 관련된 문제이기도 하므로 남편이 자기 부모를 부정하는 것은 곧 자신을 존중하지 않는 것으로 해석된다. 현영도 남편이 자신의 부모를 인정하지 않는 한 남편의 애정도 자신의 실체를 향한 것이 아니라고 여기기에 끝내 남편의 마음을 받아들이지 않는다. 자기 존재의 본질을 이해하지도 못하면서 사랑한다고 하는 것이 무의미했던 것이리라.

외부를 향해서가 아니라 자기 내부로 향해 있는 이현영의 고민은 자녀들을 대하는 태도에서도 잘 드러난다. 유교적 여성상에서 가장 이상적인 모델로 제시되는 것은 현모의 이미지다. 대를 이을 자식을 잘 길러 내는 어머니의 역할은 가부장제 사회에서 여성에게 주어진 가장 신성한 의무이자 여성에게 권위를 부여해 주는 주요 덕목이기도 하다. 그러나 이상적인 여성 주인공답지 않게 이현영은 어머니로서의 책임을 방기(放棄)한다. 자신의 신세를 한탄하며 비탄에 빠져 차라리 세상을 버리는 게 낫다는 생각을 하며 젖 달라고 우는 아이를 거들떠보지도 않는다. 모성 본능이라는 거창한 신화도 이 순간의 현영에게는 통하지 않는다. 자신의 내면에 침잠하는 순간 현영은 아내도 어머니도 아니고 오직 자기 자신일 뿐이다.

그렇다면 무엇이 이현영을 그렇게 끝없이 반항하고 충돌하며 고통스럽게 하는가? 그건 바로 참을 수 없는 존재의 가벼움 때문이다. 주체적인 자아로 서지 못하고 종속자로 존재해야 하는 여성으로서의 삶이 그녀에게는 너무 가볍고, 그래서 너무 버겁다. 그녀는 자신의 존재에 그녀의 삶을 지탱해 줄 만한 적정한 무게를 부여하고 싶어한다. 그러나 그걸 허용하지 않는 세상 속에서 그 세상의 주도자들로 인식되는 아버지와 남편을 향해 격렬하게 거부의 몸짓을 보임으로써 자신의 절망감을 드러내고 있는 것이다. 이것을 포착할 때에야 비로소 그녀의 행위 속에 공존하는 효와 불효, 열(烈)과 불열(不烈)이라는 모순이 올바르게 이해될 수 있을 것이다.

너무나도 인간적인 그녀, 이현영

일반적으로 고전소설의 여주인공들은 자신의 감정을 잘 드러내지 않는다. 감정의 절제는 그녀들이 갖추어야 하는 대표적 미덕이다. 늘 온화하고 인내하며 사려 깊게 생각하는 여성상이 이상적인 것으로 미화된다. 그런데 이현영은 그러한 미덕을 포기하는 대신 살아 있는 인물로서의 생동감을 획득한다. 불만이 있으면 당돌하게 표현하고, 화가 나면 소리치며 대들고, 절망하면 모든 걸 내팽개쳐 버리기도 하는 그녀는 현실 속 우리의 모습과 너무도 닮아 있다.

물론 이현영도 유교적 가부장제하에서 제대로 된 교육을 받은 사대부가의 여성답게 현숙한 아녀자의 소임을 다하고자 노력한다. 효성스럽고 군자다운 남편의 인격을 존중하며 자신도 어진 아내, 효성스러운 며느리의 역할을 다하고자 최선을 다한다. 그러나 타고난 성정은 쉽게 고쳐지는 것이 아니며, 더군다나 세상과 조화롭게 화합하지 못하는 상황에서는 내면의 울분을 다스리기가 더 어려운 법이다.

이현영은 비루(鄙陋)한 부모에게서 태어난 자식이라고는 믿기지 않을 정도로 맑은 성정과 곧은 절개를 가진 인물이다. 교만하다고 오해할 수 있을 정도로 자존심도 강하다. 그러나 너무 맑은 물에는 고기가 살 수 없듯이 그녀의 초개 같은 성품은 세상과 타협하며 사는 데 오히려 장애가 된다. 게다가 성격이 급하고 다혈질적인 면도 있어서 차분히 앞뒤를 헤아리기보다는 즉자적인 행동을 보이기도 한다. 그 대표적인 것이 수차례에 걸친 자결 시도이다. 조금만 더 생각해 보면 사태를 올바로 파악하고 더 현명한 대응을 할 수도 있을 법한 상황에서도 그녀는 성급하게 자신의 목숨을 던지는 것으로 해결책을 삼으려 한다. 이처럼 이성보다 감정이 앞서는 태도는 신중함과 거리가 멀다.

하지만 이렇게 부족한 모습을 보여 줌에도 불구하고 우리가 이현영에게 끌리는 것은 너무나도 인간적인 그녀의 고뇌에 공감하기 때문일 것이다. 자신의 신념과는 동떨어지게 비루한 부모, 결국 그녀는 자신의 신념을 지키기 위해 부모 곁을 떠난다. 그러나 피는 물보다 진하기에 부모에 대한 그리움마저 떨쳐 버릴 수는 없다. 게다가 남편에게 자기 부모가 경멸당하는 것은 더더욱 참을 수 없다. 그저 신의를 지키는 것이 인간으로서의 도리라 생각하고 행동했을 뿐인데 세상에서는 그것을 열절(烈節)이라고 칭송하며 그녀를 다시 남편에게 종속된 존재로 규정하려 한다. 하지만 이현영은 아버지의 딸로서도 아니고, 남편의 아내로서도 아니고, 아이들의 어머니로서도 아닌 자기 자신으로 존재하고 싶을 뿐이다. 비록 그 모습이 혼란스럽고 가다듬어지지 않은 결점투성이일지라도 자기 자신과 마주하는 일은 중요하다.

이현영은 그 과정을 너무도 혹독하게 겪어 낸다. 여성에게는 자아로 눈을 돌리는 것이 불행일 수도 있던 시절에 항상 자신을 중심에 놓고 사고하고 행동하려 한 그녀가 세상과 충돌하지 않을 수 없기 때문이다. 그 시련 속에서 이현영은 자신의 부족함을 돌아보고 개선해 나가는 현명함도 보여 준다. 나이가 들수록 어린 시절의 치기 어리고 성급한 행동을 반성하고, 집안일을 건사하는 것뿐 아니라 인근의 어려운 이웃들까지 돌보는 도량을 갖추어 나간다. 그러나 현숙한 모습으로 변모한 듯한 그녀의 내면에는 여전히 충족되지 못한 자아에 대한 욕구가 도사리고 있기에 그게 건드려질 때마다 다시 토라지고 분노하며 남편을 향해 불만을 표출하는 것이다. 이처럼 이현영은 내적 성숙을 이루어가는 가운데도 끊임없이 동요하며 해결되지 않는 문제들로 괴로워하고 그 괴로운 감정을 드러내곤 한다. 변화하는 게 인간이라지만 또 쉽게 변하기 힘든 게 인간이기도 하다는 사실을 그녀처럼 잘 보여 주는 캐릭터가 흔치 않을 것이다. 그런 점에서 이현영만큼 생동감 있고 현실감 있는 여성 주인공을 우리 고전소설사에서 쉽게 발견할 수 있을까 싶다.

오늘날의 이현영들을 위하여

요즘에는 알파걸들이 자주 화제가 되곤 한다. 그들에게는 남녀 차별이라는 개념 자체가 낯설다고도 한다. 그게 사실이라면 참 살기 좋은 세상이 온 게 분명하다. 그러나 여전히 이현영처럼 여성으로서의 제약을 느끼며 주체적 자아를 찾기 위해 고민하는 사람들이 존재한다. 그들에게 이현영은 단지 지나간 시대의 이야기 속 인물 이상의 의미를 지닐 수 있을 것이다.

시대는 달라졌어도 그 시대적 환경 속에서 마주하게 되는 여성적 고민은 여전히 존재하므로 제2, 제3의 이현영들이 계속 나타날 것이다. 자신의 길을 가기 위해 좌충우돌하며 극단적 선택도 하는 인물, 그러나 당대의 지배 윤리를 완전히 거부하지 못하기에 고뇌하는 인물이 바로 이현영이다. 그녀는 영웅이 아니라 세상의 거대한 힘 앞에서 안간힘을 쓰며 버티는, 그러나 쉽게 그 힘 앞에 굴복하지도 않는 묘한 존재다.

만약 이현영이 시대의 사슬을 끊고 더 과감한 모습으로 여전사의 길을 갔다면 어땠을까? 그녀에게서 경이로움을 느낄 수 있을지는 몰라도 개연성과 동질감을 느끼기는 어려웠을 것이다. 작품 속에서 시대적 한계를 무시하고 너무 멀리 가 버린 인물은 또 하나의 허구요, 낭만적 기만에 지나지 않을 수도 있기 때문이다.

그런 점에서 여성으로서의 고민뿐 아니라 인간적인 결점까지도 고스란히 노출하는 이현영은 매우 친근하고도 매력적인 캐릭터라 할 수 있다. 귀한 집안의 외동딸로 태어난데다가 미모와 교양까지 갖추었고, 성품도 단정해서 일면 완벽해 보일 수도 있는 이현영은 결코 이상적인 인물로 미화되지 않은 채 인간 존재의 다양한 내면을 드러내 보인다. 불의와 타협할 줄 모르는 강직함이 때로는 포용력 부족이나 융통성 부족으로 이어질 수 있음을 보여 주기도 하고, 감정을 다스리지 못하고 성급하게 행동하거나 자기 본위로 처신해 버림으로써 자신뿐 아니라 주변 사람까지 곤란하게 만들 수 있음을 보여 주기도 한다. 또 가끔은 점잖지 못하게 남편이나 아이들에게 감정 섞인 분노를 표출하기도 한다. 요컨대 이현영은 여러모로 부족한 미완의 인물이다. 그리고 그 점 때문에 강한 현실성을 획득한다.

아직도 TV 드라마에 이현영처럼 부모의 강요로 원치 않는 혼인을 하는 주인공들이 얼마나 빈번히 등장하는가. 그 주인공들 역시 이현영처럼 가출을 감행하고 자신이 사랑하는 사람을 찾아간다. 그러나 이현영의 캐릭터가 그런 애정물의 여느 주인공들과 차별화되는 지점은 그녀의 지향이 애정의 성취에 있는 것이 아니라 자기의 발견에 있다는 점이다. 이현영은 어느 때보다도 남자의 그늘에 의존해야 했던 시절에 그 안락한 보호막을 거부하고 주체적 자아로 서길 원했던 인물, 그러나 그게 불가능한 상황에서 지속적으로 정체성에 혼란을 느끼며 불행해했던 인물이다. 그녀의 불행의 원인이 되었던 문제들이 지금 이 시대에도 완전히 해결된 것이 아니기에 이현영의 캐릭터는 아직도 유효하다. 그리고 여성적 문제를 넘어서서 주체적으로 자기를 대면하고자 하고 그 과정에서 성장을 이루어 가는 인물로서도 이현영의 캐릭터가 활용될 수 있을 것이다.

특히 자의식은 강하나 그것을 올바로 표출하는 방법을 찾지 못해 방황하며 시행착오를 겪는 인물이 대부분의 서사적 갈등에서 중심축을 형성한다는 점을 고려할 때 이현영과 같은 캐릭터가 지니는 매력을 재확인할 수 있다. 이현영이 세상에 대응하는 방식을 다양하게 변용해 봄으로써 서사의 축을 다각도로 분화해 볼 수도 있을 것이고, 이현영과 같은 인물이 현대 사회에 존재했다면 어떤 문제에 봉착하게 되었을까를 상상해 보고 이에 대한 반응을 그려 보는 것도 흥미로울 듯싶다.

예전에 비해 여성이 능력을 발휘할 기회가 훨씬 많아졌고, 여성의 사회 진출도 활발해진 지금, 여성들의 존재론적 고민도 이현영의 시대와는 많이 달라진 게 사실이다. 그러나 여전히 자아와 세계 사이의 갈등은 지속되고 있고, 특히 여성들의 경우 아직도 좀 더 많은 진통을 겪고 있는 것이 사실이다. 그런 의미에서 이현영이라는 인물이 던져 준 의미는 아직도 유효하다고 하겠다. 인간적 존엄성을 지키고자 하나 인격적으로는 아직 덜 다듬어진 상태이기 때문에 시행착오를 일으키는 인물, 시련을 겪으면서도 신념을 굽히지 않는 가운데 성숙해 가는 인물로서의 이현영은 비단 오늘을 사는 여성들에게만이 아니라, 이 혼란스럽고 급변하는 세상 속에서 자신을 지키고 싶어하는 모든 사람에게 매력 있는 존재로 다가갈 것이다.

이지하 경북대학교 국어국문학과 교수. 소설을 통해 인간의 삶과 갈등 요인들을 분석하는 데 관심을 기울이고 있으며, 특히 유교적 가부장제하의 여성들에 대해 주목해 왔다. 이에 대한 논문으로 〈여성주체적 소설과 모성이데올로기의 파기〉, 〈고전장편소설과 여성의 효의식〉 등이 있다.

16

도도한 여인의 사생 결연

최현재

이생원네 맏딸애기

과감하고도 적극적으로 사랑을 성취하려는 양반집 맏딸. 과거 보러 가는 총각을 유혹하지만 거절당하자 총각을 저주해 죽게 한다. 자신의 욕구에 솔직하고 대담하며 자존심이 강하다.

이생원네 맏딸애기는 주로 경상도 지역에서 전승되어 온 서사민요 〈이생원네 맏딸애기〉에 등장하는 주인공 처녀이다. 이 민요는 조동일 교수의 《서사민요연구》를 비롯한 민요 자료집에 30편 정도의 각편이 채록되어 전하고 있다. 대체로 평민 여성들이 길쌈 노동을 할 때 이 민요를 부른 것으로 보인다. 이와 유사한 줄거리가 민담과 서사무가 〈치원대 양산복〉, 고전소설 〈양산백전(梁山伯傳)〉에도 나타난다. 그런데 민담, 서사무가, 고전소설 등에는 순종적이고 소극적인 성격의 처녀가 등장하는 데 반해, 서사민요에는 대담할 정도로 적극적인 성격을 지닌 처녀가 이야기를 주도한다는 점에서 특이하다. 또한, 총각을 저주하는 대목도 서사민요에만 보이는 특징적 요소라 할 수 있다.

저기 가는 저 자식은 과거라고 급제해서 장가라고 가거들랑
한 모퉁이 돌거들랑 총살급살 맞아주소
가마채가 내려앉으소 한산지 내려앉으소
사립문 들거들랑 청삽사리나 물어주고
마당 가운데 들거들랑 사삽사리나 물어주고
방안에나 들거들랑 문지방이나 떨어져주고
방안에 앉거들랑 구들장이나 깨어져주고
정방상을 받거들랑 상다리나 꺾어지고
창포 수저로 들거들랑 수저나 꺾어주고
혼례청에 들거들랑 다례상이 꺾어지고
장닭 잡아 황포 싸고 암탉 잡아 황포 삼거든 닭죽같이 부러지고
서말 꼬치 내에 꼬치 대나 꺾이지고
목 짧다 황새병이 목 길다 자라병이 병마개야 다 깨지소
첫날 방에 들거들랑 겉 머리야 뜨끔뜨끔
속 머리가 뜨끔뜨끔 머리가 아야 아야 아파주소

— 이해수 구연A, 〈이선달네 맏딸애기〉, 《서사민요연구》, 320~321쪽

인간 본연의 심리, 애증의 양가감정

우리 인간사를 가만히 들여다보노라면, 그 대부분이 욕망의 뒤얽힘과 애증의 갈등으로 점철되어 있다고 해도 과언이 아닐 것이다. 욕망의 뒤얽힘과 애증(愛憎)의 갈등이 없는 세상은 아무런 번민이나 고통이 없는 무릉도원이나 무하유(無何有 : 있는 것이란 아무것도 없는 곳이

라는 말로, 장자가 추구한 무위자연의 이상향을 뜻함)의 세상이 아니라 역설적이게도 생명과 활력이 없는, 그야말로 생지옥이나 다를 바가 없을 것이다. 그러므로 욕망과 애증은 삶을 더욱 풍부하고 윤택하게 끔 하는 동력이라 할 것이다.

칭찬과 저주, 자부심과 수치심과 같이 사랑과 증오의 양가성(兩價性, Ambivalance)을 띤 감정은 인간이라면 누구나 살아가면서 한번쯤 느껴 본 보편적 감정이다. 일견 모순되어 분열의 산물로 간주될 수도 있는 사랑과 증오의 양가감정은 다양한 인간관계에서 빈번하게 나타나는 보편적이고 본능적인 표현이다. 사랑은 남녀 사이, 고부 사이, 모자 사이, 부부 사이에서 예기치 않게 증오라는 양가감정을 수반하여 나타난다. 이렇듯 "사랑하기 때문에 증오하고, 증오하기 때문에 사랑하게 된다."라는 진술은 굳이 심리학자들의 여러 임상 경험을 거론하지 않더라도 쉽사리 인정하고 수긍할 수 있을 것이다.

오늘날 흔히 보는 TV 드라마나 영화, 연극뿐만 아니라 우리의 문학작품에서도 사랑과 증오의 양가감정은 그 정도의 차이만 있을 뿐이지 그대로 구현되어 있다. 이들 작품들은 진부한 사랑놀음이라는 비난 속에서도 여전히 보는 이로 하여금 눈시울을 적시게 만들고 감동을 주곤 하는데, 그 이유는 바로 사랑과 증오의 양가감정이 인간 누구에게나 생길 수 있는 보편적 심리 현상이자 부정할 수 없는 진실이기 때문이다.

여기에서 다루고자 하는 〈이생원네 맏딸애기〉라는 서사민요도 바로 이러한 인간의 보편적 심리 현상을 다룬 작품으로, 이 작품에 중요 인물로 등장하는 '이생원네 맏딸애기'는 애증의 양가감정을 생동감 있게 구체적으로 드러내 보여 주는 전형적 인물이다. 사랑과 증오의 감정을 꾸밈없이 진솔하게, 때로는 적극적이고 과감하게 표출하는 이생원네 맏딸애기는 다름 아닌 벌거벗은 우리 자신의 모습이다. 그렇기 때문에 그녀는 시대를 막론하고 언제라도 또다시 우리 앞에 그 모습을 고스란히 드러내 보여 줄 터인데, 그녀에 대한 관찰은 곧 거울에 비친 우리 자아의 내면 심리 탐사가 될 것이다.

사랑에 목말라한 이생원네 맏딸애기

〈이생원네 맏딸애기〉는 주로 부녀자들이 길쌈을 하면서 부른 서사민요로서 경상도 지역에서 전승되어 온 것으로 확인된다. 대략 30편 정도의 사료가 채록되어 있는데, 각편에 따라서는 '이선달네 맏딸애기', '최선달네 맏딸애기', '이사원네 맏딸애기' 등의 제목으로도 불린다. 주요 각편을 통해 대강의 이야기와 주요 인물들의 특성을 정리하면 다음과 같다.

 이 작품의 주요 등장인물로는 이생원네 맏딸애기와 그 상대자인 총각이 있으며, 부수적 인물로 총각과 결혼한 처녀와 그 가족이 있다. 부수적 인물은 자세히 살펴볼 필요가 없겠지만, 이생원네 맏딸애기와 그녀의 애정 상대자인 총각은 작품 이해를 위해 좀 더 살펴볼 필요가 있다.

 구체적인 성명을 부여받지 못한 총각은 각편에 따라 '선비', '서울양반', '손님' 등으로 불린다. 작품의 첫머리에 그는 '한 살 먹어 엄마 죽고 두 살 먹어 아빠 죽고/세 살 먹어 할매 죽고 네 살 먹어 할배 죽고/겨우 다섯에 절에 올라 열다섯에 글을 배워/책일랑 양옆에 끼고 책대(책을 읽을 때 사용하는 막대기)일랑 손에 들고 붓일랑 입에 물고'진옥화 구연본, 232쪽 과거를 보러 가는 인물로 소개되고 있다. 과거 시험에 급제를 하였는지는 명확하게 드러나 있지 않지만, 이후에 전개되는 이야기의 맥락상 과거 급제를 하여 양반 가문의 처녀와 결혼을 한다. 조실부모하여 집안 형편이 어려운 상황에서도 굴하지 않고 글공부에 매진하여 성공을 이루었다는 점에서 그는 자수성가의 인물형이라 할 것인데, 이러한 성공의 바탕에는 한눈팔지 않는 우직한 성품이 크게 작용한 것으로 보인다.

그러나 한편으로는 "서울양반 저리 될 줄 뉘 아니 알았을꼬."이순녀 구연본, 304쪽라고 한 데서 보듯이 그의 고지식할 정도로 우직한 성품이 본인의 의도와는 상관없이 오히려 화를 자초하기도 한다. 이생원네 맏딸애기의 유혹에 대해 그는 "애면글면 배운 글로 잠시인들 잊을쏘냐."이해수 구연본 A, 320쪽라고 일언지하에 거절할 정도로 우직하다. 하지만 이러한 성품은 도도한 이생원네 맏딸애기의 자존심을 건드리게 되고, 이것이 빌미가 되어 이후의 이야기는 전혀 뜻하지 않은 방향으로 전개된다. 결국 총각의 성품이 이야기를 더욱 다채롭고 극적으로 전개시키는 하나의 원동력이 된 셈이다.

이생원네 맏딸애기는 인근에 소문이 자자할 정도로 미모가 출중한 여인으로 묘사되고 있다. 자료에 따라서는 이 부분이 판소리 사설의 한 대목처럼 장황할 만큼 확장되어 구연되는 경우도 있다. "은대야에 머리 감고 놋대야에 기름 발라/걸창문에 걸터앉아 바느질 한창일세."이순녀 구연본, 301쪽라는, 머리 치장에서 시작한 인물 묘사는 치마 치장, 바지 치장, 허리띠 치장, 발 치장, 버선 치장에 이르기까지 세밀한 곳까지 미치게 되는데, 이것은 곧 이생원네 맏딸애기의 도도한 성격을 도드라지게 보이기 위한 장치로 설정된 것이다. "잘났단다 잘났단 다 이사원네 맏딸애기 하 잘났다 소문나서／한 번 가니 못 볼레라 두 번 가도 못 볼레라／삼세 번 거듭 가니 밀창문 밀어놓고／걸창문 열어 놓고 바느질 한창일세."이순녀 구연본, 301쪽라는 서술을 통해 그녀의 오만 할 정도로 도도한 성품을 직접 확인할 수 있다. 말 그대로 잘난 미모 를 지닌 그녀는 인근의 고만고만한 총각들에게는 큰 관심의 대상이 될 것이지만, 그녀에게 그들은 전혀 성에 차지도 않아 거들떠볼 가치 도 없는 미미한 존재인 것이다.

그런데 이처럼 도도하기가 이루 말할 수 없던 이생원네 맏딸애기 가 과거 보러 가던 총각을 우연히 만나자 돌연 태도를 바꾸게 된다. 이후의 이야기는 이생원네 맏딸애기의 유혹과 총각의 단호한 거부, 이로 인한 저주와 총각의 죽음, 저승에서의 두 남녀의 결연 등으로 이 어지는데 그 과정과 국면들 자체가 매우 환상적이고 기기묘묘하게 전 개된다. 결국 〈이생원네 맏딸애기〉는 도도하고 자존심 강한 이생원네 맏딸애기와 고지식할 정도로 우직한 총각이 어우러져 빚어낸 작품이 라 할 수 있다. 특히 총각을 향한 이생원네 맏딸애기의 사랑과 증오의 양가감정은 보통 흥미로운 것이 아니다. 이제 다음으로는 도도하고 자존심 센 이생원네 맏딸애기가 표출하는 사랑과 증오의 양가감정을 통해 그녀의 독특한 캐릭터를 구축할 차례다.

너무나 사랑했기에 증오하고

이생원네 맏딸애기는 과거 보러 가던 총각을 보고서 한눈에 반해 버린다. 도도함과 자존심을 다 팽개쳐 버리고 그녀는 과감하고 대담하게 유혹의 손짓을 보낸다.

> 올라가는 시(詩)선비요 내려가는 시(詩)선비요
> 이내 집에 와가주고 잠시잠깐 쉬여가소
> 애면글면 배운 글로 잠시인들 잊을쏘냐
> 저기 가는 선비님요 잠이나 한숨 자고 가소
> 애면글면 배운 글로 잠시인들 잊을쏘냐
>
> ― 이해수 구연 A, 〈이선달네 맏딸애기〉, 320쪽

자기 집에 들러 잠시잠깐이라도 쉬었다 가라는 맏딸애기의 유혹을 총각은 일언지하에 뿌리친다. 과거 급제라는 목표를 달성하는 데 그녀의 유혹이 오히려 걸림돌이 될 수도 있다는 판단에서이다. 자수성가를 위해 우직하게 글공부에만 매진하였던 총각의 품행으로 보건대, 이러한 유혹 거부는 당연한 귀결이자 칭찬 받아 마땅한 처신일 것이다. 그렇다고 해서 맏딸애기의 유혹을 부정적인 것으로 여겨 비난할 수는 없다. 각각의 성품과 입장에서 본다면 모두 충분히 납득할 수 있는 성질의 것이다. 아마도 "여자는 사랑이 그 전부이나 남자는 그 일부다."라는 영국의 어느 낭만파 시인의 발언이 이 대목을 아주 적절하게 설명해 주는 말이 될 것이다. 오로지 사랑에만 집중하려는 이생원네 맏딸애기와는 달리 지금 총각에게 절실하게 와 닿는 것은 사랑이라는 달콤한 낭만이 아니라 사회적 성공이라는 냉엄한 현실이다.

언뜻 보아 자유연애로까지 보이는 이생원네 맏딸애기의 과감한 유

혹의 손짓, 이것이야말로 엄정한 유교 윤리 규범이 강제되곤 하였던 전통 사회에서는 용납되기 어려운 행태이리라. 그렇지만 사랑에 눈 먼 한 여인에게 그까짓 윤리 도덕은 전혀 문젯거리가 될 수 없다. 다만 자신의 사랑을 상대방이 받아들이느냐 받아들이지 않느냐의 문제만 있을 뿐이다. 자유로운 이성 교제를 전혀 허락하지 않을 뿐만 아니라 여성이 먼저 나서서 자신의 배필감을 구하고 상대 남성에게 적극적으로 구애를 한다는 것은 전통 사회에서는 금기시되던 것이었다. 주지하다시피 남성보다 여성에게 정숙과 절개를 지나칠 만큼 엄하게 강요하였던 것이 전통 사회의 상황이었다. 이러한 상황에 비춰 본다면 이생원네 맏딸애기의 과감하고 적극적인 유혹은 죄악으로 간주되어 신랄한 비난과 가혹한 징벌을 받을 만한 것이다.

　이러한 짐을 누구보다도 더 잘 알고 있었을 그녀가, 그럼에도 불구하고 적극적으로 총각을 유혹하고 과감한 구애를 펼친 것은 무엇 때문인가? 그녀의 적극적이고 과감한 구애는 곧 여성에게 채워진 전통 사회의 굴레에서 벗어나기 위한 교묘한 지략(智略)이 아닐까? 도도할 정도로 잘났다고 소문난 것은 비단 그녀의 외모 때문만은 아닐 것이다. 그러한 외모에 걸맞게 그녀의 식견과 인품 역시 뛰어났을 것이다. 특히 인근의 총각들을 다 뿌리치고 자신에게 어울리는 배필을 직접 고를 정도의 지인지감(知人之鑑)을 그녀는 지니고 있었다고 봐야 한다. 자신의 배필로 점찍은 남자가 돈이 많거나 권세가 드높은 사람이 아니라 자수성가형의 신실한 인물이라는 점을 상기할 필요가 있다. 그녀는 자신의 미래를 위해 돈이나 권세 따위의 물질적 가치가 아니라 성실성이라는 정신적 가치를 선택한 것이다. 지금은 아무것도 가진 게 없는 총각이지만 그 성실함과 장래성에 그녀는 푹 빠져 버린 것이다. 전통 사회에서 여성에 가해진 제약을 잘 알고 있는 그녀이기에 더더욱 자신의 미래를 신실한 한 청년에게 모두 걸었던 것이다.

그렇지만 그녀의 의도와는 달리 총각은 그녀의 애절한 사랑을 단호하게 거절한다. 오로지 과거 급제라는 자신의 목표를 달성하기 위해서……. 모든 꿈이 수포로 돌아간 그녀는 다음과 같이 저주를 내린다. 특히 이 대목은 이러한 줄거리의 이야기가 나타나는 민담과 서사무가 〈치원대 양산복〉, 고전소설 〈양산백전〉 등에서는 전혀 찾아볼 수 없는, 서사민요 〈이생원네 맏딸애기〉에서만 존재하는 특징이다. 그렇기에 이 저주는 곧 이생원네 맏딸애기라는 캐릭터가 지니는 속성을 가장 잘 드러내 주는 것이라 할 수 있다.

> 저기 가는 저 자식은
> 한 모퉁이 돌거들랑 을피돌피 때려주소
> 한 모퉁이 돌거들랑 급살총살 맞아 죽소
> 한 모퉁이 돌거들랑 벼락이나 때려주소
> 장가라고 가거들랑
> 가마라고 타거들랑 가마채가 내려앉으소
> 말이라고 타거들랑 말 잔등이 부러지소
> 대문간에 들거들랑 대문채가 내려앉으소
> 혼례청에 들거들랑 사모관대 내려앉으소
> 점심상을 들거들랑 은수저 놋수저 부러지소
> 저녁상을 들거들랑 상다리나 부러지소
> 신부 방에 들거들랑 숨이 딸각 넘어가소
>
> ― 진옥화 구연, 〈이선달네 맏딸애기〉, 《한국민요대전》, 232쪽

자신의 사랑이 받아들여지지 않자 맏딸애기는 총각을 향해 신랄한 비난과 함께 저주의 욕설을 내뱉는다. 이제 그녀에게 총각은 사랑의 대상이 아니라 급살이나 총살 또는 벼락이라도 맞아 죽을 나쁜 놈일 뿐이다. 과도한 사랑의 집착이 낳은 필연적 결과가 곧 증오와 저주이다. 대상에 대한 욕망이 강렬할수록 그에 따른 반대 감정도 강렬하게 나타나는 법이다. 한순간에 사랑의 감정이 증오의 감정으로 바뀌는 것은 상대가 떠날지도 모른다는 불안감과 상대가 떠남으로써 받게 되는 상실감 때문이다. 이미 체념하거나 포기할 수 없을 정도로 강렬해진 사랑은 대상에 대한 증오 역시 훨씬 깊게 만든다. 이 대목에 이르러 도도하고 자존심 센 이생원네 맏딸애기는 사랑과 증오의 화신으로 탈바꿈하게 되는 것이다. 그런데 이렇게만 끝나 버리면 이 작품은 진부한 사랑놀음이지 평범하고 밋밋하기 그지없는 얘깃거리로 전락하고 말 것이다. 이생원네 맏딸애기라는 캐릭터가 보여 주는 애증의 교차는 이후 전개되는 이야기에 의해, 특히 결말의 극적 반전에 의해 중요한 의미를 부여받게 되는 것이다.

지금까지의 사건 전개와는 달리 이후 펼쳐지는 사건들은 다분히 기괴하고 환상적인 특성을 드러내 보여 준다. 즉, 지금까지의 이야기가 현실에 바탕을 둔 것이라면 이후 전개되는 부분은 판타지적 속성을 고스란히 보여 준다고 할 것이다. 이생원네 맏딸애기의 유혹을 뿌리친 총각은 과거에 급제하고 다른 여자와 결혼을 하게 되는데, 그는 혼례를 올린 첫날밤을 무사히 치르지 못하고 맏딸애기의 저주대로 그만 죽어 버린다. 멀쩡하던 신랑이 갑작스럽게 죽어 버리자 그 신부뿐만 아니라 이 이야기를 듣던 청중들도 황망했을 것이다.

이 지점부터 이야기는 반전에 반전을 거듭하여 거의 예측하지 못하는 상황으로 치닫게 된다. 자료에 따라 조금씩 다른 양상을 보이기는 하지만 상여를 메고 가던 상두꾼들이 맏딸애기 집 앞에서 발이 붙어 꿈쩍도 하지 못하게 된다든지, 새파란 나비, 붉은 나비, 푸른 나비 등 형형색색의 나비가 맏딸애기를 낚아채 총각의 무덤 속으로 들어가 버리는 등의 해괴한 일들이 벌어지는 것으로 끝을 맺는다.

이선달네 집 모퉁이 비실비실 돌아가니
서른여덟 상두꾼이 발이 붙어 못 가겠소.
네 속옷 벗어 걸게 어리둥둥 잘도 간다.
이선달네 맏딸애기 이렇게 아파서 못 가겠다.
네 속적삼 벗어 걸게 어리둥둥 잘도 간다.
이선달네 집 모퉁이 비실비실 돌아가니
흰나비 붉은 나비 노랑나비
득천(得天)해서 하늘에 저 올라가더랍니다.

— 진옥화 구연, 〈이선달네 맏딸애기〉, 233쪽

이선달네 맏딸애기 시집가는 갈림길에 묻어놓으니
이선달네 맏딸애기 시집을 가다가 보니
시집을 가다가 거기 서니
가마채가 내려앉고 꿈적도 아니 하니
거기 내려놓으니 묘 대가리 벌어지더니
새파란 나비 나오더니 치마 거머쥐고 가고
붉은 나비 나오더니 저고리 거머쥐고
푸른 나비 나오더니 허리 덥석 안고 묘 속으로 들어가 버리고

— 이해수 구연 B, 〈이선달네 맏딸애기〉, 323~324쪽

저주를 받아 죽은 총각의 원혼이 복수하려고 맏딸애기를 해코지한 것인가? 아니면 하늘이 죽은 총각을 대신해서 그녀를 징치(懲治)한 것인가? 다음의 자료들이 이에 대한 해답을 줄 것이다.

이 세상에 원한지고 원수진 것 다음 세상에 만나서
원한 풀고 원수 쎗고 다시 한 번 살아 보자.

— 이해수 구연 B, 〈이선달네 맏딸애기〉, 324쪽

청조(靑鳥)새가 두 마리가 하늘로 올라가며
이승에도 못 산 것을 저승이니 살이 붙까.

— 이순녀 구연, 〈이사원네 맏딸애기〉,《서사민요연구》, 304쪽

이루지 못한 사랑으로 인해 생긴 원한을 씻어 버리고 저승에서나마 그 사랑을 이루어 함께 살라는 것은 죽어서라도 사랑은 이루어져야 한다는, 이 노래의 향유자들의 관념이 투영된 것으로 보아야 할 것이다. 증오와 저주로부터 우리가 얻을 게 있는가? 살인이 계속 살인을 부르듯, 증오는 또 다른 증오를 불러일으킬 뿐이다. 오직 사랑만이 증오를 시들게 하거나 사그라지게 할 것이라는 것을 이 이야기의 결말이 여실히 보여 주는 것이다. 결국 역설적이게도 이생원네 맏딸애기는 자신의 욕망을 성취한 셈이다. 비록 이승에서의 사랑은 아닐지라도 그 사랑의 꽃은 죽음을 넘어 영원히 지속될 것이다. 이렇듯 사랑의 화신, 이생원네 맏딸애기는 지난 시절 사랑에 그토록 목말라한 우

리네 여인들의 가슴을 촉촉하게 적셔 주는 한 줄기 단비였던 것이다.

또다시 유혹의 손짓을 보내는 이생원네 맏딸애기를 위하여

〈이생원네 맏딸애기〉는 사랑과 증오, 저주와 화해의 교직(交織)을 사실적으로, 때로는 환상적으로 보여 준 서사민요이다. 혹자는 이 노래의 주인공 이생원네 맏딸애기를 두고서 "여자가 한을 품으면 오뉴월에도 서리가 내린다."라는 속담에 빗대거나 그녀의 저주대로 총각이 죽는 것에 착안해 주술적 신통력을 말하기도 한다. 이것이 틀린 지적은 아니지만, 이생원네 맏딸애기라는 캐릭터가 지닌 전체적인 특성을 온전하게 드러내기에는 다소 부족하다.

자신의 미래를 위해 선택한 총각을 대담하게 손짓하며 유혹하는 여자, 돈이나 권세에는 전혀 아랑곳하지 않고 오직 총각의 장래성만을 바라보고 적극적으로 구애하는 여자, 자신의 계획이 어그러지자 돌변하여 끔찍한 저주를 서슴지 않고 내리는 여자. 그렇지만 사랑으로써 증오를 사그라지게 하여 결국 사랑을 포기하지 않고 성취하는 여자가 바로 이생원네 맏딸애기라는 캐릭터가 지닌 본질적 속성이 아닐까? 물질적 가치와 정신적 가치의 대립, 사랑과 증오의 모순된 감정의 교차, 사랑의 집착으로 인한 저주 등은 시대를 막론하고 인간이라면 누구나 겪을 수 있는, 또는 살면서 한번쯤은 겪었음직한 것이다. 어찌 보면 우리네 삶이 가치 판단의 혼재 속에서 벌이는 사랑과 증오의 다툼장이며 증오와 애정의 교류장인 것이다.

이생원네 맏딸애기는 현대의 연극이나 TV 드라마, 영화 등에서 쉽게 변용하여 활용할 수 있는 캐릭터이다. 이 캐릭터가 보여 주는 사랑과 증오의 양가감정은 인간의 보편적 심리 현상이기 때문에 이 캐릭터를 현대물에 그대로 적용해도 손색이 없을 것이다. 또한, 그녀가 자신의 미래를 위해 보여 준 적극성과 대담성은 현대의 관점에서 볼 때는 더욱 부각되는 속성이라고 할 것이다. 그녀는 앞서 살펴보았듯이 출중한 미모에다 도도하고 자존심이 센 여인으로 자신의 인생을 주도하고 스스로 계획할 뿐만 아니라 사람을 한눈에 보고 판단할 줄 아는 능력까지 겸비한 현명한 여인이다. 게다가 자신의 미래를 위해, 그리고 사랑을 쟁취하기 위해 과감하고 대담한 면모까지 보여 주는 인물이어서 양성 평등의 현대 사회에서 커리어 우먼으로서 더욱 주목받을 캐릭터라고 할 것이다. 또한, 이야기 후반부를 지배하고 있는 기이하고 환상적인 요소들과 분위기를 적절하게 잘 살려 낸다면 어린이를 위한 동화나 영화에도 적격일 것이다. 앞으로 극장이나 TV에서 사랑하는 청년을 향해 대담한 유혹의 손짓을 보내는 그녀를 보게 되지 않을까 기대를 하면서 이 글을 마친다.

최현재 군산대학교 국어국문학과 교수. 조선시대 사대부의 시조와 가사 작품들에 관심을 갖고 우리 문화의 특질과 미의식에 관한 연구를 주로 하였다. 최근에는 잡가와 민요에도 눈을 돌리고 있다. 저서에는 《조선 중기 재지사족의 현실인식과 시가문학》, 《동아시아의 타자인식》 등이 있다.

17

양반 자제를 보쌈한 중인 역관

조성진

역관 김영감

18세기 이후 성장한 상업자본의 합리성과 자신감을 대변하는 인물. 비록 역관 집안 출신의 중인이지만 나라에서 손꼽히는 갑부에다 관직 또한 높아 누구도 무시할 수 없는 재력과 권력의 소유자이다. 청상과부가 된 딸(여성)의 처지에 연민을 보이고 그 정욕을 긍정하여 자신의 능력으로 딸의 어려움을 해결해준다.

김영감(金令監)은 《청구야담(靑邱野談)》 권 8에 실려 있는 〈이팔청춘 낭자와 꽃다운 인연을 맺다(結芳緣二八娘子)〉라는 작품의 등장인물이다. 제목으로 보면 작품의 주인공은 부잣집 꽃다운 낭자를 후처로 들이는 운 좋은 채생(蔡生)이겠지만, 전체의 내용을 고려하면 김영감이야말로 그 진정한 주인공이라 할 수 있다. 작품 속에서 김영감의 이름은 알 수 없다. 그의 성 다음에 '영감'이라는 말을 붙인 것은 그가 대대로 역관을 지낸 집안 출신으로 지위가 종2품의 벼슬에 해당하는 동지중추부사(同知中樞府事)에까지 이르렀기 때문이다. 중추부는 조선 시대에 일정한 직무가 없는 당상관(堂上官)들을 우대하기 위해 설치된 관청이며, 영감(令監)이란 정3품, 종2품 이상의 벼슬아치, 곧 '당상관'을 일컫는 말이다. 요즘도 법원에서는 판사를 그 나이에 상관없이 '영감'이라고 높여 부르기도 한다.

주인 영감이 말했다.

"우리 집은 대대로 역관을 가업으로 삼고 있네. 지위는 황송하게도 당상관(堂上官)에 이르렀고, 집에는 재물이 가득하니 내 어찌 스스로 만족스럽지 않겠는가. 하지만 박명하게도 나 말고 딸애가 하나 있을 뿐인데, 폐백을 받고는 혼례도 하기 전 지아비가 될 사람이 급작스레 요절하여 청춘에 빈방을 지키게 되었으니 그 신세가 극히 가련하다네. 그러나 예를 지키느라 가로막히고 남들의 눈과 귀에 얽매여 다른 곳에 시집보내지도 못하고 그러구러 문득 세 해가 지났네. 딸애가 지난 밤 갑자기 슬프게 흐느껴 우는데 소리마다 한을 머금고 마디마디 창자가 끊어질 듯해서, 길 가는 사람이라도 가슴 아파할 정도였다네. 하물며 나의 혈육이라고는 딸아이뿐이니 하루를 참고 지켜보면 하루의 근심이 일어나고, 백 년을 참고 보면 백 년의 즐거움은 없게 될 것이네. 결함 많은 이 세상은 흐르는 물처럼 신속한데……. 내 무엇 때문에 혼자 눈물로 그날치 음식을 삼고, 슬픔과 원망으로 집안의 계책을 삼아야 하겠나? 사정이 절박하게 되어 일을 꾸민 것이니 어쩔 도리가 없었네. 그래서 하인들을 시켜 새벽에 거리로 나가 신분이나 어질고 어리석음을 가리지 말고, 처음 만나는 젊은 남자를 힘껏 모셔오도록 하여 아름다운 인연을 맺도록 할 생각이었네. 뜻밖에 그대가 내 볼품없는 딸애와 인연을 맺게 되었으니, 일이 참으로 공교롭게 되었네. 혼자 된 여식을 불쌍히 여겨 그대의 건즐(巾櫛 : 수건과 빗. '건즐을 받들다'는 것은 여자가 한 남자의 아내나 첩이 됨을 뜻한다)을 받들도록 해주기만 바랄 뿐이네."

— 〈김령(金令)〉, 이우성·이형택 편, 《이조한문단편집》 중
* 기존 번역을 참고하여 인용자가 새로 번역함

청상과부로 늙어 죽기만 바라랴

삼종지도(三從之道)와 칠거지악(七去之惡)의 굴레가 서슬 퍼렇게 살

아 있던 시절, 평민이 아닌 여성이 재혼을 한다는 것은 있을 수 없는 일이었다. 비록 첫날밤을 지내 보지도 못하고 신랑이 죽은 경우에도, 여자는 이미 시댁의 사람(귀신)이 된지라, 죽지 않고서는 새로 시집을 간다는 것은 상상할 수도 없었다. 당연히 음양(陰陽)의 즐거움을 누릴 기회는 봉쇄되었다. 남성의 축첩이 당연시되던 시절이었음을 생각하면, 여성에게만 가해지는 '재가(再嫁) 금지'는 실로 가혹하기 짝이 없는 노릇이었다. 과부가 겪었을 독수공방의 괴로움은 이미 연암 박지원의 〈열녀함양박씨전〉에서 '동전 굴리기'를 통해 절실하게 표현되었다.

그러나 여자라고 해서 정욕이 없으며 인간다운 삶에 대한 욕망이 없을까? 그들의 불행이 그들만의 문제로 끝날 것인가?

몰락 양반과 상업자본의 행복한 결합

팍팍한 일상에서 가끔은 내게도 행운이 찾아왔으면 하고 바라는 것은 인지상정(人之常情)이다. 그런 소망은 문학작품의 단골 메뉴이기도 하다. 뜻밖에 횡재한 흥부, 공주와 결혼한 바보 온달, 서양의 신데렐라, '백마 탄 왕자'의 이야기. 현실성이 '비껴간' 그들의 이야기는 프로이트가 꿈에 대해 말한 대로 문학을 통한 일종의 소원 충족(wish-fulfillment)과 같은 것이다. 〈김영감〉의 젊은 주인공 채생도 마찬가지다. 그는 말 그대로 '하루아침에' 나라 안에서 내로라하는 갑부의 사위가 된다. 덩달아 굶주림에 허덕이던 그의 가족은 부귀영화를 누리게 된다.

〈김영감〉의 대략적인 줄거리는 다음과 같다.

생계조차 이어가기 힘든 가난한 형편에서도 채생(蔡生)은 아버지, 채 노인의 가르침 속에서 학업에 매진한다. 채 노인에게 자식 교육은 선비로서의 덕목을 익히고 자질을 수양하기 위한 것이라기보다는 쓰러진 집안을 다시 일으킬 수단일 뿐이다. 그가 아들 교육에 비정상적이다 싶을 만큼 강한 집착을 보이며 혹독하게 몰아치는 것도 그 때문이다.

그러던 어느 날 새벽, 채생은 아버지의 명에 따라 성묘를 가다가 그만 건장한 사내들에게 납치되고 만다. 그는 으리으리하고 화려한 집에 이르러서야 자신을 납치한 이가 나라에서 갑부로 위세가 대단한 김영감이며, 혼례를 치르기도 전에 과부가 된 딸에게 새로 배필을 찾아 주려고 자신을 '보쌈'한 것임을 알게 된다. 그런데 그와 같은 폭력적인 처사에 응당 분노하고 항의해야 할 채생이지만, 더구나 조강지처가 있는 몸임에도, 어쩐 일인지 그는 도리어 죄인이 된 양 순순히 김영감의 지시에 따라 그의 딸과 첫날밤을 보낸다. 아리따운 낭자와 함께 지낸 그 사나흘의 지극한 환대와 향락은 그로서는 이전에 결코 누려 보지 못했던, 도저히 거부할 수 없는 유혹이었다. 그런데 지난 성묘 길에서의 행적이 아버지에게 들통 나면서 채생은 호된 매질을 당하고, 김영감의 딸을 집으로 맞아들이기는커녕 다시는 얼굴을 볼 수 없게 된다. 게다가 김영감마저, 양반과 중인의 신분 차를 거론하는 채 노인에게 채생을 망쳐 놓았다는 구실로 된통 당하게 된다. 그게 다 딸 가진 부모의 죄 아니겠는가.

김영감 딸과의 인연은 그렇게 끝나는 것 같았다. 그런데 딱 일 년이 지난 어느 비 오는 날, 비를 핑계로 채 노인의 집에 찾아든 김영감은 달콤한 술과 안주로 외로운 채 노인을 위로하며 그의 환심을 사는 데 성공한다. 기분 좋게 취한 채 노인은 자주 찾아오라고 말하며 정답게 김영감을 배웅했지만, 이튿날 술을 깨고서야 자신이 속았다는 것을 알게 된다. 사실 김영감의 출현은 의도적인 것이었다.

그날 이후로 김영감은 웬일인지 다시는 채 노인의 집에 들르지 않는다. 대신 채 노인 집의 근황을 늘 주시한다. 그러다 채 노인이 생계를 마련하지 못해 가족이 모두 굶어 죽을 지경에 이르자, 쌀과 많은 돈을 보낸다. 아사 직전에 이른 채 영감은 쌀과 돈의 출처도 묻지 않고 허기진 배를 채우기 바쁘다. 하지만 나중에 기력을 회복하고 나서야 그것들이 김영감이 보낸 물품임을 알고는 채생에게 벼락같이 화를 낸다. 하지만 화를 내면 무엇하나, 이미 잘 먹고 그 때문에 목숨을 부지한 것을. 채 노인은 '다시는 받지 말라.'는 말로 무안한 상황을 넘겨 버린다. 그러나 근본적으로 생계 수단이 없는 채 노인은 그 다음에도 몇 번 아사 직전에 이르고 그때마다 김 영감의 도움을 받지 않을 수 없었다. 이런 일이 다시 일 년여에 걸쳐 반복되다가 마침내 채 노인은 채생과 김영감 딸의 관계를 인정하고 그 딸을 며느리로 받아들인다. 현실에서 아무런 힘을 발휘할 수 없었던 학구(學究) 채 노인은 집안에서의 발언권마저 잃고 결국 김영감이 지어 준 저택에서 편안히 노년을 즐기는 것으로 마음을 정리한다. 먹고살기도 힘든 판에 양반이니 중인이니 하는 구분이 한갓 부질없는 일임을 그도 인정하지 않을 수 없었던 것이다. 세상이 변한 걸 그로서도 어쩌랴.

〈김영감〉의 주인공 채생은 뜻밖의 행운으로 '하루아침에 팔자를 고친다'는 점에서 이광수 소설 《무정》의 주인공 이형식과 아주 닮았다. 동경 유학 출신의 수재지만 일찍부터 고아가 된 이형식이 서울의 유명한 부자인 김 장로 외동딸의 영어 교사가 되면서 그의 인생은 백팔십도 달라진다. 부잣집의 사위가 되고, 예쁜 아내에, 당시로서는 선뜻 꿈조차 꾸기 어려운 미국 유학까지 가게 된다는 것, 생각만 해도 흥분되는 일이 아닐 수 없다. 〈김영감〉을 읽으면서 푹 빠지는 재미가 있다면, 이는 작품이 주인공의 행운에 대리 만족을 얻으려는 독자들의 기대 심리를 일정하게 충족시켜 주기 때문일 것이다.

〈김영감〉은 17~18세기 상업자본주의가 발전하고 신분제가 동요하던 때에 전문적 지식이나 기술을 바탕으로 상업 등을 통해 자본을 형성하고 사회의 주도 세력으로 성장해 가던 중인 계층의 위력과, 급격히 변하는 세상에 제대로 대처하지 못한 채 그나마 과거를 통해 중앙으로 진출하지도 못하고 몰락해 가는 양반의 생활상을 대조적으로 보여 줌으로써 계급 분화가 촉진되던 당대 사회를 예리하게 파헤치고 있다. 가식과 위선으로 일관하는 몰락 양반 채 노인의 심리 변화는 이러한 사회 분위기를 매우 사실적으로 드러낸다.

이 작품에는 두 가지 시각이 존재한다. 몰락 양반과 한창 상승하는 중인 상업자본가 계층의 시각이 그것이다. 그 둘은 대치하고 교차한다. 때로는 충돌하고 갈등하며 때로는 타협하고 뒤섞이다가 끝내는 하나로 얽혀 든다. 이 두 시각을 함께 고려할 때 작품의 내적 구조는 쉽게 파악되며, 그 재미와 주제 의식은 한결 분명하게 드러난다.

몰락 양반의 현실과 선비의 염치

채생과 그의 아비 채 노인은 조선 후기 몰락 양반의 현실을 잘 보여 준다. 경제적 기반이 거의 무너진 이들은 말만 양반이었지, 그 삶은 일반 평민과 다를 바 없었다. 그들에게 먹고사는 일은 그야말로 절박한 문제였다. 양반의 위신을 지키기도 쉽지 않은 일이었다. 채 노인이 "늘 낯빛을 온화하고 단아하게 갖고 행동을 삼가며 조용히 자신을 지켰고, 춥고 배고프다 하여 지조를 잃는 일이 없었다."는 그의 '지조'라는 것도 어쩌면 결핍된 현실에 대한 보상 심리에서 비롯된 것인지도 모른다.

찢어지게 가난한 살림에 굶기를 밥 먹듯 하면서도 채 노인은 '성품이 본래 졸렬하여' 아무런 생계 대책도 내놓을 수 없었다. 사실 그의 학문이라고 해야 기껏 '시골 학구' 수준에 지나지 않았다. '엄격한 자식 교육'도 따지고 보면, 그것이 과거 시험을 통해 집안을 일으키며 가난에서 벗어나는 유일한 방책이라는 발상에서 비롯되었다. 그런 까닭에 그의 자식 교육은 엄격함이 지나쳐 강박적이었다. 결혼한 아들을 발가벗겨 망태기에 넣고 매달아서는 사납게 매질을 한다거나 아들의 공부 진도뿐만 아니라 심지어 며느리와의 잠자리마저 일일이 지정해 주는 대목에서 그것이 거의 '병적 집착'에 가까움을 알 수 있다. 채 노인으로서는 '집안이 흥하고 망하기는 오로지 네(채생) 한 몸에 달려 있'기 때문에 그만큼 절박했다.

그런데 문제는 혹독한 자식 교육의 목표가 인격과 학문을 겸비한 선비를 만드는 데 있지 않고 오로지 과거 시험을 통해 가문을 일으키고 생계를 도모하는 '밑천'을 만드는 데 있다는 것이다. 이는 채 노인이 중시하는 선비로서의 지조나 이상과는 거리가 멀어도 한참 멀다. 출세와 입신만을 위한 '과거 지상주의', 여기에서 채 노인의 심각한 자기모순이 드러나고 만다. 실제 조선 후기에 이르러 과거제도가 관직에 이르는 방편만으로 인식되어 온갖 부정부패가 난무하게 되었다. 그 결과 과거 시험의 폐해를 지적하고 비판하는 사회적 분위기가 형성되었고, 과거를 거부하는 지식인도 적지 않게 나왔다.

이로 볼 때, 채 노인의 지조와 선비다움은 현실에 대한 긴장된 의식을 보여 주지 않으며 자기반성이 결여된 것이라 할 수 있다. 김영감의 계속된 물량 공세에 선비의 염치는 고사하고 비굴함마저 보이며 조금씩 속으로 허물어지는 채 노인이나, 집안 제사에서 "정성 성(誠), 한 글자만 꼭꼭 새기라."라는 아버지의 간곡한 부탁, 더구나 "성묘 길에 여자를 피하라."라는 경고마저 한 귀로 흘려듣고 김영감 집의 호사로운 대접과 아름다운 여인에 흠뻑 빠져드는 채생이나, 몰락 양반의 허위의식을 벌거숭이로 내보이기는 마찬가지다. 그동안 채생이 듣고 배워 온 선비 정신은 순식간에 무장해제 되어 버렸다. 특히 그가 아름다운 여인과 호사롭게 지낸 며칠 밤이 끝나고 집에 돌아와 새삼 자신의 처지를 불만스러워하며 찌들고 때 낀 아내가 못마땅해 외면하는 대목에서는 속물근성마저 느끼게 된다.

"나무 비녀와 몽당치마, 아내의 때 낀 얼굴은 말라서 뾰족해 보일 정도였다. 아내가 몸을 일으켜 채생을 맞는데, 정말 끌리는 마음이 조금도 없었다. 채생은 아내에게 한 마디도 건네지 않았다. 마음으로는 오직 김영감 집의 화려한 침실과 전날 즐겁게 지낸 때만 그리워했지만, 꿈같았던 일이 다시 있기를 기대하기는 어려웠다."

결국 그들의 '지조'는 현실 관계에서 힘 한번 써 보지도 못하고 주저앉고 말았던 것이다. '보쌈'이라는 강제적 요소는 채생이 양반의 체면과 위신이라는 심리적 부담감에서 쉽게 벗어나도록 해 주었다.

중인 역관의 실력과 현실 감각

김영감은 실력과 명망을 고루 갖춘, 현실에 굳게 선 인물로, 조선 후기 새로운 세력으로 등장하던 중인 계급을 대표할 만하다 하겠다. 그의 집안은 '대대로 역관을 가업으로 삼'았는데, 그 또한 역관으로 재산을 모아 나라에서 첫손가락에 꼽히는 갑부가 되었다. 역관이 대개 그렇듯, 실용적 지식을 바탕으로 국경 무역 등을 통해 막대한 재산을 모을 수 있었기 때문일 것이다. 그의 형편은 그야말로 날마다 '음악과 노랫소리를 귀가 질릴 정도로 듣고, 비단으로 호사스럽게 눈의 즐거움을 좇고, 기름진 음식으로 입을 기쁘게' 하기에 전혀 부족함이 없었다.

그는 그저 갑부이기만 한 것은 아니었다. 벼슬은 지추(知樞, 중추부 종2품)에 이르러 명성이 나라 안에 두루 퍼졌으며, 옷차림은 물론 행동거지 하나하나에 기품과 권위가 넘쳤다. 새벽녘 한길에서 다짜고짜 보쌈 당해 온 채생이 김영감을 향해 그 '불의부당함'을 꾸짖거나 대들기는커녕, 잘못도 없는 그가 도리어 먼저 '황망히 절하고 무릎을 꿇었'을 정도였다. 그는 '관가에 끌려온 닭처럼', '홍시처럼 붉어진 얼굴로 공손히 앉아 있었을 뿐'이었다. 이 장면은 당시의 사회적 상황이 재력 또는 권력이 곧 인격과 덕망의 대체물이 된 오늘날의 현실과 별 차이가 없음을 보여 주는 것인지도 모른다.

아무튼 그 김영감에게도 가슴 한쪽이 뚫린 것 같은 공허함이 있었다. 그것은 폐백을 받고 혼례도 치르기 전에 청상과부가 된 딸 때문이었다. 그는 딸의 처지가 몹시 안타까웠지만 '예의를 차리고, 남의 이목에 얽매여' 딸을 다른 곳에 시집보낼 엄두를 내지 못했다. 그러구러

세 해를 보낸 어느 날 밤, 문득 딸애가 구슬프게 흐느끼는 소리에 그는 그만 창자가 끊어질 것 같은 고통을 경험한다. 그리고 그와 함께 자신이 지닌 재물과 벼슬이, 지금껏 누려 오던 온갖 사치와 향락이, 심지어는 이른바 사회적 예법과 이목이 결코 딸아이의 슬픔만큼 크지 않다는 것을 새삼 절실하게 깨닫게 된다. 그가 건장한 하인들을 시켜 길을 지나는 사내를 막무가내로 업어 오게 한 것은 무모한 일이지만, 한편 인간으로서의 여성의 처지, 여성의 정욕을 연민하고 공감하지 않으면 시도할 수 없는 '파격'이라 할 수 있다. 물론 여기에는 사회적 지위와 체면보다는 인간의 현실적 삶의 문제를 더 중시하는 김영감의 합리적 정신이 어느 정도 반영되었다고 볼 수 있다.

이렇게 김영감의 보쌈에 걸려든 것이 채생이다. 그런데 그는 행색으로 말하면 평민이나 다름없었지만 그래도 신분은 양반이라 보쌈 이후 두 집안, 아니 두 계급의 결합은 결코 순탄한 일이 아니었다. 김영감의 입장에서는 대단히 위험할 수도 있는 무모한 시도가 현실 속에서 행복한 결말로 끝나려면 당연히 숱한 난관을 이겨 내야 하며 그러기 위해서는 재물과 권력 같은 동원 가능한 모든 수단 외에도, 목표를 이루려는 의지와 문제 해결을 위한 지혜가 절실히 필요했다. 이런 과정에서 딸아이와 채생을 맺어 주기 위한 김영감의 주도면밀한 계획과 합리적인 접근, 그리고 자신감은 더욱 돋보인다. 이렇게 볼 때, 김영감이라는 인물은 작품의 주제 의식을 구현하며 당대 현실의 구조를 대단히 사실적으로 부각시키는 구실을 한다.

합리적 정신과 자신감으로 무장한 상업자본가 계급

〈김영감〉을 채생의 시각에서 읽으면 돈 많은 집안의 아름다운 딸을 부인으로 얻고 처가 덕에 공부에만 열중하여 과거에 급제하게 되었으니 뜻밖의 행운을 만난 젊은이의 성공담이며, 채 노인이나 그 집안의 시각에서 읽으면 아사(餓死) 직전에 물주-구세주를 만나 호의호식으로 여생을 편안히 보내게 된다는 행복한 이야기다. 그러나 이들을 역관 김영감과의 대비 속에서 읽으면, 극심한 가난 속에서 양반의 지조는 물론이고 염치마저 내동댕이칠 수밖에 없는 몰락 양반의 서글픈 현실과 그 허위의식에 관한 통렬한 풍자의 이야기다. 특히 김영감의 접근에 따른, 채 노인의 반응과 변모 속에서 씁쓸함을 느끼지 않을 수 없다. 왜냐하면 신분의 우열만 중시하던 채 노인이 마침내 중인 집 딸을 며느리로 받아들이게 되는 과정에서 보여 주는 그의 변모가 신분 차별에 대한 자기반성에서 비롯된 것이 아니라, '돈'의 힘에서 나온 것이기 때문이다.

이 작품은 겉으로 보기에는 채생을 주인공으로 한 사랑 이야기 형식을 취하고 있다. 그러나 김영감의 입장에서 보면 딸아이 재혼담이다. 물론 그저 단순한 재혼담은 아니다. 몰락 양반과 상업자본의 결합이 중인에 의해 주도된다는 점에서 대단히 문제적이기 때문이다. 그 과정에서 중인 상업자본가의 합리적 정신과 계획성, 자신감이 강렬하게 대비되며 양반의 무능함과 허세, 허위의식이 만천하에 폭로된다. 따라서 김영감의 활약에 초점을 맞출 때에야 작품의 진정한 주제의식이 드러난다.

김영감은 하나뿐인 딸이 과부로 늙는 것이 슬프고 안타까워 외간

김준근의 〈신랑초행〉. 혼례를 치르러 가는 새신랑의 모습이다.

남자를 '보쌈'해 온다. 딸의 재혼을 위해서 무모한 행동을 마다하지 않는다. 이러한 대담성은 자신감의 표현으로 볼 수 있다. 이는 물론 재력과 권력이 뒷받침되었기 때문에 가능한 일이었겠지만, 한편 조선 후기에 점점 사회적 주도 세력으로 자리를 잡아가던 상업적 자본 계층의 자기 성장을 반영하는 것이기도 하다. 그러나 딸의 재혼을 성사시키는 데에는 대담성과 자신감, 또는 금력(金力)만 필요한 것은 아니었다. 그는 치밀한 계획을 세우고 은근하면서도 끈기 있게 이를 실행해 나간 끝에 결국 목적을 달성한다.

그는 나라 안에서 재상과 같은 높은 벼슬을 가진 이들도 함부로 대할 수 없을 만큼 위세가 대단한 인물이지만, 채생을 보쌈한 일로 격노한 채 노인으로부터 수모를 겪은 뒤 일 년이 지나서야 비를 핑계로 다시 채 노인의 앞에 나타난다. 당연히 그 뜻밖의 등장, 그것도 굳이 비 오는 날을 택해 맛있는 음식과 술을 준비해서 채 노인을 찾아간 것은 다분히 의도적이었다. '장마에 혼자 앉아 울적한 심회를 풀 길이 없던' 채 노인은 김영감을 선뜻 말동무로 맞았을 뿐 아니라, 김영감의 공손함과 시원한 언변, 그 박식함에 크게 기뻐하며 심취하고 말았다. 그리고 김영감이 권하는 술과 음식을 받아먹고는 몸과 마음이 상쾌해져서 김영감과의 불쾌했던 옛일은 까맣게 잊고 손을 맞잡고 자주 찾아 달라며 가는 손님을 문밖까지 배웅한다. 그러고는 취중에 가족에게 김영감의 칭찬을 잔뜩 늘어놓고는 이내 곯아떨어져 버린다. 물론 이튿날 채 노인은 자신이 속았음을 깨닫고 후회를 한다. 이때부터 김영감의 '채 노인 길들이기' 작전이 시작된다. 그는 채 노인 집이 힘들 때마다 그 절묘한 순간을 택해 돈이며 쌀이며 온갖 음식을 보내 준다. 당연히 채 노인은 허세를 부리며 펄쩍 뛰었지만, 차츰 그도 김영감의 물량 공세에 항복하지 않을 수 없었다. 굶어 죽을 지경에 이르러서도 근본적인 생계 대책을 마련할 수 없었던 그로서는 그저 김영감의 도움의 손길에 의존할 수밖에 없었기 때문이다.

양반 채 노인의 궁핍은 결코 일회적인 것이 아니었다. 그의 무능력은 좀 더 근본적인 것으로, 그의 현실 인식과 대처 능력의 부족함에서 비롯된 것이었다. 이는 비 오는 날 김영감과 만나 대화하는 장면에서 잘 드러난다. "채 노인은 평생 사귐이라고는 시골의 학자와 선비에 지나지 않아서, 하루 종일 나누는 이야기라고는 보잘것없고 군색한 것을 서로 비교하여 판에 박은 듯한 이야기뿐이었다." 그는 자신의 현재 처지와 객관적 열세는 살피지도 않고 오직 양반의 명분과 위신만 생각하고 신분의 우열만 생각하는, 이른바 세상 물정은 전혀 모르는 외고집 늙은이였다. 말하자면 허위의식으로 가득한 '꼰대'였던 것이다. 채 노인이 김영감에게 '문경지교(刎頸之交)'를 허락한다는 장면에서 그의 허세와 오만은 극에 다다른다. 고관과 학사들도 김영감을 함부로 대할 수 없는 현실에서 일개 '시골 학구'가 그에게 교제를 허락하고 말고 할 형편이 아님은 분명하다.

작품의 후반에 나타나는 김영감의 주도면밀함은 당시 중인 계층의 합리적 정신을 대변한다고 할 수 있다. 그의 치밀함은 마침내 채 노인의 마음을 사게 되어 자기 딸을 며느리로 맞겠다는 허락을 받고 나서 더욱 빛을 발한다. 그는 딸아이를 새로 지은 집에 보내고서 작은 잔치, 큰 잔치를 차례대로 베풀며 채 노인 집 식구들과 하인들의 환심을 산다. 그는 처음 채생을 업어 왔을 때부터 채 노인 집과 사돈을 맺을 때까지 큰 일, 작은 일 가리지 않고 치밀하게 계획을 세우고 오랜 시간에 걸쳐 진행해 가는 치밀함과 끈기, 추진력을 지니고 있었다.

그러나 김영감의 합리적 정신은 딸이 독수공방하며 홀로 늙게 내버려 두지 않고 다시 짝을 찾아 주려는 점에서 가장 잘 드러난다. 그는 명분이나 위신, 또는 남의 이목을 크게 상관하지 않았다. 그 점에서 채 노인과 전혀 달랐다.

이로 보면 김영감이 인생에서 음양의 즐거움도 모른 채 혼자 살아가야 할 딸-여성의 처지에 대해 연민과 공감을 보이고 있음을 알 수 있다. 다시 말하면, 그는 세상의 이목보다는 딸-여성의 사랑과 성에 대한 긍정과 적극적인 추구 쪽을 지지하고 있다. 김영감의 이러한 합리적 정신과 기획과 실천의 치밀함은 그가 대표하는 중인 계층이 양반과 고관들도 함부로 무시할 수 없는 큰 부와 위력을 형성하는 데 정신적인 힘이 되었을 것임은 분명하다.

김영감과 채 노인의 대결에서 (몰락) 양반을 대표하는 채 노인의 타협과 패배는 이미 처음부터 결정되어 있었던 것인지도 모른다. 채 노인이 김영감이 지어 준 새 집으로 옮겨 가서 '새 며느리의 은덕'을 톡톡히 누리게 된다는 결말은 이러한 설명을 뒷받침해 준다. 채 노인은 아들 잘 둔 덕을 보는 것 말고는 현실적인 지배력을 모두 잃어버린다.

채 노인으로 대변되는 (몰락) 양반은 급변하는 시대의 변화에 제대로 대처할 수 없었을 뿐 아니라, 그가 신봉하던 주자학적 세계는 새로이 떠오르는 중인 계층의 자본의 위력에 충분히 대항할 수 없었다. 아무런 능력도 없이, 게다가 시대정신과는 거리가 먼 이념, 그것도 본래의 의미가 퇴색하고 세속적으로 변질된 이념의 끄트머리를 붙잡고 그것을 엉뚱한 방향에서 고수하기 위해 애썼던 채 노인이 굶어 죽지 않은 것은 그나마 다행스러운 일이었다.

시대적 편견을 넘는 인간과 사회에 대한 새로운 전망

김영감은 딸아이를 통해 딸-여성의 처지에 깊은 연민을 보내며 그 불행을 가슴 깊이 슬퍼하고 아파한다. 나아가 딸-여성의 정욕을 긍정하는 모습에서 시대적 편견과 한계를 넘어선 인간과 사회에 대한 새로운 전망의 일단을 보여 준다. 그가 보쌈을 통해 채생을 업어 온 것은, 방법이야 어찌되었든 그러한 인식의 결과이다.

　이는 여성, 특히 양반댁 여성의 재혼이 거의 허용되지 않던 당시 상황에서 볼 때, 여성의 성(性)을 적극 긍정한 측면이 있다고 생각된다. 남자를 업어 온다는 이런 얘기는 《이조한문단편집》에도 세 편 더 있다. 이때 여성 인물은 새파랗게 젊은 나이에 남편을 잃은 과부이다. '남자 보쌈'을 감행하는 쪽은 딸 또는 누이의 처지를 불쌍하게 여긴 아버지나 오빠이다. 딸 또는 누이가 '남녀의 당연한 음양의 이치를 모르고 지내는 것'을 매우 고통스럽게 여겼기 때문이다.

　〈의환(義宦)〉이라는 작품에는 과거 보러 가고 있는 선비를 붙잡아 와 자신이 데리고 있던 여자와 결혼시키는 환관이 등장하고, 〈피우(避雨)〉에는 아들의 요절로 음양의 이치를 모르는 며느리를 지나가는 선비와 동거하게 하는 시아버지가 나온다. 〈상녀(孀女)〉라는 작품은 심지어 현직 재상이, 출가했다 일 년도 안 되어 남편을 잃고 친정에 돌아온 딸을 자결한 것으로 속여 거짓 장례를 치르고 실제로는 딸을 무관에게 재가시키는 이야기다.

　이런 이야기에서 아버지 또는 오빠는 딸 또는 누이를 통해 딸(누이)-여성의 처지에 깊이 공감하며 연민하게 된다. 무엇보다 딸(누이)-여성의 고통이 딸(누이)-여성만의 고통이 아니라, 아비(오빠)-남성의 고통임을 어렴풋이 깨닫게 된다. 이러한 태도는 오늘날의 문제를 인식하고 해결하려는 데에도 적지 않은 시사점을 던져 준다.

오늘날 거대 담론이 지나간 자리에 여성, 이주 노동자, 성적 소수자 등 사회적 약자에 대한 지속적인 문제 제기와 관심이 자리 잡게 되었다. 바람직한 일이다. 이들 논의에는 김영감의 행위가 보여 주는 것처럼 '딸-소수자'의 불행이 그들만의 불행으로 그치지 않고, '김영감-우리'의 불행으로 이어진다는 인식이 깔려 있다.

'웰빙(well-being)'이 선전하는 것처럼 '잘 사는 것'은 중요하다. 그러나 단순히 잘 먹고 잘 자고 잘 노는 것만으로 '웰빙'이 되는 것은 아닐 것이다. 무엇보다 사람답게 사는 것이 중요하며, 그것이 바로 참된 삶이 아니겠는가. 그렇다면 당연히 '잘 사는 것'은 나만이 아닌 우리 모두의 문제가 되며, 우리 모두 사람답게 살아야 한다는 것이 된다. 옆의 사람이 불행하고 고통 속에 있는데, 나만 '웰빙'할 수는 없다. 우리는 사회적 관계 속에서 서로가 서로에게 연결되어 있는 것이 아닌가.

〈김영감〉의 한계라면, 김영감의 시도가 기본적으로 재력과 권력이 뒷받침되었기에 가능했다는 점이다. 그보다는 자본의 합리성과 자신감이 아닌 인간에 대한 연민과 신뢰를 바탕으로 사회 전반의 공감과 연대의 방식으로 현실 문제를 타개할 필요가 있다. 이 작품의 '해피엔드'를 비현실적 낭만주의의 발상으로 이해한다면, 아마 이 때문이 아닐까 한다.

조성진 서울대 국어국문학과 강사. 한국 고전시가를 주로 공부해 왔다. 최근에는 중국 명나라 시가와 조선 후기 사설시조를 비교 분석하는 데 관심을 갖고 있다. 논문으로는 〈만횡청류와 명대 민가에 나타난 진정의 문제〉 등이 있다.

18

여성 학습권을 실현한 조선 여성

서정민

양씨 부인

학문적 소양을 토대로 서법 예술의 경지에 이른 양반가 부인. 다방면의 학문적 소양을 지닌 양씨 부인은 남편의 친구 아들이 비록 어리지만 그를 스승으로 삼아 서법을 익히고 수련하여 여성 명필로 세상에 이름을 남긴다. 자신의 존재에 대한 강한 자의식을 갖고 있다.

양씨 부인의 학습과 수련 과정은 《삼강명행록(三綱明行錄)》에 그려져 있다. 이 작품은 현재 국립중앙도서관에 소장된 31권 31책의 유일본으로, 김기동이 태학사에서 편찬한 《한국고전소설총서》 가운데 영인되어 있기도 하다. 조선 후기 한글 대하 장편소설인 《삼강명행록》은 다양한 성격의 여러 한문 텍스트를 한글로 옮겨 작중에 수용하고 있다. 이런 점은 이 작품이 당대 한글 소설 독자들에게 일종의 문화 교양서로서 수용되었음을 의미하는 것이다. 양씨 부인의 학습과 그에 따른 그녀의 성장은 작품의 이러한 성격과 맞물려 한글 대하 장편소설의 주된 독자층이었던 조선 후기 상층 여성들에게 좀 더 인상적으로 수용될 수 있었을 것이다.

(양씨 부인이 여러 가지 귀한 물건을) 예물로 삼아 두 아들로 하여금 정철에게 자신의 말을 전하도록 하였다.

"어머니께서 내서헌에 향을 피우고 선생님을 청하여 선생님의 붓 쓰시는 모습을 직접 보시어 평생 마음에 품은 회포를 풀고자 하십니다. 비록 남녀가 자리를 함께하는 것은 해괴하고 마땅치 않으나 재주를 아끼는 마음은 남녀가 다름이 없음에 하늘이 주신 기회를 허송할 수 없어 저희 둘로 하여금 보잘것없는 예물이나마 정성을 표하신 것입니다." (중략)

내서헌에 들어가니 이는 부인 침실 곁방이라. 정철이 주렴을 향하여 두 번 절하니 부인이 발 안에서 답배하였다. 정철이 두어 번 사양하다가 방석 앞에 앉으니 부인이 먼저 말문을 열었다.

"첩은 궁벽한 시골 여자로 오늘날 대군자가 계심을 알지 못했습니다. 그러나 하늘의 성스러운 기운 덕에 선생이 동남으로부터 이르시니 외람되지만 가르치심을 얻어 행여 이름이 전함이 있으면 반평생을 도장에서 헛되이 마치는 한을 풀까 합니다. (중략) 선생의 시재(詩才)와 필법(筆法)은 아녀자의 고루한 눈과 옹졸한 소견으로 감히 논란하지 못할 것이니 (중략) 첩은 다만 선생의 필법을 보고 스승하지 못할까 눈물 흘릴 따름입니다."

인하여 향로의 향을 고쳐 놓고 시녀로 하여금 차를 드린 후 부인이 발 안에서 다시 절하고 말하였다.

"원컨대 선생의 붓 쓰는 법을 보고자 하오니 괴로움을 사양치 마시고 여러 서체를 씨 보여 주십시오."

—《삼강명행록》권 25 (영인본 권 12, 748~761쪽)
＊ 현대역과 부분 윤문은 인용자

조선 시대의 양반가 여성, 그녀들은 어떻게 공부했을까?

학문적 또는 예술적 성취를 이룬 조선 시대의 양반가 여성 하면 가장 먼저 누가 떠오르는가? 아마도 중·고교 시절 국사책에서 보았던 '초충도'의 신사임당을 가장 먼저 꼽지 않을까. 여기에 조선 시대 여성에 대해 좀 더 관심을 가진 이들이라면 시(詩) 하는 여성으로서 호연재 김씨 정도를 더할 수 있을 듯하다. 그 이유는 이들이 각기 그림이나 시집이라는 결과물을 남겨 놓았기 때문일 것이다.

그런데 조금만 더 주의를 기울이면 우리는 조선 시대 여러 기록에서 신사임당이나 호연재 김씨 못지않게 뛰어났다는 여러 여성들을 만날 수 있다. 그러나 이들이 신사임당이나 호연재 김씨처럼 오늘날 우리에게 친숙하지 못한 것은 뛰어난 재능을 지녔으나 이를 겉으로 드러내지 않았다는 점 때문이다. 이들은 책 읽는 모습을 드러내 놓고 보이지 않으며, 글을 써도 외간에 돌리는 일이 절대 없고, 자신의 신변을 정리해야 할 때가 되면 스스로 자신의 소작(所作)을 모두 불태워 버리기까지 했다. 이들의 재능은 그 아들이나 가족만이 알았을 뿐이다. 그래서 이처럼 재능 있는 여성이 있었다는 기록 자체가 그 아들이나 가족 가운데 한 사람의 손을 빌려 남은 것이 대부분이다.

그럼 겉으로 드러내 놓고 자랑하지 못한 여성의 학문적·예술적 재능이 공인받는 길은 무엇인가? 신사임당의 예에서 보듯이 아마도 자녀 양육에 기여했을 때일 것이다. 오늘날에도 신사임당은 그녀가 보여 준 예술적 성취보다는 율곡 이이의 어머니로서 알려져 있다. 이렇듯 자녀 양육과 관련하면 학문적·예술적 성취를 이룬 좀 더 많은 여성을 만날 수 있다. 《구운몽》의 작가인 김만중의 어머니 윤씨도 유복

윤희덕의 〈독서하는 여인〉, 18세기 작품

자로 태어난 김만중과 그 형을 직접 교육했다고 하니, 그녀의 학문적 소양 역시 한글 정도나 깨쳤던 조선 시대 양반가 여성의 일반적인 수준은 훨씬 넘어선 것이었으리라.

　이렇게 뛰어난 여성이 자식을 훌륭하게 키웠다는 기록이 있을 뿐 이들이 어떻게 교육을 받았는지는 전혀 알려져 있지 않다. 호연재 김씨는 어떻게 한시 공부를 했고, 신사임당이 어떻게 시서화(詩書畵)에 정통하게 되었는가? 김만중의 어머니 윤씨는 어떻게 학문을 익혔고, 성리학이라는 정통의 학문 영역에서 그 성취를 보여 준 윤지당 임씨는 또 어떻게 공부했는지? 어머니나 아내의 재능을 말한 여러 기록에는 그녀들이 정식의 학습 과정 없이 남자 형제들의 수학을 귀동냥하거나 재능을 어여삐 여긴 아버지가 재미 삼아 가르쳤다는 정도로 가볍게 언급되어 있다.

그러나 신사임당이나 호연재 김씨, 윤지당 임씨 등이 보여 준 성취는 그녀들의 천부적 재능을 전제한다 하더라도 그리 쉽게 이룰 수 있는 것은 아닐 것이다. 이 지점에서 정말 궁금해진다. 수능 시험에서 수석을 차지한 학생들이 흔히들 말하는, 학교 공부에 충실했다는 답변처럼 어깨 너머 배웠다거나 아버지가 재미 삼아 가르쳤다는 그런 상투적인 것 말고, 진짜 그녀들은 어떻게 공부했을까?

《삼강명행록》의 양씨 부인은 이처럼 감추어진 조선 시대 양반가 여성의 학습 양상에 관해 짧게나마 구체적인 모습을 시사한다. 그리고 이 같은 양씨 부인의 학습 배경에는 세상에 이름을 남김으로써 존재론적 허무를 치유하고자 한 그녀의 자각과 소망이 있었다. 우리가 고전소설을 읽는 이유는 이처럼 사실적 '기록'이 시대적 편견이나 제약으로 인해 들려주지 못했지만 당대 사람들이 가졌을 보편적 인간 정서를 시공간적 제약을 뛰어넘어 제시하기 때문일 것이다. 이런 점에서 자식 교육을 전제로 여성의 학식과 재능을 바라본 '기록'보다 오히려 가상의 '소설'에 더 공감하게 된다.

양씨 부인, 이렇게 공부하다

《삼강명행록》의 양씨는 작중 주인공 정흡의 친구 고사기의 부인이다. 임오정난을 당하여 건문제를 모시고 천하를 헤매는 정흡과 달리, 고사기는 임오정난 전에 벼슬을 버리고 고향으로 내려가 세상을 등지고 지내던 중 모친을 찾아 천하를 헤매는 정흡의 아들 정철의 방문을 받는다. 이를 계기로 양씨는 정철에게 서화의 필법을 배우게 되는데, 이 과정에서《삼강명행록》이 보여 주는 구체적인 수학(受學)의 장면은 여성이 혈연적으로 아무런 관련이 없는 외간 남성을 사사하는 양상으로 흥미롭다.

양씨는 남편을 통해 정철의 필체를 구경한 후 정철의 글씨 쓰는 모습을 직접 보고 싶어한다. 이를 알게 된 남편의 주선으로 양씨는 마침내 정철의 강론을 직접 듣는 기회를 얻게 된다. 그런데 아무리 나이가 어리나 외간 남자를 규방 여성으로서 직접 마주하여 배울 수는 없는 노릇이다. 그래서《삼강명행록》에는 그 수학의 장면을 상세하면서도 주의 깊게 그려 보인다.

먼저 정철의 글씨를 받아 본 양씨는 예물로써 사례한 후 두 아들을 통해 자신의 침실 옆 내서헌으로 정철을 청한다. 양씨는 발을 쳐 정철과의 거리를 만들어 둔다. 정철이 내서헌에 들자 양씨는 예를 표한 후 배움을 청하고, 이에 정철은 양씨의 두 아들에게 가르치는 형식으로 강론이 이루어진다. 정철이 양씨의 두 아들을 마주하여 강론하고 양씨는 자신의 침실에서 주렴을 친 채 더불어 듣는 것이다. 이후 한 대목이 끝나자 부인이 차를 올려 예를 표하고 다시 수업이 진행된다.

이 과정을 통해 양씨가 정철에게서 주로 배우는 것은 서화의 필법이다. 정철은 한자의 열 가지 필체를 각각 써서 양씨에게 건넨다. 뿐만 아니라 유명한 서예가의 필체에 대한 평론과 그들이 필법을 익히는 과정에서의 일화 등을 들려준다. 소설 속에서 이 같은 여러 필법에 대한 구체적인 양상과 설명이 부각되어 있는 점은 특이한 것인데, 특히 그것이 여성이 간절히 소망하던 학습의 내용으로 설정되어 있다는 점에서 더욱 주목된다.

전통적으로 서법은 단순히 붓을 놀리는 기술이 아니라 하나의 예술로 인정되었다. 그리고 그런 예술의 수준은 학문적 수준과 나란히 간다고 보았다. 따라서 양씨가 정철의 필체를 본 후 일 년이 지나지 않아 유명한 서예가로 이름을 떨치게 된 바탕에는 이런 대단한 성장을 가능케 한 학문적 토대가 있었을 것이라 짐작할 수 있다. 여기서 주목되는 바는 양씨가 남편을 대신하여 여러 아들의 교육을 담당하고 있다는 점이다.

고사기는 직접 아들들을 가르치지 않고 부인이 대신 하느냐는 정철의 질문에 자신의 성품이 게을러 아들의 교육에 열심을 보이지 않은 탓에 양씨로서는 마지못한 일이라 대답한다. 이는 양씨가 여성의 직분에 걸맞지 않은 일을 한다는 혐의를 모면하기 위한 겸사(謙辭)로 들린다. 중요한 것은, 마지못한 일이라고 하였으나 남편을 대신하여 아들들을 교육할 만큼의 학문적 역량을 양씨가 지녔기에 가능한 일이라는 점이다. 교육의 내용은 좀 더 구체적으로 제시된다. 적자(嫡子)에게는 정통 학문을 권장하여 육예(六藝)를, 서자(庶子)에게는 글자를 깨친 후 농업, 의약, 복서, 서화, 음률 등을 가르친다고 했다. 결국 고사기를 대신하여 부인 양씨가 이 모두를 가르칠 능력을 갖고 있다는 것으로, 이 같은 학문적 소양이 결국 양씨가 서예가로서 이름을 남길 수 있는 토대가 되었던 것이라 할 수 있다.

여기서 양씨가 왜 그렇게 배우기를 소망했는가를 살펴볼 필요가 있다.

> 공[고사기]이 웃으며 말하기를 (중략) 아내가 중년에 회포를 느껴 학문과 서화를 스스로 공부하고 일정한 경지에 이르렀으나 규중에 스승과 벗이 없어 그 재주를 다하지 못한 한이 있었네. 그런데 어제 자네의 시를 보고는 자네를 스승으로 섬겨 그 비결을 얻고자 하나 감히 청하지 못하는 것을 내 알고 그 뜻을 전하니 자네는 노부를 비웃지 말라.
>
> ─《삼강명행록》 권 25(영인본 권 12, 729~730쪽)

정철의 방문을 받은 고사기는 정철의 필법(筆法)이 비상함을 알고 서화의 비법을 가르치라 청한다. 정철은 이미 그 부인을 위한 것임을 짐작하지만 고사기의 아들에게 한 수 가르치겠다고 답하고, 이에 고사기는 아들이 아닌 부인을 위한 것이라 고백한다. 위 인용문은 이 과정에서 부인의 학습 동기를 밝힌 고사기의 발언이다. 중년에 접어든 아내가 문득 삶의 회포를 느끼고는 학문과 서화를 혼자 공부하여 어느 정도 경지에 이른 것이 재주가 있었다. 그런데 여성이라는 점 때문에 이런 재능을 더욱 발전시켜 줄 스승을 구할 수 없음을 한스러워하다가 정철의 필체를 본 후에는 그를 직접 스승으로 섬기고 싶지만 여자의 몸으로 그럴 수 없어 눈물까지 흘리며 안타까워했다는 것이다.

정치적 혼란을 피해 세상을 등지고 지내는 고사기의 아내로서 산중에 은거하는 양씨는 그녀의 삶 역시 세상의 잣대로부터 벗어나 일반적으로 여성이 해야 하는 것으로 규정된 일에서 자유롭다. 그런 그녀가 삶의 회포를 느끼고 이 과정에서 자연스럽게 학문을 접하게 된 것이다. 그 결과 그녀가 아들들의 교육을 전담할 만큼 학문적 성장을 이루게 되었는데, 학문적 성장이 진행될수록 자신의 삶을 바라보는 안목 또한 깊어지는 것은 당연한 일이다.

당대 지배 이념이 주문한 여성적 현실에서 벗어나 있는 양씨가 삶의 의미를 구할 때 그것은 부덕을 갖춘 아내나 어머니로서의 이상 실현은 아닐 것이다. 여기에 학문적 성찰이 뒷받침된다면 여성이라 하나 그 삶의 의의는 남성과 마찬가지로 길이 지워지지 않을 이름을 남기는 것 아니겠는가. 세상에 이름을 남길 만큼의 학문적 성장이나 예술적 성취를 위해서는 자신의 재능을 극한까지 끌어 줄 스승이 절실하다. 그러나 스승을 얻는 일은 비록 세상의 잣대에서 벗어난 삶을 사는 양씨로서도 뜻대로 이룰 수 없기에 더욱 간절하다.

소설이 향유되던 당대, 엄연히 남편이 있는데 아내가 자식들의 교육을 전담하는 것은 현실적으로 자연스럽지 못하다. 그리고 여성이 자신의 이름을 세상에 남기고 싶어하는 것은 더욱 어불성설이다. 아마도 《삼강명행록》의 양씨가 현실을 등진 채 살아가는 남편을 두어 그녀 역시 일반적인 여성적 삶의 조건에서 벗어날 수 있었다는 설정은 이러한 현실적 상황을 고려한 것이라 생각된다. 그리고 이를 바탕으로 양씨는 학문적 성장을 경험하게 되고, 나아가 자신의 이름을 남기는 것으로 삶의 의미를 구하기에 이른다. 이런 점은 양씨가 남편의 부재 속에서 자식들의 교육을 담당했던 김만중의 어머니 윤씨 같은 현실 속 여성들에 대한 소설적 가상이 아닌가 하는 상상을 하게 한다.

양씨는 남편과 더불어 세속적 삶에서 벗어나 안분자족하며 정통 학문과 잡학을 불문하는 다방면의 학문적 교양을 갖추게 된다. 그런데 그 속에서 양씨는 삶의 허무를 깨닫고 더욱 학문과 예술에 매진한다. 그리고 세상에 이름을 남기는 것이 삶의 허무를 극복하는 길이라 인식하게 되는 것이다. 그 결과 서법 예술에 심취하여 일가를 이루게 된다. 이 가운데 《삼강명행록》은 양씨가 '필가(筆家)로 유명후세(遺名後世)'하게 되는 계기로서 정철에게 수학하는 장면을 형상화하였다. 규방의 여성이 다른 여성 스승을 찾기 쉽지 않은 현실을 드러내면서 그런 가운데 혈연관계가 전혀 없는 외간 남성에게 수학하는 구체적인 모습을 그린 것은 소설 속에서조차 쉽게 찾아보기 어려운 장면이다. 뿐만 아니라 학문적 소양을 바탕으로 한 예술적 성취를 소망하는 여성으로서 양씨의 형상 역시 여타의 대하 장편이 구현하지 못하던 새로운 인물형으로 주목된다.

공감할 수 있는 전통 여성상의 수립을 위하여

조선 시대에 자식을 훌륭히 키워 낸 유능한 어머니들, 그들은 어떻게 키워졌는가? 그 인품과 반듯한 행실만으로도 모범이 되어 자식을 훌륭히 키워 낸 어머니들도 적지 않겠지만, 그런 모범 이상으로 실질적인 교육의 주체가 된 많은 어머니들은 어디서 왔는가? 그녀들은 무엇을 공부하고 어떻게 배웠는가?

우리 사회의 자녀 교육열은 시대적 흐름 속에서 새로운 풍속도를 만들어 왔다. 자녀들의 해외 유학 열기가 몰아쳐 '기러기 아빠'라는 난데없는 홀아비들을 양산하더니 최근에는 자녀의 해외 유학을 위해 아예 자녀를 외국인 가정에 거짓 입양시키는 광적 현상으로까지 치닫고 있다. 이런 때일수록 현명한 교육자로서의 어머니상은 더욱 절실하고, 그래서인지 전통적으로 이상적인 어머니상으로 부각되어 온 신사임당을 더욱 주목하게 된다.

그런데 신사임당은 훌륭한 어머니이기 이전에 시서화에 능했던 유능한 여성이다. 그러나 이상적인 어머니로서의 이미지와 비교할 때, 유능한 여성으로서 신사임당의 이미지는 그리 선명하지 못하다. 그녀가 자식 교육에 유용할 여러 재능을 지녔다는 조건적 결과만이 제시될 뿐, 그녀가 자신을 성장시키는 구체적인 모습을 그릴 수 없기 때문이다. 이런 점은 조선의 다른 유능한 어머니들도 크게 다르지 않다.

그러나 "공부해서 남 주냐."라는 속된 말이 있듯이 스스로의 성장이 공부의 일차적인 성과이자 동기다. 때문에 이상적인 전통 여성상의 재수립을 위해서는 양반가 여성들이 스스로를 성장시키고자 어떻게 공부하고 배웠는지에 대한 좀 더 구체적인 상황이나 장면들이 필요한 시점이다. 이런 상황에서 양씨 부인의 모습은 작은 단초가 될 수 있을 것이다.

《삼강명행록》의 양씨 부인은 중국을 배경으로 한 소설 속 인물이라는 점에서 그녀의 모습을 조선 시대 양반가 여성인 것으로 그대로 가져오는 것에 무리가 있을 수도 있다. 그러나 조선 시대 한글 대하 장편소설이 상층 여성들에 대한 이념적·문화적 교육 기능을 수행했다는 점과, 소설이 당대 독자들에게 소통될 수 있는 전제로서 현실적 개연성을 고려한다면, 양씨 부인의 모습을 통해 조선 시대 상층 여성의 실상과 그들의 소망을 읽을 수 있게 된다. 이런 점에서 양씨 부인이 보여 준 학문적 소양과 이를 바탕으로 그녀가 서예가로서 이름을 남기기를 소망하며 노력하는 모습은 조선 시대의 다재다능했던 여성들의 성장을 대변하는 인물형으로 보아 무리가 없을 것이라 생각한다.

서정민 서울대·서원대 국어국문학과 강사. 고전장편소설의 사회문화적 의의를 탐구하고 있으며, 고전장편소설이 현대 독자들에게 좀 더 가깝게 다가갈 수 있는 여러 방법들을 고민하며 그 길을 탐색중이기도 하다. 논문으로는 〈명행정의록 연구〉, 〈삼강명행록의 교양서적 성격〉, 〈조선조 한글대하소설의 위상 제고 방식 연구〉 등이 있다.

19

이제는 변해야 할 착한 여자

김경희

〈이언〉의 여성

곱게 자라서 어여쁜 새색시가 되어 행복한 미래를 꿈꾸었지만, 남편의 무관심과 외도로 점차 인생살이의 즐거움을 잃고 살아가는 여자. 이러지도 저러지도 못하고 부부의 인연을 이어간다.

이옥(李鈺, 1641~1698)은 당시의 많은 선비들이 본받고자 노력한 고문(古文)에 반대하고 현재의 관점에서 글을 쓴 사람이다. 이 일로 이옥은 벼슬에 나아가는 길이 막혔고, 저속한 글을 쓴다는 평가에서 벗어나지 못했다. 그는 이러한 글쓰기 방법으로 세상의 중심에 있지 않은 미물들과 여성에게 관심을 기울였다. 그 가운데 태어난 작품이 〈이언(俚諺)〉이다. 〈이언〉의 서두에서 이옥은 〈이언〉을 짓는 이유에 대해 "글을 쓴다는 것은 천지만물의 독자성을 인정하고 천지만물에 대해 관찰하는 것이다. 그 천지만물에 대한 관찰로 사람에게 관심을 가졌다. 사람에 대한 이해는 결국, 정(情)에 대한 관찰이기에 정을 가장 잘 드러낼 수 있는 것을 찾던 중 남녀 간의 정이 가장 크다고 여겨 이 글을 쓰게 되었다."라고 말한다. 또한, 당시 항간에서 사용하는 일상어를 사용하여 결혼 초기의 정숙한 여자, 결혼 이후 남편을 내조하는 여자, 기방에서 남자를 기다리는 여자, 남편의 방탕한 생활에 열증을 느끼고 체념하는 여자의 정을 표현하였다.

일찍이 자식 없다 한탄한 지 오래지만
무자식 도리어 다행이라네.
자식이 만약 지아비 닮는다면
남은 여생 또 이처럼 눈물 흘리리.

정녕 용하다는 판수 무당
삼재 때문이라 말하네.
도화서에 돈 보내
특별히 큰 매 그림 사오게 했네.
(중략)
하루에 삼천 번 만나도
삼천 번 모두 화낸다네.
밀뒤꿈치 계단처럼 둥근 것
아마 이 또한 꾸짖으리라.
(중략)
밤에 느티나무 밑 우물에서 물 긷다가
문득 스스로 섧고도 고달픈 생각 나네.
헤어져 혼자 살면 내 한 몸 편하지만
당상에는 아직 시부모님 계시네.

— 이옥 지음, 실사학사 고전문학연구회 역주, 《역주 이옥 전집》, 319쪽

나쁜 남자가 만들어 낸 착한 여자

결혼식에 가서 주례사를 듣다 보면 불변의 레퍼토리가 있다. "검은 머리가 파뿌리가 되도록 백년해로를……"이라고 시작되는 것이 그

것이다. 누구나 그것을 인정하고 평생 해로할 것을 다짐한다. 그러나 그것을 지키면서 살아가는 일이 쉽지 않았을 것이다. 여자든 남자든 서로 다른 환경에서 살아온 사람이 혼인이라는 절차를 밟으면서 하나가 되는 것이 그리 녹록한 일이 아니지 않은가. 그래서 우리는 때때로 꿈을 꾸곤 한다. 이런 배우자가 있었으면 하고 말이다.

남자들은 대개 우렁각시처럼 모든 것을 다 해 주는 여자를 선망하곤 한다. 이를테면 남자가 나가서 일을 하고 돌아오면 남자에게 옷이며 음식이며 필요한 것은 다 해 놓는 여자 말이다. 바보온달이 평강공주를 만나서 늠름한 장군이 되는 것처럼 자신의 내재적 능력을 계발하여 꺼내 주는 여자를 꿈꾸기도 한다. 이런 것들을 일명 우렁각시 콤플렉스, 온달 콤플렉스라고 한다. 남자가 이렇다면 여자는 어떨까. 백마 탄 왕자님이 나타나서 현실의 고난과 문제를 모두 해결해 주고 행복한 미래를 보여 주었으면 하고 꿈꾼다. 일종의 신데렐라 콤플렉스이다. 그런데 이러한 콤플렉스는 왜 생기게 되는 것일까. 자신이 무능하여 현실을 스스로 타개할 능력이 없을 때 꿈틀거리는 것은 아닌가. 나무꾼과 우렁각시, 바보온달과 평강공주, 신데렐라와 왕자들이 쌍을 이루게 된 것은 어느 한 쪽이 특별한 능력을 지니고 있어서 상대방의 무능함을 해결해 주는 것이 가능하기 때문일지도 모르겠다. 모자라고 결핍되어 있는 것들은 충족된 그 무엇인가를 계속 갈구하게 되어 있다. 그렇게 보면, 항상 나쁜 남자의 곁에는 착한 여자가 있게 마련이다. 여기 온갖 나쁜 짓이란 나쁜 짓은 다 하는 남자가 하나 있고, 그런 남자를 지켜보는 여자가 있다. 그들의 사정을 한번 들어 보자.

〈이언〉 속의 그녀

이옥의 〈이언(俚諺)〉은 모두 네 부분으로 나누어져 있는데, 각각의 노래에 내용에 걸맞은 이름을 붙여 놓았다. '아조(雅調)', '염조(艶調)', '탕조(宕調)', '비조(悱調)'가 그것이다. 곡명 그대로 '아조'는 항구적이며 정당한 것을 노래하는 것으로, 부인이 어버이를 섬기고 그 지아비를 공경하며 집안 살림을 검소하고 부지런하게 하는 17수의 내용을 담고 있다. '염조'는 교만하고 사치하고 행동거지가 경솔하고 과장된 것에 관한 일을 다루고 있으며 모두 18수이다. '탕조'는 규범에서 일탈한 모습을 다루고 있는데, 주로 창기(娼妓)의 일로 총 15수이다. '비조'는 심한 원망을 담고 있다. 세상 인정에 방탕한 자가 있으면 반드시 원망하는 자기 있기에 그 원망을 담고 있는 것으로 모두 16수이다. 이 노래는 항구적이고 정상적인 규범 제시에서 시작해서 그 규범에서 벗어난 방탕한 행위를 보여 주고 그러한 일탈에 대한 원망을 드러냄으로써 결국에는 최고의 아(雅)를 회복하고자 하는 의지를 담고 있다. 그 내용을 좀 더 알아보자.

> 한 번 맺은 검은 머리털
> 파뿌리 되도록 같이 살자 하였네.
> 부끄러운 일 없음에도 수줍어하여
> 석 달이 가도록 말도 나누지 못했네.
>
> 진작에 익힌 궁체 글씨
> 이응자가 약간 각이 져 있네.

시부모 글씨 보고 기뻐하시며
언문 여제학이라 하시네.

초록빛 상사단으로
쌍침질하여 귀주머니 지었네.
세겹 나비 모양 손수 접어
손을 들어 낭군께 바친다.

―《역주 이옥 전집》, 306~307쪽

'아조'에서 여자는 시종일관 결혼할 때부터 지녔던 행복한 꿈과 시집에서의 근면한 생활, 남편의 내조에 힘쓰는 인물이다. 이런 그녀에게는 항상 관심과 사랑을 보내는 시부모님이 있다. 그러나 갓 시집온 여자의 마음을 채우기에는 부족하다. 그 자리를 채울 수 있는 것은 오직 남편인데, 여자는 수줍음에 남편에게 말 한마디 건네지 못하고, 남편 역시 그런 여자를 따뜻하게 감싸 주지 못한다. 그래도 여자는 묵묵히 자신의 임무를 충실히 이행한다. 남편을 위해 정성껏 옷을 짓는 모습에서 남편을 위해 노력하는 전형적인 여자의 모습을 볼 수 있다.

'염조'에서는 '아조'에서와는 달리 화려한 수식어구로 노래가 이어진다. 머리에서부터 발끝까지 장식과 화장으로 치장한 모양새며, 먹고 마시는 음식이 진수성찬이다. 이러한 가운데 여자가 남편의 행동 하나하나에 신경을 쓰고 있으며 남편을 위해 자신의 몸을 가꾸고 있다.

잠깐 동안 낭군의 꾸중을 듣고

사흘 동안 밥 한 술 뜨지 않았네.
내 푸른 옥장도 차고 있으니
뉘 다시 내 말 건드릴거나.

복숭아꽃은 오히려 천박해 보이고
배꽃은 서리처럼 너무 차갑다.
연지와 분 고르게 발라
살구꽃 화장으로 내 얼굴 꾸며 보네.

낭군은 제비 쌍으로 나는 것 좋아하지만
나는 제비 새끼 많은 것 사랑한다네.
한서면에 난 새끼들 다 예쁘니
어느 놈을 형이라 할 수 있나?

―《역주 이옥 전집》, 312쪽

    여자는 낭군의 꾸중에 며칠 동안 식음을 전폐할 정도로 남편과의 관계를 중요하게 생각한다. 그래서 여자는 천박하지도 않고 냉정하지도 않게 살구꽃으로 화장을 한다. 복숭아처럼 붉지 않고, 배꽃처럼 하얀 것이 아니라 살구처럼 따뜻하고 은은한 화장으로 남편의 마음을 얻고자 하는 것이다. 그러나 남편은 여자에게 별 관심을 보이지 않는다. 그러니 자식을 얻는 것도 쉽지 않다. '염조'에는 이처럼 자식을 가지려는 여자의 애틋한 마음이 서려 있다. 자식은 남편과의 사랑의 결과물임과 동시에 시집온 며느리로서 본연의 임무를 완수하게 하는 것이면서 스스로 여자임을 확인할 수 있게 해 주는 복합적인 산물이다.

신윤복의 〈무녀신무〉. 옛 여인들이 모여 굿을 구경하고 있다. 굿은 그녀들의 한풀이 장이었다.

그런 의미에서 볼 때, 여자에게 있어 자식이란 일차적으로는 부부 관계에서 드러나는 남녀 간의 애정의 표현이고, 그 다음이 가문의 대를 잇는 며느리의 도리다. 그러나 자식에는 도통 관심이 없는 남자의 냉담한 반응에 여자가 적극적으로 관계를 개선해 보기보다는 제석방 문을 두드린다. 이것은 자식을 낳는 것이 하늘의 뜻이라는 믿음, 즉 아기는 삼신할머니가 점지해 준다는 것에서 비롯된 행동일 수도 있지만, 남편과의 소통이 원활하게 이루어지지 않자 어쩔 수 없이 선택한 방도일 수도 있다.

'탕조'에서는 주로 창기와 관련된 일들을 다루며 앞에서 보여 준 일상적인 규범과 화려한 문체와는 다소 이질적이어서 전체적인 시의 흐름을 깨뜨리고 있다. 그래서 화자의 신분이나 직업이 달라지고 창기의 목소리를 담아 내고 있는 듯도 하다.

> 지금은 이 추월(노래하는 기생)이 늙었으나
> 몇 해 전엔 꿰어 채고 갈 만했네.
> 문군(사마상여의 아내)이 무슨 직업으로 살았던고.
> 나는 그의 시를 믿을 수 없네.
> ―《역주 이옥 전집》, 313~314쪽

    노래에 등장하는 문군은 열일곱 살에 과부가 되어 사마상여를 만나 도피한 인물이다. 가난하게 살면서 아버지의 허락을 얻기 위해서 자신이 입고 나온 옷을 잡혀 시장에 주막을 차려서는 시정잡배에게 술을 따르면서 살았다. 부자인 탁왕손의 딸로서 감히 상상도 할 수 없는 일이었지만 사마상여와의 사랑을 이루기 위해서 문군이 스스로 선택한 것이었다. 그러나 애석하게도 이들의 도피 행각은 오래가지 못했다. 이후에 사마상여는 새로운 여자를 만나 사랑에 빠졌다. 이때, 문군이 사마상여를 향해 "원컨대 한 마음만 지닌 사람을 얻어 백발이 되도록 서로 헤어지지 않았으면 좋겠어요."라고 애절하게 백두음(白頭吟)을 지어 불렀다.

    문군이 자신의 모든 것을 버리고 사마상여와의 사랑을 지키기 위해 시장에서 술을 파는 일도 마다하지 않았지만 결국에는 사마상여와의 사랑을 끝까지 지키지 못했다. 문군은 비록 처음에는 귀가문의 여자였으나 이후에는 창가의 여자가 되었다. 그래도 그녀가 지키고자 한 것은 오직 하나, 사마상여와 평생 검은 머리가 파뿌리가 되도록 사는 것이었다. 이것은 남녀 간의 애정이 그의 신분 여하와 무관하다는 것을 잘 보여 준다. 한편 남편이 창기에 빠져 허우적거릴 때, 여자의 한숨은 깊어진다.

당신을 사나이라 하여
여자 이 한 몸 맡겼는데
비록 날 어여삐 여기진 못할망정
어찌하여 번번이 날 구박한단 말인가.

내 머리 빗질하는 틈 타
나의 옥비녀 훔쳐 갔네.
두어도 내겐 쓸모없는 물건이나
누굴 줄는지 모르겠네.

국과 밥그릇 사납게 집어다가
내 면전에 대고 던지네.
당신 변한 입맛 때문이지
내 솜씨 어찌 전과 다르리.
―《역주 이옥 전집》, 317~318쪽

'탕조'에서 여자는 남자 하나를 보고 시집와서 새로운 환경에 적응하기 위해 고군분투하고 있는데, 이미 마음이 떠난 남자는 여자의 물건을 훔쳐가서 창가의 여자에게 건네 주고, 반찬 타박까지 하며 폭력을 휘두른다. 여자는 태어나서는 아버지를 따르고 시집을 가서는 남편을 따르고 자식을 낳으면 자식을 따르게 되어 있는데, 여자가 섬겨야 할 지아비의 행동거지를 보는 여자의 절망감은 이루 다 표현할 수 없을 것이다. 나락에 떨어진 남자의 태도를 보는 여자의 속마음을 들여다보자.

난봉꾼의 아내, 그 착한 여자

이제 모든 것을 참고 견디던 여자의 분노가 '비조'에서 터져 버린다. 가난한 집의 아내보다 못한 서리의 아내, 서리의 아내보다 못한 군인, 군인보다 못한 역관, 역관보다 못한 장사꾼, 장사꾼보다 못한 난봉꾼의 아내가 되지 말라고 여자는 말한다. 서리, 군인, 역관, 장사꾼은 모두 외지에서 많은 시간을 보내면서 생활을 하는 사람들이다. 그러니 결혼을 해서 정을 들일 시간적인 여유가 없다. 이렇게 자리를 많이 비우는 남편보다 더 안 좋은 남편은 바로 난봉꾼, 자신의 남편이다.

> 낭군은 달이 질 때야 돌아오네.
> 먼저 잠들면 반드시 화내고
> 순라꾼들 지금쯤 흩어졌을까.
> 안 자고 있어도 또한 의심하네.
> ―《역주 이옥 전집》, 318~319쪽

남편은 밤새 주색을 탐하여 돌아다니고 밤이슬을 맞고 집에 돌아와서는 기다리면 기다린다고 탓을 하고, 먼저 잠을 자면 잠을 잔다고 탓하는 사람이다. 여자는 그 타박을 다 들어줄 뿐, 어떠한 대꾸도 하지 않는다. 다만 속으로 남편의 마음이 변했음을 슬퍼할 뿐이다. 남자와 여자가 만나서 애정을 쌓는 과정에서 가장 중요한 것은 무엇일까. 서로 다른 환경에서 자라 온 두 사람이 서로를 이해하는 데 필요한 시간과 노력일 것이다. 함께 살아가면서 정말로 납득할 수 없었던 것들을 하나씩 풀어 나가는 데에는 함께 이야기를 하고 다른 점을 받아들일 수 있는 시간이 절대적으로 필요하다. 그러나 난봉꾼인 남편은 집에 붙어 있지 않는 사람이니 서로에 대해 알 시간적 여유가 없고, 매사에 트집을 잡고 화를 내니 세상에 난봉꾼보다 더 못한 남편이 어디 있겠는가.

서두에 인용한 대목에서 보듯이, 여자는 '염조'에서 제석방의 문을 두드리면서 자식을 꼭 얻고자 했지만 이제 오히려 그런 아비를 닮아서 자신을 힘들게 하는 자식이 생길 바에야 차라리 자식이 없어 남은 여생을 눈물로 보내지 않아도 될 것을 위안으로 여기고 있다. 자식은 부모의 자화상이다. 부모에게서 살과 뼈를 받는 것은 물론이고 그들의 성격과 행동거지를 모두 본받게 마련이다. 그러니 난봉꾼인 남편에게서 태어난 자식이 온전할 리 만무하다. 자식이 없는 것은 며느리의 임무를 다하지 못하여 당시로서는 칠거지악에 해당할 만큼 중대한 문제였지만 여자에게는 그런 것조차 중요한 일이 아니다. 또한 사회적인 문제를 제외하고라도 여자의 행복 가운데 하나인 모성에 대한 욕망, 자식을 낳아서 기르고자 하는 것마저도 포기한다는 점에서 원만하지 못한 부부 관계가 삶의 의미를 모두 무너뜨리고 있다는 것을 알 수 있다.

그런데 여자는 모든 문제의 해결책을 밖에서 구하고 있다. 열쇠를 문제의 발단인 남편에게서 찾아야 함에도 불구하고 용하다는 판수무당을 찾아가서 하소연을 한다. 여자는 변화하고 노력할 의지로 가득 차 있지만 남자는 아무런 개혁의 의지가 없다. 남자는 자신의 일이 잘 풀리지 않는 것을 아무런 이유도 없이 죄다 여자의 탓으로 돌리고 있으니 남편에게서 답을 찾을 수 없다. 남자는 자신이 일을 제대로 하지 못하는 것을 남에게 덮어씌우는 못난 남편의 전형을 그대로 보여 준다.

이 상황에서 여자에게 있어 답답한 마음을 풀어 줄 수 있는 유일한 출구는 점집뿐이었다. 근원적인 해결책을 찾으려 하기보다 문복(問卜)에 의지하는 여자의 태도에서 당시 여자의 무능한 일면을 볼 수도 있다. 나가면 소식 없는 남편은 무얼 하는지 알 수도 없고, 자식이라도 있으면 거기에 정을 붙이겠지만 자식도 없으니 기댈 곳이 없다. 부석이라는 액막이가 과연 난봉꾼 남자의 행패를 잠재울 수 있을까. 설말 우연히 이 부적을 쓰고 나서 남편의 버릇이 좋아질지도 모르겠지만 그런 일은 좀처럼 일어나지 않는다. 돈을 버리고 공연한 짓을 하는 것이다. 그럼에도 점집을 찾을 수밖에 없는 것은 미래를 알 수 없는 그 답답함 때문이다. 여자는 현재의 남편은 무능하고 무슨 일이든 트집을 잡고 가정에 무관심한 난봉꾼이지만 그래도 앞으로는 조금이라도 나아지지 않을까 하는 기대를 안고 살 것이다. 미래가 지금보다 조금이라도 나을 것이라는 기대가 없다면 현실의 어려움을 극복하고 삶을 유지할 수 없다. 조금이라도 나은 내일이 있을 거라고 믿기에 지금의 힘겨움을 참아 낼 수 있는데, 그 위로를 무당을 통해서 받고 싶은 것이다. 아무리 봐도 나아질 것 같지 않은 칠흑 같은 어둠을 걷어 낼 한 줄기 빛은 스스로를 위로하는 부적인 셈이다. 그러나 남편은 여자의 소망을 무너뜨리고 만다.

시집올 때 입은 옛 다홍치마
두었다가 수의 지으려 했는데
낭군의 투전 빚 갚으려고
오늘 아침 울면서 팔고 왔네.

― 《역주 이옥 전집》, 319쪽

이제 부부 관계에서의 여자, 엄마로서의 자리를 모두 잃은 그녀가 마지막 남은 자신의 여성성마저 잃어버리고 있다. 시집올 때 입은 치마는 여자의 가장 아름답고 행복했던 순간을 기억하게 해 주는 것이다. 그런데 그것을 남편의 노름빚을 갚고자 팔고 말았다. 이제 아무것도 남지 않았다. 기쁜 순간을 떠올리려고 해도 추억을 이끌어 내 줄 수 있는 대상이 하나도 남아 있지 않다. 그런데 놀랍게도 여자가 남편에게서 모든 희망을 잃어버린 순간에도 변함없이 지키는 자리가 있었다. 그것이 과연 무엇일까.

긴 다리 한껏 뻗어
공연히 내 몸을 걷어차네.
붉은 뺨에 푸른 멍 생긴 뒤
무슨 말로 시어른께 답할까.

― 《역주 이옥 전집》, 318~319쪽

그것은 다름 아닌 며느리로서의 자리다. '아조'에서 나타난 시부모는 며느리의 모든 행동을 보고 잘한다고 칭찬을 아끼지 않던 분들이다. 남편이 제구실을 하지 못할 때, 그 빈자리를 그래도 채워 주었던 분들이다. 그래서 여자는 남편이 공연히 자신을 멍들게 했지만 그것을 보신 후의 시어른들의 반응에 안절부절못한다. 또한, 서두에 인용한 대목에서 보듯이, 모든 것을 잃어버리고 나서 헤어져 혼자 살면서 난봉꾼 남편에게서 벗어나고자 하는 마음이 굴뚝같지만 아직 시부모님이 계시니 그렇게 할 수 없음을 나직이 읊조린다. 아무것도 남지 않은 상태에서 며느리의 자리만은 지키고 있는 셈이다. 자신을 귀여워해 주시던 분들에 대한 보답과 인정에서 그런 마음이 생겼을 것이다. 또한 진심 어린 마음 외에 사회적인 배경도 한몫했을 것이다. 당시 여성의 이혼은 어찌 되었든 용납될 수 없는 일이었다. 조선 시대에 이혼은 국가적으로 인정하지 않는 사안 가운데 하나였다. 칠거지악이라는 이름으로 소박을 당하는 일은 있었으나 스스로 남편과 헤어지는 것은 불가능했으니, 며느리의 자리를 보전하고 있는 것은 여자의 시어른에 대한 정과 사회적인 제도의 복합적 산물이다.

〈이언〉을 시작하는 첫머리에서 이옥은 '아조'에서 '비조'에 이르는 여자의 인생 역정을 그리면서 여자의 방탕한 남편에 대한 원망이 다시 일상적이고 규범적인 것으로 돌아갈 것을 기대한다고 했다. 여자가 모든 것을 버리면서도 놓지 않은 며느리의 자리에서 '아조'로의 복귀를 기대해 보는 것일까. 이러한 의지대로 된다면, 여자는 개선의 여지가 없는 남자의 나쁜 행동에도 불구하고 제자리를 지키며 며느리의 자리, 아내의 자리를 굳건하게 유지해야 한다. 그리해야 나중에는 자식을 얻어 엄마의 자리를 찾고 결국에는 여자의 자리를 찾아서 검은 머리가 파뿌리가 되도록 해로할 수 있게 된다. 그러나 이렇듯 이러지도 저러지도 못하는 상황에서 며느리라는 당위적이고 규범적인 틀 속에서 스스로의 위치를 찾는 것이 아니라, 여자에서 아내로, 어머니로,

며느리의 자리를 찾아야 한다.

나쁜 여자가 되어라

이옥은 남성 틈에서 주목받지 못한 여성을 대상으로 그들의 세밀한 감정을 표현하는 데는 성공했는지 모른다. 하지만 당대의 여자들이 남성의 횡포에 참고 살 수밖에 없는 것으로 끝을 맺어 여성의 아픔을 치유하고 달래는 방법을 찾지 못한 한계를 드러낸다.

그런데 놀랍게도 이 케케묵은 이야기 속의 주인공인 착한 여자는 현재에도 존재한다. 이혼율이 증가하고 있는 이 시대에도 이혼녀라는 낙인이 찍힐 것이 두려워 어쩔 수 없이 남편과 헤어지지 못하고 살고 있는 사람들이 있다. 자식 때문에 참고 산다는 사람도 있고, 인생에 있어서 이혼이라는 오점을 남기기 싫어서라는 사람, 사회적 이목 때문에 그렇다는 사람도 있다. 그러나 헤어짐은 인류가 만남이라는 관계를 가지게 된 이후부터 자연스럽게 생긴 것이다. 다만 헤어짐의 절차가 제도화되고 사회적인 구속력을 가지게 되면서 상당히 어려운 일이 된 것이다. 그러나 언제까지 나쁜 남자의 횡포 속에서 한숨으로 눈물지으며 살아야 한단 말인가.

여러 드라마 속에서 여자는 가정 내 문제와 갈등을 해결해 나가는 인물로 등장하곤 하였다. 그러던 2000년 가을 안방을 뜨겁게 달구었던 TV 드라마가 있었으니 바로 〈아줌마〉이다. 그 드라마의 성공에는 억척스럽고 무식하며 극성스러웠던 주인공 오삼숙이 있다. 오삼숙은 허례허식으로 가득 찬 대학교수 남편과 이혼하면서부터 스스로의 삶을 개척해 나가는 모습을 보여 준다.

　이후에도 많은 드라마나 영화 속에서 아줌마가 등장했다. 그러나 이전의 모습과는 사뭇 다른 양상을 보인다. 아줌마는 더 이상 나약하고 무능한 존재가 아니라 당당하게 사회로 나아가고 자신의 욕망을 펼치고 그것을 이루기 위해 노력하는 인물이 되었다.

　"나쁜 여자가 되어라."는 광고 카피가 있다. 남자를 위해 무조건적으로 헌신하는 여자는 별로 매력적이지 않다는 말을 하기도 한다. 이상하게도 사람의 마음은 쉽게 얻을 수 있는 것보다는 얻을 수 없는 그 무언가에 집착하고 환상을 가지게 마련이다. 그래서인지 지금 자기와 함께하며 자신에게 지극정성인 여자에게는 무관심하거나 그 여자의 소중함을 모르는 남자가 많다.

　그러나 이 땅의 많은 남성들이여! 여자의 애정이, 관심이, 배려가 언제나 끊임없이 샘솟는 것이 아니라는 사실을 염두에 두어야 할 것이다. 이 세상에 나쁜 여자, 자신만의 행복과 즐거움을 추구하는 여자들이 많아질수록 나쁜 남자들이 설 자리는 점점 사라지게 될 것이다. 나쁜 남자도 나쁜 여자도 아닌 남자와 여자가 서로에 대한 끊임없는 관심을 보일 때, 우리는 처음 맺었던 그 맹세, 검은 머리 파뿌리 되도록 해로하자던 그 약속을 지키면서 살아갈 수 있을 것이다. 그 누구도 자신의 삶을 상대방에게 저당 잡히지 않고 살았으면 한다. 예나 지금이나 바뀐 것이 무엇이겠는가. 그 서약은 그대로 유효한데…….

김경희　경원대학교 국어국문학과 강사. 이야기가 만들어지고 전승되고 새로운 서사를 구축하는 과정에 관심을 갖고 있다. 논문으로는 〈중국 '양·축' 고사의 한국적 수용양상〉, 〈신불출의 문예활동과 그 의미〉, 〈현대 아동극에 나타난 이야기꾼과 이야기 마당〉이 있다.

20
―
남자를 잘 아는 요부

김준범

오유란

관가에 속해 있는 19세의 기생. 자신의 처지에 대한 인식이 확고하고 남성이 좋아하는 여성상을 잘 파악해 남성을 유혹한다. 자기주장이 강하고 대담하며 적극적이다. 논리적인 사고 능력도 뛰어나다.

오유란(烏有蘭)은 한문 필사본 소설 〈오유란전(烏有蘭傳)〉에 등장하는 인물이다. 〈오유란전〉은 남주인공 이생(李生)이 죽마고우 김생(金生)의 임지인 평양에 갔다가 오유란이라는 관기(官妓)를 만나 애정행각을 벌이다가 봉변을 당한 후, 열심히 면학하여 과거에 급제하고 암행어사가 되어 평양으로 다시 내려가서 분풀이를 한다는 내용의 작품이다. 경북대학교 도서관 소장본 서문의 마지막에 '春坡散人 戱著'라는 기록이 있어 작자가 '춘파산인'이라는 점만 알려져 있을 뿐 구체적으로 밝혀져 있지는 않다.

"기녀 가운데서 능란하고 민첩하여 부릴 만한 애가 누구냐?"
수노(首奴)가 대답했다.
"오유란이 있사온데, 방년 열아홉 살로 말씀하신 것에 합당할 듯합니다."
감사는 즉시 오유란을 불러 분부하였다.
"너는 별당에 있는 이생 도련님을 아느냐?"
오유란이 대답하였다.
"네, 알고 있습니다."
감사가 말하였다.
"네가 이생을 유혹할 수 있겠느냐?"
오유란이 대답하였다.
"하루 저녁으로는 할 수 없으나 한 달의 말미만 주신다면 반드시 할 수 있습니다."
감사가 밀했다.
"한 달의 말미를 주고서도 혹시 하지 못했을 때에는 죽여도 좋겠느냐?"
"네, 좋습니다."
오유란이 분부를 듣고 물러나와서 붉고 푸른 옷을 벗고 흰옷으로 갈아입었다. 그리고 한 계집아이로 하여금 두어 필의 베를 가져오라 해서, 작은 동이에 담아 이고 짤막한 방망이를 가지고 앞뒷길을 인도하게 하여 별당 앞에 있는 작은 연못가로 가서 얼굴을 가다듬고 맵시 있게 앉아 빨래를 하기 시작했다.

—〈오유란전〉, 박희병, 《한국한문소설 교합구해》, 959쪽

우리 고전 문학에 '포르노그래피'는 없는가

현대 사회는 넘쳐나는 정보로 홍수를 이룬다. 그 가운데에는 '정보의 바다'로 표상되는 인터넷이 자리 잡고 있다. 클릭 한 번으로 각종 검

색 엔진을 통해 원하는 정보를 얻을 수 있으며, 블로그를 통해 내가 일상에서 느끼는 사소한 감정을 나와 관계없는 대중에게 전파할 수 있게 되었다. 현대 사회는 인터넷이라는 매체를 통해 끊임없이 정보가 생산, 소비되고 있다. 이런 장점을 가진 인터넷이 지탄받는 부분이 있으니 바로 '음란물'이다. 인터넷의 어두운 그림자로 여겨지는 음란물은 사회적으로 물의를 일으키는 각종 사건이 터질 때마다 사건의 주요 원인으로 꼽히기도 하고, 현대 사회가 지니는 비인간적·비윤리적 모습의 원인으로 지적되기도 한다. '음란물'이 사회적으로 지탄을 받는 이유는 그 내용이 사회적 규범과는 거리가 멀기 때문이다. 그럼에도 불구하고 '음란물'은 우리 사회에 끊임없이 존재하고 유통되고 있다. 이런 현상은 왜 일어나는 것일까? 바로 '음란물'이 가지는 속성 때문이다. 사회적 규범이라는 측면을 제외하고 '음란물'을 평가한다면, '음란물'은 인간 본연의 성정을 여과 없이 표현함으로써 인간의 본성을 충실히 드러내는 것이라고 할 수 있다. 바로 이러한 성격으로 말미암아 우리 인간들은 사회적 규범으로 금기시하고 있는 '음란물'을 향유하려는 욕구를 갖게 되는 것이다.

우리 영화 가운데 〈음란서생〉이라는 작품이 있다. 조선 후기를 배경으로 하여 명망 높은 사대부 집안 자제이자 당대 최고의 문장가인 주인공이 '포르노그래피'를 창작하여 유통한다는 내용이다. 그가 '포르노그래피'를 창작하여 유통하게 되는 계기는 인간 본성에 대한 탐구에서 시작된다. 〈오유란전〉의 작가 역시 영화 〈음란서생〉의 주인공처럼 인간 본성에 대한 고민에서 작품을 창작한 것으로 이해하여야 할 것이며, 〈오유란전〉에 나타나는 적나라한 성적 표현 또한 같은 맥락에서 평가해야 할 것이다.

이야기 속의 오유란

〈오유란전〉은 사설이 전하지 않는 판소리 〈매화타령〉의 내용과 매우 흡사하다고 알려져 있다. 한문 필사본인 이 작품은 경북대 도서관, 국립중앙도서관, 한국학중앙연구원에 소장되어 있는데, 그 내용은 거의 비슷하다. 이 작품은 '오유란'이라는 인물을 작품 제목으로 내세우고 있으나, 실상 작품의 주인공은 김생과 이생이라는 두 인물이다. 전체적인 줄거리는 다음과 같다.

서울에 살던 이생과 김생은 동갑, 동학(同學)으로 아주 가까운 친구이다. 김생이 먼저 과거에 급제하여 평안감사로 부임하자 친구 이생은 김생을 따라간다. 이생이 별당에 틀어박혀 독서에만 골몰하자 김생은 이생을 골려 주려고 기생 오유란을 시켜 이생을 유혹하게 한다. 오유란은 이생을 유혹하기 위하여 하얀 소복으로 갈아입고 이생이 거처하는 별당 앞 연못에서 밤마다 빨래를 한다. 이생은 어느덧 빨래를 하는 오유란의 모습을 보는 것을 즐기게 되고, 이런 사실을 눈치챈 오유란은 며칠 동안 그곳을 찾지 않아 이생의 애를 태운다. 며칠 만에 오유란이 빨래를 하러 나타나자 이생은 반가운 마음에 오유란 앞에 자신의 존재를 드러내고 정을 통한다. 이후로 오유란은 밤마다 이생의 거처에 와서 밤을 같이 보낸다. 이생의 동정을 살피던 김생은 오유란이 이생을 유혹하는 데 성공한 것을 알고 이생과 오유란을 떼어 놓을 계책을 꾸민다. 서울에 있는 이생의 부친이 중한 병에 걸렸으니 서울로 돌아오라는 거짓 편지를 이생에게 보낸 것이다. 이생은 부친이 위급하다는 급보에 미처 오유란에게 작별 인사도 못 하고 서울로 떠났다가 도중에 부친이 완쾌되었다는 소식을 듣고 평양으로 돌아

신윤복의 〈빨래터의 사내〉

온다. 돌아오던 중 이생은 오유란이라는 여성이 한양 선비의 꾐에 빠져 정절을 훼손당한 후 자결했다는 거짓 이야기를 듣게 된다. 이에 이생은 자신의 실수를 자책하며 시름시름 앓는다. 그러던 어느 날 이생이 잠을 이루지 못하고 뒤척이던 중 죽은 것으로 알았던 오유란이 나타나고, 이생은 오유란과 정을 통한다. 이생은 자신과의 정 때문에 오유란의 혼백이 나타나는 것으로 알고, 오유란과 저승에서 함께하기 위해 죽을 결심을 한다. 이에 오유란은 계책을 꾸며, 이생이 스스로 죽은 것으로 착각하게 만들고, 이생을 백주 대낮에 벌거벗고 돌아다니게 만든다. 친구 김생이 그런 모습의 이생을 놀리고, 이생은 그때서야 자신이 속은 것을 깨닫고 서울로 돌아가 공부에 힘쓴다. 결국 이생은 과거에 급제하고 평안도 어사가 되어 평안감사 김생을 찾아간다.

이생은 오유란을 잡아오게 하여 형장에 묶으나, 오유란은 다른 사람에게 속은 이생의 죄와 이를 사주한 김생의 죄가 다른 사람을 속인 자신의 죄보다 더 큼을 항변한다. 결국 이생은 오유란을 풀어 준다. 이후 이생과 김생은 덕으로 백성을 다스려 나란히 정승에 오른다.

   김생이 이생을 속일 생각을 하게 되는 계기는 이생이 자기를 위해 벌인 술자리를 '오늘의 이 잔치는 정녕 인간의 도리가 아니다[今日之事, 誠非爲人之道也].'라고 하며 거부하는 데 있다. 김생이 이생을 위해 술자리를 벌인 것은 인간의 본성을 위로하고자 한 것이었는데, 이생은 기생과 함께 술자리를 한다는 것이 도학에서 벗어나는 행위라 생각하여 거부한 것이다. 김생은 이생에게 인간적 본성의 중요성을 깨닫게 해 주고자 오유란이라는 인물을 이용한다. 19세의 기생 오유란은 한 달 안에 이생을 유혹할 수 있다고 장담하고, 과연 이생은 유혹에 넘어가게 된다. 급기야 이생은 오유란을 위해 자신의 목숨까지 버릴 생각을 할 정도로 오유란에게 푹 빠지게 되고, 오유란의 말을 전적으로 믿어 본인이 죽은 것이라고까지 착각한다. 오유란은 자신의 장담대로 이생을 유혹하는 데 성공한다. 이처럼 작품의 중심 이야기는 이생과 김생의 우정담이지만 작품이 주는 흥미는 오유란이 이생을 유혹하는 과정에 있다. 오유란이 어떻게 해서 이생을 매혹시킨 것일까에 대한 해답을 오유란이라는 인물의 성격에서 찾아보도록 하겠다.

유혹 과정에서 드러난 오유란의 진면목

오유란이 이생을 유혹하기 위해 가장 먼저 한 일은 화려한 기생복 대신 하얀 소복을 입는 것이었다. 언뜻 생각하면 화려하게 치장함으로써 자신의 미모를 돋보이게 하여 성적 욕망을 불러일으키게 하는 것이 남자를 유혹하는 데 더 유용한 듯싶다. 그러나 오유란은 이와는 다른 방식을 택한다. 오히려 소박한 모습으로 꾸민 것이다. 그의 의도는 적중하여 이생은 소박한 모습의 오유란에 반하고 만다. 오유란은 이생을 유혹하기 위해 왜 이런 방법을 사용했던 것일까? 이생이 전날 잔치에서 친구 김생의 만류에도 불구하고 술자리를 박차고 일어난 이야기를 듣고 이생의 도학적 관념이 인간적 본성을 억누르고 있음을 간파했기 때문이다. 인간적 본성을 억누르는 남성은 화려하고 예쁜 여성보다는 아름답지만 소박한 여성을 선호한다는 사실을 알고 있었기에 소박한 모습을 선택했던 것이다.

하얀 옷이 주는 이미지는 청순함이다. 청순한 이미지를 극대화하기 위해 오유란은 하얀 소복을 입고 연못에서 빨래를 하면서 여느 여염집의 조신한 규수처럼 행동한다. 이러한 행동으로 이생의 주의를 끄는 데 성공한 오유란은 곧바로 이생을 유혹하지는 않는다. 감사인 김생과 한 달이라는 제한된 기간 안에 이생을 유혹하겠다고 약속했는데도 불구하고 오유란은 서두르지 않고 오히려 이생과 거리를 두어 시간을 끈다. 이는 남성의 속물근성을 잘 꿰뚫고 있기 때문에 가능한 일이다. 남성은 자신에게 관심을 가져 주는 여성보다는 자신이 관심을 갖는 여성에게, 유혹에 쉽게 넘어가는 여성보다는 그렇지 않은 여성에게 더 큰 매력을 느낀다는 사실을 알고 있기 때문이다. 결국 오유란의 의도대로 이생은 오유란을 얻기 위해 사랑을 맹세하게 된다.

금석같이 굳은 기약을 할 수 있으며, 일월을 두고 맹세도 할 수 있습니

전(傳) 김홍도, 〈미인화장〉

다. 낭자께서는 이미 정렬의 마음이 있고 나 또한 지조 있는 선비이니, 우리 두 사람의 마음을 우리 두 사람이 서로 알아주어 한마음으로 서로 맹세한 후이면 나의 뜻을 앗을 수 없을 것이고 낭자의 마음도 또한 더욱 굳어질 것입니다. 또한 살아서는 마땅히 함께 같은 방을 쓸 것이고 죽어서는 마땅히 함께 묻힐 것입니다.〔金石可期, 日月在彼. 娘旣烈心, 我亦志士. 兩人心事, 兩人相知, 一心相盟之後, 吾志不可奪, 娘心尤可固. 生當同室, 死當同壙.〕

— 〈오유란전〉, 963쪽

이생으로부터 사랑의 맹세를 받은 오유란은 이생을 좋아하지 않는

척하는 내숭을 떨기까지 한다. 자신이 결코 이생과 몸을 섞지만 쉽지 않은 여자라는 것을 강력히 어필하는 것이다. 이생은 이러한 오유란의 행동으로 인해 자신이 원하던 오유란을 품었지만 "스스로 새로 사귄 정조차도 흡족하지 못하다.〔自以爲得新情未恰〕"라고 느낄 정도로 더욱 오유란에게 매혹되어 버린다.

오유란이 이생의 마음을 더 확실하게 사로잡은 것은 이생에게 자신이 죽었다고 믿게 만듦으로써이다. 이생은 서울에 있는 부친이 위독하다는 소식을 듣고 오유란에게 미처 알리지 못하고 평양을 떠났다가 중도에 돌아온다. 돌아오는 도중 오유란이 자신에게 버림받아 자결했다는 소식을 들었을 때 이생의 오유란에 대한 애정은 극에 달한다. 오유란이 이생을 자신의 미모와 청순함으로 유혹한 것은 육체적 차원의 유혹이라고 할 수 있다. 앞서 보았듯이 이생은 기생과의 술자리를 마다할 정도로 철저히 도학적 관념으로 무장된 인물이다. 비록 이생이 오유란의 육체에 매혹이 되어 정을 통했지만, 그가 지닌 도학적 관념에 의해 언제 감정이 식을지 모를 일이다. 오유란은 그런 사실을 알기에 자신을 이생이 품고 있는 도학적 관념에 부합하는 인물로 가장한다. 바로 '정절'을 지키는 인물임을 드러내는 것이다. '정절'은 남성 이데올로기가 지배하는 사회에서 여성에게 제일 큰 덕목으로 강요되는 도덕률이다. 오유란은 이생에게 자신이 그런 도덕률을 몸에 지니고 실천하는 여성임을 보임으로써 혹시 생길지도 모를 이생의 관념적 번민을 제거할 필요가 있다고 판단한 것이다. 그러나 이생과의 만남이 이미 훼절을 전제로 한 것이기에 갑자기 '정절'을 내세우기는 어렵다. 따라서 오유란은 죽음이라는 극단적 방법을 통해 자신의 '정절'을 드러내는 방법을 택한 것으로 보인다. 즉, 처음에 이생과의 대면에서 자신이 정절을 지키는 과부임을 내세워 이생에게 소유할 수 없는 존재임을 각인시키고 이생의 자신에 대한 감정을 애절함으로 변환시켜 놓았다. 이 방법은 처음 관계를 시작할 경우에는 효과적일지 모르나, 도학적 관념론자인 이생과의 관계를 지속시키기에는 불안한 점이 있다. 따라서 오유란은 자신이 이생에 대한 정절을 지키기 위해 자결한 것으로 꾸밈으로써, 이생에 대한 '사랑'과 함께 '정절'이라는 도덕률을 지킨 여성으로 보일 수 있게 한 것이다. 과연 오유란의 의도대로 이생은 오유란이 죽었다고 믿고 그 묘에서 정절을 찬양하는 제문을 지어 제사를 지낸다. 그리고 급기야 오유란에 대한 그리움으로 몸져눕게 된다.

이생이 오유란에게 얼마나 매혹되었는지는 다음과 같은 부분에서 잘 드러난다.

> 이승과 저승의 다른 길이어서 사람들은 비록 꺼리는 바이나 떨어지지 않고자 하는 생각이 간절하기로 나는 조금도 의심하지 아니합니다. (중략) 낭자는 나에게 있어서 실로 하늘이 맺어 주신 인연이므로 사람의 힘으로는 감히 들어줄 바가 아닌 것입니다. 다만 봉조(鳳鳥)가 이미 꺾이어졌고 앵조(鸎鳥)가 갈라졌음을 한할 뿐이었지, 어찌 깨어진 거울이 다시 둥글어지고 거문고의 끊어진 줄이 다시 이어지기를 생각이나 했겠습니까? 〔顯晦殊塗, 人雖忌憚, 思情切至 余所不疑… 娘子之於我, 實是天緣而非人力之所敢聞也. 只憾鳳已折而鸎分, 豈意鏡重圓而絃續.〕

— 〈오유란전〉, 959쪽

이생은 죽은 줄 알았던 오유란이 나타나자 그녀가 죽었다는 것에 대해서 일호의 의심도 없이 오유란을 만났다는 사실만으로 기뻐하고 있다. 이생이 본래 도학적 관념에 젖어 있는 사람이라는 사실을 상기해 본다면 실로 놀라운 변화가 아닐 수 없다. 도학자가 정념에 사로잡혀 귀신의 존재를 의심하지 않고 오히려 귀신과 정을 통하기 위해 노력하는 모습은 애처롭기까지 하다. 이처럼 오유란은 한 도학자가 자신의 소신으로 삼았던 도학적 관념을 한순간에 버리고 정념에 사로잡히게 만든다. 이는 앞서 살핀 바와 같이 남성의 욕망과 심리를 잘 파악하고 이에 적절히 대응함으로써 얻은 것이라고 할 수 있다. 즉, 오유란이 남성을 유혹하는 데 뛰어난 것은 남성을 잘 알기 때문이다.

즉, 오유란이 남성을 유혹하는 데 능수능란한 것은 비단 그녀의 외모가 아름답기 때문일 뿐 아니라, 남성이 여성에게 느끼는 감정을 정확히 꿰뚫고 그에 따라 자신의 행동을 시의적절하게 구사하는 재능이 있었기 때문에 가능했던 것이다.

그런데 오유란이라는 인물을 단순히 '남자를 잘 유혹하는 여성'으로만 규정지어서는 곤란하다. 오유란은 이생을 속인 일련의 사건, 그 사건과 관련된 인물들이 지닌 잘잘못과 그 경중에 대해 정확하게 인식하고 있다.

> 산 것을 보고 죽었다고 한 것은 산 사람이 스스로 죽지 아니한 것을 판단하지 못한 것이요, 사람을 가리켜 귀신이라고 한 것은 사람이고서 스스로 귀신이 아님을 깨닫지 못한 것이어늘, 속인 사람이 잘못입니까? 속임을 당한 사람이 잘못입니까? 너무 지나치게 속인 사람은 혹 있다고 할지라도, 속임을 당한 사람으로서 차마 말할 수 없을 것입니다. 또한 저는 사졸(士卒)이 되어 오직 장군의 명령을 들었을 따름입니

다. 일에는 오로지 맡아 보는 사람이 있고 책임은 귀착되는 바가 있거늘, 어찌 사졸을 베려 하십니까?〔以生爲沒, 生者自不辨不沒, 指人爲鬼, 人而自不覺非鬼, 欺者過歟? 見欺者過歟 過欺者, 雖或有之, 見欺者, 不可說也. 且妾爲士卒, 惟聞將軍令而已. 事有主掌, 責有所歸, 士卒何足誅也?〕

―〈오유란전〉, 982쪽

    오유란은 어사가 되어 돌아온 이생이 자신을 벌주려 하자 그 앞에서 자기주장을 펼친다. 그 말에 따르면 그녀는 한낱 기생에 불과한데 기생이라는 신분은 관청에 소속되어 관리의 명령에 따를 수밖에 없는 입장이니, 자신은 그에 따라 자신의 맡은 바 본분에 최선을 다한 것뿐이라는 것이다. 결국 이생은 정념에 사로잡혀 자신을 깨닫지 못했던 본인의 실책과 함께 이러한 일을 도모했던 김생이 잘못에 대해 인정한다. 오유란은 이처럼 자신이 속인 어사 앞에서도 자신의 입장을 당당히 펼칠 수 있는 담대한 성격의 소유자이다.

오유란의 현대 캐릭터화

조선 시대의 '기생'이라는 신분은 지금은 존재하지 않는다. 그러나 오늘날 조선 시대의 '기생'이 맡았던 역할이 없어졌다고는 말할 수 없다. 오히려 오늘날에는 '룸싸롱, 단란주점' 등으로 불리는 다양한 장소에서 조선 시대 기생과 유사한 역할을 하는 직종이 존재한다. 이런 직종에 대한 윤리적·도덕적 검토는 차치하고, 이들 직종에 종사하는 여성들이 우리 사회에 존재하는 것은 엄연한 사실이다. 그리고 이러한 직종은 사회적으로 인정을 받지 못한다.

오유란이 '기생' 신분이었다는 점을 고려한다면 현대의 영화나 드라마에서 등장하는 수많은 여성 캐릭터 중 사회적으로 인정받지 못하는 직종에서 일을 하고 있으나 자신의 직업을 떳떳하게 생각하고 능동적으로 생활하는 인물이 오유란이란 캐릭터와 부합된다고 하겠다. 또한, 남성이 지니는 위선적 도학 관념을 깨뜨렸다는 점에서 오유란은 남성의 위선적인 면을 깨는 여성 캐릭터라고 할 수 있다.

예전에 TV 드라마 〈다모(茶母)〉가 방영될 때 소위 '다모폐인(茶母 斃人)'이라는 명칭이 유행한 적이 있었다. 본래 '폐인(廢人)'으로 써야 하지만 다모를 너무 사랑한 나머지 '폐인(斃人)'으로 자처한 이들은 다모의 여주인공 채옥(하지원 분)의 캐릭터에 열광했다. 채옥은 욕망을 갖는 것 자체가 금지된 노비의 신분이지만 오히려 자신의 욕망을 치열하게 추구한다. 더욱이 노비 신분인 채옥은 양반에게 자신의 가치관을 설파하기도 한다. 강자가 위선을 떠는 것을 그냥 넘어가지 않고 그들의 위선적 모습이 세상에 드러나도록 노력한다. 대개 드라마에서 여자 주인공들은 그렇게까지 자신의 욕망을 드러내지 않는다는 점을 고려한다면, 확실히 〈다모〉의 여주인공 채옥에게 시청자들이 열광할 수밖에 없었던 것에 대해 수긍이 간다. 이러한 채옥의 성격은 오유란 캐릭터와 맥을 같이한다. 오유란 역시 '기생'이라는 미천한 신분임에도 불구하고 자신의 의견을 이생에게 거침없이 개진하며, 남성으로서 '이생'의 위선을 폭로하는 정도는 〈다모〉의 채옥을 뛰어넘는다.

한편, 오유란이 이생을 유혹하는 과정에서 보이는 남성 심리에 대한 깊이 있는 이해와 행동은 뭇 남성이 내재적으로 소유하고 있는 성적 판타지에 대한 욕구를 충족시키는 것임을 고려한다면 〈다모〉의 채옥과 같은 캐릭터로 한정하기에는 아쉬운 감이 있다.

허영만 원작의 만화를 영화화한 〈타짜〉의 등장인물 정마담(김혜수 분)이 주인공 고니(조승우 분)를 유혹하는 장면에서 오유란이 지닌 캐릭터의 특징을 읽을 수 있다. 남성의 사랑을 믿지 않는 그녀는 고니가 원하는 성적 판타지를 제공하여 도박의 정도를 지키던 고니를 조정해, 자신이 '설계'한 도박판을 통해 전문 사기 도박자로 변신시킨다는 점에서 오유란이 도학자인 이생을 성의 탐닉자로 만들어 온갖 추태를 보이게 한 것과 일맥상통한다고 하겠다. 여성이 저항할 수 없는 관능적 매력과 신비하고 이국적인 아름다움을 통해 주인공 남성을 종속시켜 그를 치명적 불행에 빠뜨린다는 점에서 오유란을 '팜므 파탈(femme fatale)'이라고 할 수 있다.

오유란이 이처럼 다양한 성격의 현대적 캐릭터로 보여질 수 있는 것은 남성이라는 존재의 속성의 본질을 꿰뚫고 있는 인물이기 때문이라고 해석할 수 있다.

김준범 아주대학교 인문학부 강사. 한국 고전소설 중 역사 관련 소설을 주로 공부해 왔다. 현재 한국어세계화재단의 책임연구원으로 한국어와 한국 문화를 외국에 소개하는 일을 하고 있으며 한국 문화 관련 콘텐츠에 관심을 갖고 있다. 논문으로는 〈범문정충절언행록 연구〉 등이 있다.

21

팜므 파탈의
거부할 수 없는 유혹

장유정

노일제대귀일의 딸

잔혹한 성격으로 목적을 이루기 위해 살인마저 불사하는 팜므 파탈(femme fatale)형의 여성 캐릭터. 선비를 꾀어 가산을 탕진시킨 데다가 그 부인을 살해하고, 일곱 명의 아들마저 죽이려다가 자신의 악행이 발각되자 자살한다. 애교와 임기응변으로 요부의 성격을 숨기고 권모술수와 악행을 일삼는다.

노일제대귀일의 딸은 제주도의 신화 〈문전본풀이〉에 등장하는 악인형 인물이다. 〈문전본풀이〉는 제주도에서만 전승되는 무속 신화로서, 현용준의 《제주도무속자료사전》 등의 제주도 무속 자료집에 7편이 채록되어 전해지고 있다. 이 신화에 등장하는 노일제대귀일의 딸은 제주도 고유의 신이 아니라 외래에서 전래된 신으로 파악된다. 그녀는 죽은 후에 측간(변소)의 신으로 좌정된다. 노일제대귀일의 딸은 악인형 여성의 전형적이고도 원초적인 모습을 보여 준다는 점에서 주목할 만하다.

일곱 형제 달려들어 죽은 위에 원수 갚고자 두 다리를 뜯어서 디딤돌을 마련하고, 머리는 끊어서 돼지 먹이 그릇을 만들고, 머리카락은 던져 버리니까 저 바다의 해조가 되고, 입은 던져 버리니까 물고기가 되고, 손톱과 발톱은 던져 버리니까 딱지 조개가 되고, 배꼽은 던져 버리니까 굼벵이가 되고, 하문(下門)은 던져 버리니까 대전복, 소전복이 되고.

— 안사인 구연, 〈문전본풀이〉, 《제주도 무속자료사전》, 412쪽
* 현대역은 인용자

우리 고전문학 속에 등장하는 악녀 찾기

우리 고전문학 작품들에 등장하는 인물들 가운데 악녀의 전형으로는 누구를 꼽을 수 있을까? 《콩쥐 팥쥐전》에 등장하는 팥쥐나 팥쥐 엄마가 언뜻 머리를 스친다. 《장화 홍련전》에서 장화와 홍련을 학대하는 간악한 계모 허씨(許氏)나, 《이춘풍전》에서 이춘풍을 꾀어 재산을 모두 빼앗고 그를 자신의 하인으로 만들어서 구박하였던 기생 추월이도 악녀형 인물 축에 들 것이다. 그렇다면 우리 무속신화 〈문전본풀이〉에 등장하는 노일제대귀일의 딸은 어떠한가? 팥쥐나 팥쥐 엄마, 계모 허씨, 기생 추월이는 대중들에게 널리 알려진 인물이지만, 노일제대귀일의 딸은 그 이름조차 생소할 정도로 낯선 캐릭터이다.

아마도 노일제대귀일의 딸이야말로 우리 문학 속의 악녀들 중 제일 앞선 자리를 차지할 정도로 그녀의 악행을 따를 자는 없을 것이다. 자료에 따라 노일저대귀일의 딸, 노일저대구일이 딸, 노일저대, 귀일

이 딸로도 불리는 노일제대귀일의 딸은 우리 신화 속에 등장하는 보기 드문 악녀에 해당한다. 도대체 그녀가 어떠한 악행을 자행하였기에 악녀의 전형으로서 그녀를 꼽는 데 주저하지 않는 것일까?

전처 소생의 딸을 괴롭히는 팥쥐 엄마나 장화와 홍련의 살인을 교사하는 계모 허씨와는 비교할 수 없을 만큼 그 악행의 성격이 다른 인물이 노일제대귀일의 딸이다. 그녀는 그 행태가 《이춘풍전》의 기생 추월이와 유사하지만 악행의 정도로 따지자면 그보다 더욱 간특하다. 남자를 유혹하여 그의 가산을 탕진시킨 데다가 눈도 멀게 만들고 자신의 욕심을 채우기 위해 살인도 마다하지 않았던, 세상에서 보기 드물게 잔혹한 인물이 바로 노일제대귀일의 딸인 것이다.

남자들이 도저히 거부할 수 없는 치명적 유혹, 그 유혹으로 남자를 제물로 삼아 자신의 욕망을 달성하는 여자, 한마디로 말해서 그녀는 무속 신화 속에 등장하는 팜므 파탈이라 할 수 있다. 남성을 죽음이나 고통 등의 절망적 상황으로 몰고 가는 요부나 악녀를 통칭하는 팜므 파탈과 노일제대귀일의 딸이 겹쳐 보이는 이유는 무엇일까? 이제, 오랜 세월 동안 우리 대중들에게 얼굴 한번 제대로 내밀지 않았던 그녀의 예사롭지 않은 행적을 추적해 보자.

뿌리칠 수 없는 유혹의 손길

유혹은 사랑보다 숭고하며
쾌락은 죽음보다 강렬하다.

— 이명옥, 《팜므 파탈》, 5쪽

유혹은 악마의 전략으로 신의 질서를 파괴하는 마법이자 기교에 해당한다고 한다. 우리 인간의 삶은 정도의 차이만 있을 뿐이지 살아가는 내내 크고 작은 유혹에 노출되어 있다고 해도 과언이 아닐 것이다. 어느 누구도 유혹을 받지 않고 살아갈 수는 없다. 사탄의 유혹에 넘어가 금단의 열매를 따먹고서 엄청난 대가를 치른 아담과 이브 이후 우리 인간은 끊임없이 유혹과 맞서서 갈등하며 살아오지 않았던가!

그렇다면 노일제대귀일의 딸은 어떤 유혹을 행하였던가? 여기서 잠깐 〈문전본풀이〉의 내용을 소개하기로 한다. 남선비와 여산부인이 부부가 되어 아들 일곱을 낳고 살았다. 남선비는 돈을 벌기 위해 오동나라로 무곡(貿穀) 장사를 떠났으나 그곳에서 만난 노일제대귀일의 딸의 유혹에 넘어가 가산을 탕진하고 눈까지 멀어 곤궁하게 살아간다. 남선비의 아내인 여산부인은 남편이 돌아오지 않자 남편을 찾아간다. 그곳에서 남편을 만나 데려오려고 했으나 남선비와 함께 살고 있던 노일제대귀일의 딸의 술수로 여산부인은 죽고 만다. 노일제대귀일의 딸은 자신이 여산부인으로 위장하고 집으로 돌아와 남선비의 일곱 아들마저 죽이려고 하였으나 막내아들에게 악행이 발각되어 결국 스스로 목숨을 끊는다.

이상이 제주도 신화 〈문전본풀이〉의 간단한 줄거리다. 줄거리에서 감지할 수 있듯이, 노일제대귀일의 딸의 행동이 예사롭지 않다. 노일제대귀일의 딸은 본능적으로 유혹에 능한 인물이었다. 그녀는 무곡 장사를 하러 배를 타고 오동나라로 들어온 남선비를 유혹한다. 도저히 뿌리칠 수 없는 그녀의 유혹에 걸려든 남선비는 가진 돈을 잃어버리고 급기야는 타고 온 배까지 팔아 버려 무일푼의 거지 행색으로 그녀의 초막에서 비참할 정도로 곤궁하게 지낸다. 게다가 그는 눈까지 멀어 버려 오도 가도 못하는 형편이 되어 버린다. 이처럼 유혹에 넘어간 대가치고는 너무나 가혹한 일들이 엎친 데 덮친 격으로 남선비에게 닥치고 만 것이다.

남자에게 치명적인 유혹을 일삼는 그녀. 그녀는 원래 예쁘게 치장하고 남정네들과 춤추고 떠들썩하니 노는 것을 즐기는 여인이다. 힘들게 노동을 하여 생계를 이어갈 생각이라고는 전혀 하지 않는, 그야말로 매일 유흥에 탐닉하는 인물이다. 그러므로 유혹과 유흥은 그녀에게 동전의 양면처럼 불가분의 관계에 있다고 할 것이다. 그녀의 유혹의 근저에는 결코 마르지 않는 유흥의 샘이 흐르고 있는 셈이다.

> 가다가 보니까 일천 한량(閑良)들이 노는데, 어떤 여자가 대홍대단 홑안치마 구슬동이 저고리에 늦은낭자 바뜬낭자 늦익마직 차아놓고 왼손엔 은가락지 오른손에는 놋가락지 하고 한량들과 웃음놀이하면서 오금춤(오금을 폈다 접었다 하면서 추는 춤)을 추는구나.
>
> ─ 신명옥 구연, 〈문전본〉, 《제주도 무가본풀이사전》, 113쪽

뭇 한량과 함께 어울려 웃고 춤추며 놀기를 좋아하는 노일제대귀일의 딸에게 남자라는 존재는 그저 하룻밤 유흥의 대상일 뿐이다. 은가락지와 놋가락지를 양 손가락에 끼고 이루 말할 수 없을 정도로 화려하게 치장을 한 그녀의 모습은 곧 사치와 허영에 빠진 여자의 모습과 다를 바가 없다. 이러한 모습의 그녀에게서 방종, 타락, 농염, 색정 등의 단어를 떠올리기란 그리 어렵지 않다. 이러한 단어들이 곧 노일제대귀일의 딸이란 캐릭터가 지닌 본질적 속성을 말해 줄 것이다. 이러

한 속성은 그녀가 지니고 있던 물의 속성에서 이미 예견된 것이기도 하다.

무속 신화 〈문전본풀이〉를 자세히 살펴보면, 남선비의 부인인 여산부인은 불의 신으로, 노일제대귀일의 딸은 물의 신으로 각각 해석될 수 있다. 남선비가 무곡 장사를 하기 위해 배를 타고 떠나는 오동나라는 실제로 존재하는 곳이 아니라 상상에서나 존재하는 곳이다. 거의 모든 자료에서 오동나라는 남선비가 배를 타고 갈 수 있는 곳으로 서술되고 있다는 점에서 바다 저 멀리 존재한다고 여겨지는 '물의 나라'라고 보고 있다. 특히 어떤 자료에서는 남선비가 배를 타고 떠난 곳이 '용왕이 사는 곳'이라고 명확하게 밝혀 주고 있기도 하다. 게다가 노일제대귀일의 딸이 불의 신인 여산부인을 물에 빠뜨려 죽인다든지, 그녀가 죽어서 바나에 서식하는 여러 생물로 변한다는 등의 서술이 그녀가 물의 속성을 지녔음을 확신할 수 있게 한다.

불의 속성과 대비되어 물은 음(淫) 또는 음란함을 상징한다. 또한 물은 여성적인 생산력의 상징이면서 동시에 육감적인 성적 표현을 의미하기도 한다. 물은 변화와 추락을 의미하며 물의 요정은 사람을 악으로 유혹하는 유혹자이다. 그러므로 물의 속성을 지닌 노일제대귀일의 딸이 색정적이고도 음란한 것은 어찌 보면 자명한 이치인 것이다. 화려하고 사치스러운 것을 좋아하며, 농염하고 색정적이다 못해 타락과 방종으로 남자를 유혹하는 그녀의 모습은 다음에서도 고스란히 드러나고 있다.

> 남선비 찾아서 올 때 본 오금춤 추던 여자가 머리 흐트러지고 닳아서 떨어진 치마에 치맛자락엔 보늬 한되 놓아서 흔들흔들 흔들며 들어오

면서.

— 신명옥 구연, 〈문전본〉, 114쪽

뭇 한량과 어울려 한바탕 유흥을 즐긴 그녀가 흐트러진 머리에 치맛자락을 흔들면서 남선비가 있는 초막으로 들어오는 대목이다. 흐트러진 머리에 닳아서 떨어진 치마를 흔들고 있는 그녀의 모습에서 밤새도록 광란의 시간을 보낸 흔적을 찾기란 그리 어렵지 않다. 격정적인 유흥의 시간이 못내 아쉬운 탓인지 여전히 그 흥을 이기지 못해 자기 몸을 흔들며 초막에 들어오는 그녀의 모습은 한마디로 말해 타락과 색정의 이미지 그 자체다.

농염한 몸짓으로 남정네를 유혹하는 노일제대귀일의 딸이 때때로 부리는 애교와 아양에 안 넘어갈 남자가 몇이나 될는지? 그녀의 애교와 아양은 심지어 동성인 여자에게도 곧잘 통한다.

남선비가 말을 하되,
"서러운 부인님아, 그리 욕하지 말고 어서 들어와 보아라. 어서 들어오면 모든 말을 저절로 이르리라."
노일제대귀일의 딸이 방으로 들어가니 남선비 말을 하되,
"여산고을 큰부인이 나를 찾아왔구나."
그 말 들은 노일제대귀일의 딸이 말하길,
"아이고, 설운 형님아. 오뉴월 한더위에 우릴 찾아오느라 얼마나 고생을 했습니까? 우리 시원하게 목욕이나 하고 와서 저녁밥이나 지어 먹고 노는 것이 어떻습니까?"
참말로 안 여산부인은

"어서 그것일랑 그렇게 하자." 하고 말한다.

주천강(酒泉江) 연못에 목욕을 같이 가니 노일제대귀일의 딸이 말하길,

"서러운 형님아, 옷을 벗으세요. 등에 물이나 부어 드리지요."

— 안사인 구연, 〈문전본풀이〉, 403쪽

불과 조금 전까지만 해도 남선비에게 욕을 퍼부으며 표독스럽게 굴던 그녀가 여산부인이 남선비의 본부인이라는 말을 듣자 태도를 바꾸어 여산부인에게 굽실거리고 있다. 그녀가 태도를 돌변하여 남선비의 부인을 형님으로 모신다며 야단법석을 떠는 데에는 다 그럴 만한 이유가 숨어 있었으니, 그것은 곧 노일제대귀일의 딸이라는 캐릭터가 지닌 또 다른 속성과 직결되는 것이라 할 수 있다. 거기에 그녀의 잔혹한 음모가 숨겨져 있었음을 어느 누가 눈치챌 수 있었겠는가?

잔혹한 여성, 노일제대귀일의 딸

그대의 사랑 가장 깊은 곳을 과녁으로 삼고
팔딱이는 그대 심장에 비수를 꽂으리라.

— 《팜므 파탈》, 10쪽

노일제대귀일의 딸은 유혹에만 능한 인물이 아니다. 남자를 유혹하는 그 가면 안에는 또 하나의 얼굴이 있으니, 그것은 바로 독살스럽고 잔혹하기 이루 말할 수 없는 얼굴인 것이다. 그녀의 표독함과 독살

스러움은 여산부인과 함께 있는 남선비를 보자 폭발하듯이 분출된다. 자신이 유혹한 남선비가 혹여 외간 여자와 놀아났을까 봐 그녀는 다음처럼 심한 욕설을 퍼부으며 남선비를 몰아붙이고 있는 것이다.

<small>이놈 저놈 죽일 놈아, 난 어디 가서 죽을 듯 살 듯 겨 한 되라도 빌려다가 죽을 쑤어 배불리 먹여 놓으니 길 넘어가는 여자를 데려다 놓고 만 단정화만 이르고 있구나.</small>

<small>— 안사인 구연, 〈문전본풀이〉, 402~403쪽</small>

적반하장도 유분수이지. 자신은 머리가 흐트러지고 치마가 닳을 정도로 뭇 한량과 춤추며 놀다가 왔으면서 아무 잘못도 없는 남선비를 잡아먹을 듯이 달려들고 있다니. 악녀의 필수 조건이 질투와 복수라고 했던가? 남선비가 다른 여자와 있는 것을 보고 질투에 눈이 먼 노일제대귀일의 딸은 이처럼 남선비에게 "이놈, 저놈, 죽일 놈아."라면서 욕을 해댄다. 그러다가 여산부인이 남선비의 본부인임을 알게 되자 노일제대귀일의 딸은 바로 돌변해서 무릎을 꿇고 "서러운 형님 몰라보았습니다. 과연 저를 살려 주십시오."<small>고술생 구연본, 125쪽</small>라며 매달리기까지 한다. 그녀가 이처럼 태도를 바꿔 굽실거리는 것이 곧이곧대로 믿기지 않는 것은 왜일까?

그녀는 자신을 데려가지 않겠다는 남선비에게 그를 삼 년 동안이나 사랑하였으니 따라가겠다고 애걸한다. 또한, 여산부인의 환심을 사려고 그녀에게 연못에서 목욕을 하자고 권하기도 한다. 목욕하러 가서는 여산부인을 물에 떠밀어서 죽이는 악행을 서슴지 않고 벌인다. 여산부인을 죽이고 자신이 남선비의 본부인 노릇을 하려는 속셈에서 벌인 짓이다. 드디어 노일제대귀일의 딸은 여산부인의 옷을 자신이 입고서는 앞 못 보는 남선비를 속여서 함께 그의 고향으로 돌아가는 가증스러운 행태를 보이기까지 한다.

그녀의 잔혹한 악행은 여기서 그치지 않고 남선비의 일곱 아들마저 죽이려고 음모를 꾸민다. 거짓으로 배가 아프다면서 남선비에게 문복(問卜)하기를 권한 후에, 자신이 점쟁이 행세까지 해서 "일곱 형제의 간을 내어 먹어야 병이 낫는다."라고 말하여 일곱 아들을 죽이려고 한 것이다. 용의주도하게 음모를 꾸며 실행에 옮기는 그녀. 그것은 간악함과 잔혹함의 극치라고 할 것이다.

그러나 그녀의 음모는 남선비의 막내아들에 의해 백일하에 드러나고 만다. 그녀가 자신의 어머니가 아니라는 것을 알아차린 막내아들은 노일제대귀일의 딸을 징치(懲治)한다. 이에 그녀는 측간으로 도망가서 목을 매어 죽고 마는데, 이후 그녀는 측간(변소)의 신으로 좌정(坐定)하게 되는 것으로 이 작품은 끝을 맺는다. 그녀가 죽어서 측간신이 되었다는 식의 결말은 기본적으로 이 작품이 서사무가이기 때문에 그러한 것이지, 그녀의 악행을 두둔해서 그런 것은 아니다.

남선비를 유혹하여 그의 재산을 탕진하게 한 데다 그의 멀쩡한 두 눈을 멀게 하고, 그것도 모자라 급기야는 그의 본부인을 물에 빠뜨려 죽인 노일제대귀일의 딸. 권선징악이라 했던가, 결국은 남선비의 막내아들에 의해 그 정체가 탄로나 스스로 목숨을 끊을 수밖에 없었던 그녀. 거부할 수 없는 치명적 유혹에 빠진 대가도 만만치 않지만, 우리 문학 속의 악녀의 전형으로서 유감없는 모습을 보여 준 노일제대귀일의 딸이 맞이한 최후 역시 이토록 비참하다.

노일제대귀일의 딸의 현대적 모습

한 남자를 유혹하여 극단적 상황으로 몰고 가는 잔혹한 여인, 노일제대귀일의 딸은 그 이름은 생소하지만 그 속성은 전형적인 팜므 파탈이다. 팜므 파탈로서 그녀가 지닌 캐릭터적 속성은 현대에도 여전히 유효하다고 할 수 있다. 팜므 파탈은 치명적이고 필연적이라는 의미가 내포된 '운명의 여인'이라는 뜻으로 새길 수 있다. 이 용어는 원래 영화평론가들이 1940년대 초에서 1960년대 초까지 미국에서 만들어진 필름 느와르라는 영화가 지닌 경향과 특징을 분석한 데서 비롯된 것이라고 한다.

필름 느와르는 반전을 거듭하는 복잡한 이야기 구조를 가지고 있는데, 여기에서 중요한 역할을 하는 것이 바로 주인공을 걷잡을 수 없을 정도로 꼬인 상황으로 몰고 가는 운명의 여인, 즉 팜므 파탈인 것이다. 영화에서 팜므 파탈은 주인공을 유혹하며, 주인공은 그녀와의 관계가 깊어질수록 더욱더 혼돈 속으로 휘말리게 된다. 〈원초적 본능〉의 샤론 스톤이나 〈LA 컨피덴셜〉의 킴 베이싱어가 맡은 역할이 바로 이러한 팜므 파탈에 해당한다는 것은 이미 잘 알려진 사실이다. 그렇지만 우리 고전문학에도 이러한 캐릭터가 이미 오래전부터 존재해 왔는데, 대중들에게 그다지 널리 알려지지 않은 것은 유감스러운 일이다. 샤론 스톤이나 킴 베이싱어가 극중에서 맡은 팜므 파탈형 캐릭터에 비견할 만한 우리 고전 캐릭터가 바로 노일제대귀일의 딸인 것이다.

노일제대귀일의 딸과 같은 팜므 파탈형 캐릭터는 영화나 드라마에서 결코 빠질 수 없는 매우 중요한 역할을 하는 것을 우리는 종종 보아 왔다. 비록 관객들로부터 욕을 먹을지라도 영화나 드라마의 내용을 더욱 박진감 있고 흥미진진하게 만드는 데 팜므 파탈은 거부할 수 없는 매력을 뿜어내는 캐릭터이다.

이러한 점에서 보더라도 노일제대귀일의 딸이란 캐릭터를 단순히 악녀로 규정지어 비난할 수만은 없다. 그녀가 벌인 온갖 무자비하고 잔혹한 행태는 비록 용서할 수 없을지라도 그녀 자체에서 풍기는 매력은 인정해야 할 것 아닌가? 노일제대귀일의 딸은 자신의 악행이 발각되자 스스로 목숨을 끊음으로써 자신의 모멸감을 대신한다. 그녀는 죽음으로 자신의 자존심을 지켰다고도 할 수 있다. 그렇다고 해서 그녀를 감싸거나 미화시킬 의도는 전혀 없다. 다만 그녀가 발산하는 독특한 매력을 뿌리치기란 그리 쉽지 않다는 점에서 그녀는 언제든지 남자들을 치명적 유혹에 빠뜨리는 여성 캐릭터로서 재창조될 것이라 믿는다.

장유정 단국대학교 교양학부 교수. 민요를 비롯하여 대중가요, 대중문화 전반에 지속적인 관심을 가지고 연구하고 있다. 문화콘텐츠진흥원의 한국 대중음악사 발간 사업에도 참여하고 있다. 저서에는 《현대사회와 구비문학》, 《오빠는 풍각쟁이야-대중가요로 본 근대의 풍경》, 《농산노동요 연구》 등이 있다.

참고문헌

1/ 민옹

기본 텍스트

박지원 지음, 신호열·김명호 옮김(2007), 《연암집》(하), 돌베개.
박종채 지음, 박희병 옮김(1998), 《나의 아버지 박지원》, 돌베개.

참고문헌

김명호(2001), 《박지원 문학 연구》, 성균관대학교출판부.
김정규(1995), 《게슈탈트 심리치료》, 학지사.
레이몬드 코시니 외 지음, 김정희 옮김(2000), 《현대 심리치료》, 학지사.
루이스 월퍼트 지음, 이원경 옮김(2000), 《우울증에 관한 희망의 보고서》, 청어람미디어.
박종수(2005), 《분석심리학에 기초한 이야기 심리치료》, 학지사.
이가원(1965), 《연암소설연구》, 을유문화사.
황인덕(1999), 〈'이야기꾼'으로 본 민옹전의 '민옹'〉, 《구비문학연구》 제8집, 한국구비문학회.

2/ 양이목사

기본 텍스트

안사인 구연, 현용준·현승환 역주(1996), 〈양이목사본풀이〉, 《제주도 무가》, 고려대학교 민족문화연구소.

참고문헌

김헌선·현용준·강정식(2006), 《제주도 조상신본풀이 연구》, 보고사.
현용준(1992), 《무속신화와 문헌신화》, 집문당.
현용준(1996), 《제주도 전설》(개정판), 서문당.

3/ 김방경

기본 텍스트

사회과학원 고전연구실(1991), 〈김방경〉, 《고려사》 열전17, 신서원.
사회과학원 고전연구실(1991), 〈류경〉, 《고려사》 열전18, 신서원.
사회과학원 고전연구실(1991), 〈유천우〉, 《고려사》 열전18, 신서원.

참고문헌

민현구(1991), 〈몽고군·김방경·삼별초〉, 《한국사 시민강좌》 18집, 일조각.
배영동 외(2007), 《충렬공 김방경—고려를 지키고 안동에 돌아오다》, 민속원.
이이화(1994), 《한국의 주체적 인물들》, 여강.

4/ 수명장자

기본 텍스트

赤松智城·秋葉隆(1937), 《朝鮮巫俗の硏究》 上, 조선총독부.
문창헌(1991), 《풍속무음》, 제주대학교 탐라문화연구소.
이무생 구연, 진성기(1991), 《제주도 무가본풀이사전》, 민속원.
현용준(1980), 《제주도무속자료사전》, 신구문화사.

참고문헌

김헌선(1994), 《한국의 창세신화》, 길벗.
박종성(1999), 《한국창세서사시연구》, 태학사.
박종성(2002), 〈현대 영상예술과 구비문학〉, 서대석, 《한국인의 삶과 구비문학》, 집문당.
서대석(1980), 〈창세시조신화의 의미와 변이〉, 《구비문학》 14집, 한국정신문화연구원.

5/ 사정옥

기본 텍스트

김만중 지음, 이래종 옮김(1999), 《사씨남정기》, 태학사.

참고문헌

김종철(2003), 〈17세기 소설사의 전환과 '가(家)'의 등장〉, 《국어교육》 112호, 한국국어교육학회.
김현양(1997), 〈사씨남정기와 욕망의 문제〉, 《고전문학연구》 제12집, 한국고전문학회.
신재홍(2001), 〈사씨남정기의 선악구도〉, 《한국문학연구》(2), 고려대학교 한국문학연구소.
이승복(2000), 《고전소설과 가문의식》, 월인.
지연숙(2000), 〈사씨남정기의 이념과 현실〉, 《민족문학사연구》 제17호, 민족문학사연구소.

6/ 〈내 복에 산다〉의 막내딸

기본 텍스트

간음전 구연(1980), 〈내 덕에 먹고 산다〉, 《한국구비문학대계》 1-3, 한국정신문화연구원.

최금철 구연(1981), 〈숯장수 이야기〉, 《한국구비문학대계》 2-1, 한국정신문화연구원.
전세권 구연(1982), 〈내 복으로 먹고 산다〉, 《한국구비문학대계》 4-6, 한국정신문화연구원.
이민호 구연(1983), 〈제 복으로 먹고 사는 이야기〉, 《한국구비문학대계》 8-5, 한국정신문화연구원.
정준탁 구연(1983), 〈쫓겨난 딸과 숯굽는 총각〉(2), 《한국구비문학대계》 8-9, 한국정신문화연구원.

참고문헌
김대숙(1988), 〈여인발복설화의 연구〉, 이화여대 박사 논문.
임석재(1987~1993), 《한국구전설화》 1-12, 평민사.
현승환(1993), 〈'내 복에 산다' 계 설화 연구〉, 제주대 박사 논문.

7/ 미얄할미

기본 텍스트
박덕업 외 구연, 심우성(1982), 〈동래들놀음〉, 《한국의 민속극》, 창작과비평사.
송석하(1934), 〈동래야류 대사〉, 《조선민속》 제2호, 조선민속학회.
최상수(1963), 〈동래야류 가면극 각본〉, 《경상남도지》(하), 경상남도청.
한국문화재보호협회 편(1981), 〈동래야류〉, 《중요무형문화재 탈춤대사집》, 한국문화재보호협회.
전경욱 역주(1993), 〈동래야류〉, 《민속극》, 《한국고전문학전집》 8권, 고려대학교 민족문화연구소.
김경남(2000), 《동래야류》, 화산문화.

참고문헌
강용권(1977), 《야류·오광대》, 형설출판사.
정상박(1966), 《오광대와 들놀음 연구》, 집문당.
조동일(1979), 《탈춤의 역사와 원리》, 홍성사.

8/ 해산모

기본 텍스트
박경신(1993), 《동해안 별신굿 무가》 5, 국학자료원.

참고문헌
서대석(1980), 〈거리굿의 연극적 고찰〉, 《한국무가의 연구》, 문학사상사.
이균옥(1998), 《동해안 지역 무극 연구》, 박이정.
이균옥(1998), 《동해안 별신굿》, 박이정.
조동일·임재해(1980), 《한국구비문학대계》 7-2, 한국정신문화연구원.
조동일·임재해(1981), 《한국구비문학대계》 7-7, 한국정신문화연구원.

최길성(1982), 《서낭당》 1-4 합권, 나래.

최정여·서대석(1982), 《동해안무가》, 형설출판사.

허용호(1999), 〈해산거리의 여성 축제적 성격〉, 《구비문학연구》 제9집, 한국구비문학회.

9/ 궤내깃또

기본 텍스트

현용준(1980), 〈궤눼깃당〉, 《제주도무속자료사전》, 신구문화사.

참고문헌

김헌선·현용준·강정식(2006), 《제주도 조상신본풀이 연구》, 보고사.

조동일(1997), 《동아시아 구비서사시의 양상과 변천》, 문학과지성사.

진성기(1991), 《제주도무가본풀이사전》, 민속원.

10/ 호랑이 처녀

기본 텍스트

〈김현감호(金現感虎)〉, 《삼국유사》 감통(感通)편

참고문헌

박희병(1997), 〈한국 고전 소설의 발생 및 발전단계를 둘러싼 몇몇 문제에 대하여〉, 《한국전기소설의 미학》, 돌베개.

임재해(1984), 〈'김현감호' 설화의 연구〉, 《한국민속학》 17, 한국민속학회.

임형택(1984), 〈나말여초의 전기 문학〉, 《한국문학사의 시각》, 창작과비평사.

정출헌(2004), 〈삼국의 여성을 읽는 두 '남성'의 시각〉, 《부산한문학연구》 19, 부산한문학회.

11/ 욱면비

기본 텍스트

이재호 옮김(1997), 〈욱면비염불서승(郁面婢念佛西昇)〉, 《삼국유사》 2, 솔.

손진태(1930), 〈도랑선비청정각시노래〉, 《조선신가유편》, 향토문화사.

참고문헌

김헌선(1996), 〈함경도무속서사시연구〉, 《구비문학연구》 제6집, 한국구비문학회.

무경 엮음, 박희병 옮김(2000), 《베트남의 신화와 전설》, 돌베개.

조동일(1985), 〈삼국유사와 숭고하고 비속한 삶〉, 《한국설화와 민중의식》, 정음사.

12/ 연희

기본 텍스트

김려, 〈사유악부(思惟樂府)〉, 《담정유고(薝庭遺藁)》, 《한국문집총간》 289, 민족문화추진회, 2002.

김려 지음, 박혜숙 옮김(1996), 《부령을 그리며》, 돌베개.

참고문헌

강혜선(2001), 〈김려와 연희의 사랑 이야기〉, 《문헌과해석》 17, 문헌과해석사.

강혜선(2007), 《김려 산문선 : 유배객, 세상을 알다》, 태학사.

임형택 해설(2002), 〈신발굴 자료 〈남당사〉에 대하여〉, 《민족문학사연구》 제20호, 민족문학사학회.

13/ 두향

기본 텍스트

홍태한 채록, 〈단양지역 설화〉(미발표 분).

김원길(2002), 《안동의 해학》, 현암사.

〈충청매일신문〉, 2006. 10. 26.

14/ 백정 박씨

기본 텍스트

장명수 구연(1981), 〈백정의 조카 노릇한 박문수〉, 《한국구비문학대계》 2-2, 한국정신문화연구원.

유효준 구연(1984), 〈박문수의 당숙이 된 백정〉, 《한국구비문학대계》 2-7, 한국정신문화연구원.

최남석 구연(1984), 〈백정의 양반 노릇〉, 《한국구비문학대계》 5-5, 한국정신문화연구원.

조일운 구연, 〈백정과 박문수〉, 신동흔(2002), 《역사인물 이야기 연구》, 집문당.

참고문헌

신동흔(1986), 〈신분갈등 설화의 상황설정과 문제해결 방식〉, 서울대 석사 논문.

이우성·임형택(1978), 《이조후기한문단편집》(중), 일조각.

한소진(2005), 《설화의 바다에서 퍼올린 한국드라마》, 한국학술정보.

15/ 이현영

기본 텍스트

《옥원재합기연》(서울대 규장각 소장본) 21권 21책.

《옥원중회연》(한국정신문화연구원 낙선재본) 21권 21책.

《옥원재합》(연세대본) 10권 10책.
참고문헌
심경호(1990), 〈낙선재본 소설의 선행본에 관한 일고찰 – 온양정씨 필사본 옥원재합기연과 낙선재본 옥원중회연의 관계를 중심으로〉, 《정신문화연구》 8집, 한국정신문화연구원.
양민정(1993), 〈옥원재합기연 연구〉, 《고전문학연구》 8집, 한국고전문학회.
엄기영(2001), 〈옥원재합기연의 작품세계와 연작관계 연구〉, 고려대 석사 논문.
이지하(2001), 〈옥원재합기연 연작 연구〉, 서울대 박사 논문.
정병설(1998), 〈옥원재합기연의 여성소설적 성격〉, 《한국문화》 21호, 서울대학교 한국문화연구소.
최길용(1992), 〈옥원재합기연 연작소설 연구〉, 《한글문화》 6집, 한글학회 전라북도지회.

16/ 이생원네 맏딸애기

기본 텍스트
이해수 구연 A(1983), 〈이선달네 맏딸애기〉, 조동일, 《서사민요연구》, 계명대학교출판부.
이해수 구연 B(1983), 〈이선달네 맏딸애기〉, 조동일, 《서사민요연구》, 계명대학교출판부.
이순녀 구연(1983), 〈이사원네 만딸애기〉, 조동일, 《서사민요연구》, 계명대학교출판부.
진옥화 구연(1995), 〈이선달네 맏딸애기〉, 《한국민요대전 경상북도민요해설집》, 문화방송.

참고문헌
강진옥(2002), 〈여성 서사민요 화자의 존재양상과 창자집단의 향유의식〉, 《한국고전여성문학연구》 제4집, 한국고전여성문학회.
서영숙(2000), 〈혼사장애형 민요의 서술방식 연구〉, 《한국민요학》 제8집, 민요학회.
서영숙(2001), 〈서사무가 '도랑선비 청정각시'와 혼사장애형 민요 비교〉, 《고시가연구》 제8집, 한국고시가문학회.
이정아(1993), 〈서사민요연구〉, 이화여대 석사 논문.

17/ 역관 김영감

기본 텍스트
〈이팔청춘 낭자와 꽃다운 인연을 맺다(結芳緣二八娘子)〉, 《청구야담》 권 8.
〈김령(金令)〉, 이우성·임형택 편, 《이조한문단편집》 중, 일조각, 1997.

18/ 양씨 부인

기본 텍스트

《삼강명행록》, 김기동 편, 《한국고전소설총서》 7~13, 태학사, 1999.

참고문헌

박무영·김경미·조혜란(2004), 《조선의 여성들, 부자유한 시대에 너무나 비범했던》, 돌베개.
서정민(2005), 〈삼강명행록의 교양서적 성격〉, 《고전문학연구》 28, 한국고전문학회.
서정민(2005), 〈삼강명행록의 창작방식과 그 의미〉, 《국제어문》 35, 국제어문학회.
이경하(2005), 〈17세기 사족 여성의 한문 생활, 그 보편과 특수〉, 《국어국문학》 140, 국어국문학회.
조혜란(2005), 〈조선 시대 여성 독서의 지형도〉, 《한국문화연구》 8, 이화여자대학교 한국문화연구원.

19/ 〈이언〉의 여성

기본 텍스트

이옥 지음, 실사학사 고전문학연구회 역주(2001), 《역주 이옥 전집》, 소명출판.

참고문헌

김문기(2001), 〈이옥의 이언에 나타난 여성풍속〉, 《국어교육연구》 33, 국어교육학회.
류재일(1995), 〈이옥 시의 작품 성향 연구〉, 《열상고전연구》 8, 국학자료원.
류재일(1996), 〈이언인에 반영된 이옥의 시이론 연구〉, 《인문과학논집》 16, 청주대학교 인문과학연구소.
박무영(1999), 〈여성화자 한시를 통해서 본 역설적 '남성성' 〈이언〉을 중심으로〉, 《이화어문논집》 17, 이화여자대학교 한국어문학연구소.
박영민(2003), 〈이옥, 여성의 정체성과 수동적 주체의 생산〉, 《고전문학과 여성주의적 시각》, 소명출판.
허경진 편역(2005), 《악인열전》, 한길사.

20/ 오유란

기본 텍스트

〈오유란전〉, 박희병, 《한국한문소설 교합구해》, 소명출판, 2005.
신해진 옮김(1999), 〈오유란전〉, 《조선후기 세태소설선》, 월인.

참고문헌

김경미(2002), 〈오유란전 연구사〉, 《고소설연구사》, 월인.
박일용(1997), 〈조선후기 훼절소설의 변이양상과 그 사회적 의미〉, 《고소설연구》 1, 태학사.
박희병(1997), 《한국전기소설의 미학》, 돌베개.

21/ 노일제대귀일의 딸

기본 텍스트

안사인 구연(1980), 〈문전본풀이〉, 현용준, 《제주도 무속자료사전》, 신구문화사.

신명옥 구연(1991), 〈문전본〉, 진성기, 《제주도 무가본풀이사전》, 민속원.

고술생 구연(1991), 〈문전본〉, 진성기, 《제주도 무가본풀이사전》, 민속원.

참고문헌

이명옥(2003), 《팜므 파탈》, 다빈치.

이지영(2006), 〈문전본풀이에 나타난 악인형 여성의 전형성 연구–노일제대귀일의 딸을 중심으로〉, 《한국고전여성문학연구》 제12집, 한국고전여성문학회.

장유정(2002), 〈문전본풀이를 통해 본 제주도 가족제도의 한 특징〉, 《구비문학연구》 제14집, 한국구비문학회.

장유정(2002), 〈제주도 '문전본풀이' 와 아이누의 '카무이 후치 야이유카르' 의 비교 고찰〉, 《국문학연구》 제7호, 국문학회.

장 보드리야르 지음, 배영달 옮김(2003), 《유혹에 대하여》, 백의.

우리 고전 캐릭터의 모든 것 3

엮은이 | 서대석

1판 1쇄 발행일 2008년 3월 31일
1판 2쇄 발행일 2009년 11월 23일

발행인 | 김학원
편집인 | 선완규
경영인 | 이상용
기획 | 정미경 최세정 황서현 유소영 유은경 박태근 김은영 김서연
디자인 | 송법성
마케팅 | 하석진 김창규
저자·독자 서비스 | 조다영(humanist@humanistbooks.com)
스캔·출력 | 이희수 com.
조판 | 새일기획
용지 | 화인페이퍼
인쇄 | 청아문화사
제본 | 정민제본

발행처 | (주)휴머니스트 출판그룹
출판등록 제313-2007-000007호(2007년 1월 5일)
주소 | (121-869) 서울시 마포구 연남동 564-40
전화 | 02-335-4422 팩스 | 02-334-3427
홈페이지 | www.humanistbooks.com

ⓒ 서대석 2008

ISBN 978-89-5862-234-5 03810
ISBN 978-89-5862-236-9 (세트)

만든 사람들

기획 | 유은경(yek2001@humanistbooks.com) 황서현
편집 | 임미영 조희경 양은경
디자인 | AGI 황일선 신경숙
일러스트 | 이윤정

ⓒ 이 책은 저작권법에 따라 보호받는 저작물이므로 무단전재와 무단복제를 금합니다.
　 이 책의 전부 또는 일부를 이용하려면 반드시 저자와 (주)휴머니스트 출판그룹의 동의를 받아야 합니다.